自己保身の警察ワールド

～巡査から警察庁長官を超えて司法制度から日本国憲法まで～

元・某県警職務質問指導官
宇野 博幸
Uno Hiroyuki

風詠社

目次

第三章　自己保身に生きる人々（巡査・巡査部長編）

第五章　自己保身の愚かな制度・しきたり・体質……158

装幀　２ＤＡＹ

プロローグ――私がこの本を出して世に問う決意をした理由

◇願いを忘れた悲しい現実

警察人生四十一年。私は、そのほとんどを地域警察官として、最後の最後まで現場で働きました。最終的には地方の某県警察の職務質問指導官という立場を与えられ、絶え間なく事件や事故が発生する現場で仕事をしながら後輩を育ててきました。平成十五年に本県警で初めて発足した広域自動車警ら隊は、増加し続け、手に負えなくなった街頭犯罪を職務質問という手法を使って検挙し、最終的には犯罪を抑止していくという目的を持って発足しました。私はそこの初代小隊長となり、サムライ魂を持った仲間と創意工夫しながら犯罪と戦い、ありとあらゆる犯罪を何百件も検挙してきました。その結果、街頭犯罪を十五年間で一年間の発生件数を約六分の一へと日本一減少させることができました。私の職務質問が大きく評価され、他県に講演に呼ばれることもありました。また、他県から研修生（中堅の地域警察官）を約五十名受け入れ、私が編み出した職務質問技能を伝承させていただき、全国の治安回復のためにも貢献することができたと自負しています。

そんな私ではありますが、この仕事を通して、多くの困難や試練にも見舞われました。困難や試練の多くは、「自己保身の警察ワールド」に起因するものでした。仕事には生きがいもあり、大きな喜びもありましたが、逆に仲間であるはずの部下にも上司にも裏切られたり、売られることもありました。また、人間の自己保身から生まれる惨憺たる現状を見て、憤りを感じたこともたびたびありました。そんな私が見てきた巡査から国家公務員一種試験に合格したキャリア警察官、司法試験に合格した検察官や弁護士、さらには司法に関わる日本国憲法の文言を作った人々の意識に至るまで「自己保身の警察ワールド」を語らせていただきたいと思うに至りました。

多くの警察官は現場で仕事をすることを嫌がります。早く現場から離れたいと願います。そんなことを言うと多くの善良な国民の皆さんはエッと首を傾げられるでしょう。しかし、それが現実なのです。当たり前となっている一般的な警察組織の感覚としては、現場で仕事をしていることは誇りにはなりません。現場で働かなくてもいい立場、貴族階級（警部以上）に出世することが誇りとなるのです。現場で働いている警察官は良く言えば武士、悪く言えば雑魚《ざこ》。そんな代々引き継がれてきた暗黙のしきたりや空気の中で、私は最後の最後まで雑魚（武士）階級で事件・事故の発生する現場で犯人や交通違反者と向き合いながら仕事をしてきたこと、それこそを誇りにしたいと思います。

警察の中で蔓延している感覚、それは自己保身です。この本のタイトルにあるように「自己保身のワールド」なのです。それはどういうことか。警察官は大きく分けると二つのタイプに分かれます。一つは、「安全でいたい」「甘い汁を吸いたい」「楽でいたい」「給料くれ」「休みくれ」です。そしてもう一つは、「安全でいたい」「甘い汁を吸いたい」ここまでは同じです。そして、次に来るのが「早く管理職になって危険な現場から離れたい」「そのためにはちょっと苦労してでも猛勉強して人より早く昇任試験に合格して出世したい」「階級を上げて皆から尊敬されたい」「後世に名を残したい」「偉そうに言える立場になりたい」「人より多くの給料をもらいたい」「いい所に天下りしたい」といったところです。「治安を守りたい」「平和を守りたい」「善良な国民（県民）の命と生活を守りたい」はないのです。

すいません。ないことはないのですが、本気でそう思って仕事をしている警察官はわずか、あるいは極わずかしかいないのです。私はそのわずか、あるいは極わずかの警察官の九九パーセントの味方となってこの本を書こうと思いました。

◇疑問―そしてあるべき姿へ

国民の皆さんにはその極わずかの警察官に感謝してもらいたいのです。その人たちが治安を守り、平和を守っているのですから。しかし、その極わずかなサムライ魂を持った警察官はたいへんなリスクを背負い、時に国家権力の乱用者だと罵《ののし》られ、非難され、罵倒され、貶《おとし》められ、人権侵害者の烙印を押され、自己保身の仲間に売られ、追放されるという事態に陥ってしまうことがあります。それは本当に悲しい現実です。

私以上にリスクを背負って歩まれた警察官の方々は数多くおられますし、あの東日本大震災で命を投げ出して住民を救おうとされた多くの警察官と比較すれば、何とも情けない自分ではありますが、私もこの極わずかの警察官の片隅にでも入れていただきたく思います。その極わずかな「治安を守りたい、平和を守りたい」と願った警察官がこの自己保身の塊のような警察ワールドを見て体験して、いったい何を思うのか。何にぶち切れ、何に激怒し、何に問題意識を持ち、何に疑問を感じたのか。小さな一人の体験ですが、特殊な体験をしてきたからこそ知り得た自己保身最優先の大半の警察官（巡査からキャリアまで）の生き様や、超難関の司法試験に合格した検察官・弁護士・裁判官の生き様、さらには法治国家日本が拠り所としている日本国憲法とその憲法を基本とした法律や条例等を作成した人々の自己保身を、多くの善良な国民の皆さんにお伝えしたいと思います。

そして、読者の皆さんが私の主張や提言に耳を傾けていただければ幸いです。多くの善良な人々が犯罪や交通事故によって命を亡くしたり、財産を失ったり、あるいは夢を壊されたりすることのないよう、より良い方向性を皆さんといっしょに考え、模索し、あるべき姿に変えてゆきたいと切に願います。

中には、一人の元ノンキャリ警察官の分際で何を偉そうなことをぬかすのだ。こんな暴露本を出してもいいのかと言う人もいるでしょう。しかし、幸いなことに日本国憲法は国民主権を謳っています。私は国民です。ということは主権を持っています。しかも、公務員という縛りからも解放されました。主権とは権力、権利、権限の主ということです。私は主権者ですから何も臆することなく、この本を通して真の国民主権を表したいと思います。

おそらく、有能な人々は「憲法に定められた国民主権とはそういう意味ではないのだ」と言うことでしょう。ある有名な国会議員は「国民が主権を表すのは選挙の時しかない」と言いました。選挙の一票の権限しか持っていない人に対して主権者だと言うのです。なおかつ、一票を投じた候補者が落選したらその一票には何の価値もないことになります。それなら国民主権などという言葉は使うべきではない。「国民ただの一票権」と正しく表現するべきでしょう。

しかし、私はこの本を通して、せっかく日本国憲法が言って下さっているのだから、ただの一票権者ではなく、本当の意味の主権者としてこの本を世に出したいと思います。

もう一つ言いたいことは、単なる暴露本ではありません。ごまかすことなく、現実をしっかりと見定めることによってのみ、あるべき正しい方向性が見出されるからです。

なお、私の文章の中に所どころ「殊更《ことさら》人権派の人々」という表現を入れています。「殊更人権派の人々」というのは言い換えれば短絡的な平和主義者あるいは自由平等博愛主義者であり、次のような考え方が絶対的に正しいと思い込んでいる人々のことです。

・死刑廃止
・戦争放棄
・戦争法案（安保法案）反対
・共謀罪法案反対
・非核三原則を守れ
・米軍は出て行け
・軍隊は持ちません
・人の命は地球より重い
・自衛隊や警察は暴力装置だ

・日本国憲法は人類普遍の原理だ最高法規だ
・憲法改悪反対
・民主主義は正しい。独裁主義は悪だ
・国民主権だ
・公務員は国民の公僕だ
・染まっていない素人こそが正しい判断ができる
・徹底的に議論することが重要だ
・信教は自由だ
・警察や検察は強大な国家権力機関である
・警察や検察は無実の人でも強引に犯罪者に仕立て上げるにちがいない
・日本国憲法は国家権力の横暴から国民を守るためにあるのだ
・国家権力とは強大でまがまがしいものだ
・冤罪はそんじょそこらにいくらでもある
・十人の真犯人を逃したとしても一人の無辜《むこ》の民（無実の民）を罰するなかれ
・疑わしきは被告人の利益に
・疑わしきは罰せず
・推定無罪
・証拠裁判主義だ

・公務員による拷問および残虐な刑罰は絶対に禁ずる
・強制、拷問による取調べは絶対にしてはならない
・警察は強制、拷問による取調べをいくらでもしている
・強制、拷問による取調べで得た自白は信用性がない
・強制、拷問の他にも取り引きしたり、利益供与をした後の自白に信用性はない
・黙秘権は当然あってしかるべき。よって、言いたくないことは言わなくてもいい
・取調べは全面可視化すべし
・弁護士の接見は密室で被疑者と二人だけでできる。それは当然の権利だ
・何人も侵入、捜索及び押収を受けることのない権利を有している。だから見せたくない物は見せなくてもいい
・監視カメラはプライバシーの侵害あるいは肖像権の侵害だ
・外見で人を疑ってはいけません
・人を見かけで判断してはいけません
・国民は皆いい人だ
・人は皆平等だ
・一票の格差をゼロにすべし
・北風より太陽。話し合いをすればみな解決する
・司法の裁判で九九・九パーセントが有罪になる。国家権力機関である警察、検察の権力が強大

であることの証だ

・職務質問には応じる必要はない
・取調べにも応じる必要はない
・同行にも応じなくていい
・任意の取調べはいつでも退去できる
・日本国民は平和を愛する諸国民の公正と信義に信頼して我らの安全と生存を保持しようと決意している
・立憲主義とは憲法で国家権力を縛るということだ

これらの考え方は、ほとんど日本国憲法の精神に則っていると言ってもいいでしょう。「う〜ん困ったー。どうしよう。どうしよう」と悩み抜いたあげく、やむを得ず結論を出した人はまだいいのですが、単純、しかも短絡的にこれらの考え方が絶対的に正しいと思い込んでいる人々が実にたくさんおられます。私に言わせればすべてはケースバイケース。日本国憲法の精神に則ったこれらの考え方が大間違いになるケースも多々あるのです。よって、主権者である私は本当の正しさとは何かを追求しつつ、これらのもっともらしい考え方なり主張に対しても反論を試みたいと思います。

ある私の尊敬する哲学者がこんな話をされました。

《小学校の試験で、「お友達が千円持って果物屋さんに行きました。果物屋さんでは百円のリンゴ三個と五十円のミカン二個を買いました。お釣りはいくらでしょう」という問題が出ました。

正解は六百円です。五十人中四十九人が○（マル）でした。しかし、一人だけ「お釣りはない」と答えた少年がいました。その少年だけが不正解の×（バツ）でした。

その少年はこう考えたのです。『千円持って行ったとしても百円玉十個だったかもしれないし、十円玉も一円玉も混じっていたかもしれない。それならお釣りはない』と。

この事例が示すように物事を単純に考える小学生の答えは○です。しかし、物事を深く考察し、ああだったらどうだろう、こうだったら……と思いを巡らす小学生がいたら、その子の答えは×なのです。

この問題で○と答えた四十九人の小学生と×と答えた一人の小学生はどちらが物事を深く洞察し、正しく見る力があるのか。単純に○を出した小学生より、×を出した小学生ではないでしょうか。しかし、悲しいことにこの世界は○を出した少年を優秀と見なし、×を出した少年をダメ人間だと見なすのです》

この事例を発表された方は、短絡的に正解を出し続ける人間が優秀だと見なされ、物事を深く洞察するがゆえに正解を出すことができない人間を劣等生だと見なしてしまうこの世界を悲しんでおられると感じました。私はこの「自己保存の警察ワールド」を執筆するに際して、「お釣りはない」と答えた少年の目でこの世界を見、意見を述べさせていただきたく思います。

もう一つ申し上げたいことがあります。皆さんは「空即是色」という言葉をご存じでしょうか。般若心経の中心をなす言葉です。その意味について宗教学者や僧侶でも誤った解釈をしています。空とは見えないもの、すなわち人間の心（意識）、色とは見えるもの、すなわち形（現実）。形とは色のついた目に見える物だけのことを言っているのではありません。カッコ書きで（現実）と書いたように法律、条例、規則、システム、マニュアル、人間関係、人間の行動、組織のあり方等、全ての現実を指します。人間の心（意識）が世界の現実を創っているという意味なのです。だから、作者であるブッダ（お釈迦様）は何を言いたかったのか。それは人間の心（意識）が世界を創っているのだから、まずは自分の心（意識）を浄化し、世界を浄化してゆこうと言っているのです。浄化すると聞けば、静かで穏やかになるといった印象を持つかもしれませんが、浄化されたからこそ激しくなることもあります。

職務質問のプロフェッショナルだった私は千差万別の数え切れない人々と接してきて、人間の心を読み解くことが得意になりました。ですから、この惨憺たる現実を生み出している、あるいは生み出すおそれのある、巡査からキャリア、司法の世界で生きている人々の「自己保身の意識」を皆さんにお伝えしたいと思いました。それは最も浄化しなければならない意識だからです。

なお、言葉は臨場感や心情をストレートに出そうと思い、普段使っている地方弁のまま表現した箇所がありますが、意味が分かりにくい所はカッコ書きで標準語を添えました。文章全体は標準語で通して書いていますのでご了承下さい。

もう一つ、私が所属していた県警が何県なのかは伏せることとしました。なぜなら、私は私の体験談をここに記すことになりますが、私の体験は当然私の所属していた県警での体験です。それでは、全国都道府県警すべて五十歩百歩なのに、読者の皆さんに○○県警だけはひどいなあと思わせてしまうおそれがあるからです。私は私を育ててくれた県警に感謝していますし、愛しています。

私といっしょに戦ってくれた仲間もいたし、私を助けてくれた上司もいました。ですから、現役の後輩警察官が誇りと使命感をもって生き生きはつらつと仕事をし、その結果、ますます治安が守られ、国民の皆さんが犯罪によって夢が壊されることのない世界を実現したくこの書を表します。なお、ここに登場する物語は実例を参考としたフィクションということにしておきます。いや、フィクションです。また、登場する人物は架空の人物ということにしておきます。いや、架空の人物です。（笑）

第一章　私の主張を世に問う決意を促してくれた最終二つの事件――上司に切れ、部下に切れ

◇青少年健全育成条例違反事件を握りつぶした専務員と組織

「大人が十八歳に満たない少女にみだらな行為をしたということで逮捕された」ときどきマスコミでこの様な事件が報道される。特に芸能人や公務員がこの手の事件で逮捕されたりすれば、大注目される。

先日も新聞に、沖縄県警の二十歳の巡査が十七歳の少女にみだらな行為をしたことから青少年健全育成条例違反被疑者として逮捕され、懲戒免職になったという記事が載っていた。しかしだ。十七歳どころか十四歳。中学三年生の女の子を、二十二歳で傷害・窃盗など前歴七件の無職の男が親に内緒で深夜に車で連れ出し、カーセックスするという事件を自己保身の生活安全課の刑事と幹部警察官が不問に付すという前代未聞の事件を私は体験した。まずはその一件についてここに記したいと思う。

それは、私が五十五歳、本県の県都を守るH警察署で職務質問指導官としてパトカー勤務をしていた時のこと。深夜午前零時頃、T市内の東端にある埋立地（通称マリンピア）の端の空き地に暴

走族風のワゴン車がエンジンをかけたままの状態で止まっていた。その場所は誰もいない場所であり、私は不審に感じ、パトカーをその車の真横に止めて降車し、職務質問するために近付いた。車内を見たところ、平らにしたシートの上で茶髪の若い男が、上着は着ているものの下半身はパンティ一枚の若い女性の上にのっかかり抱きついていた。トントンと窓ガラスを叩いたところ、男は慌てて飛び起き、振り向いた。成人だが若い男だ。そして、抱かれていた女性を見たところ、大人の顔ではない。あまりにも幼い。

私はその男女が口裏を合わせないようにするため、男を降車させ、男女別々に職務質問することにした。そうしたところ、男は二十二歳、無職、窃盗・傷害の前歴七件を持っていることが分かった。そして、抱かれていた女の子はなんと中学三年だった。二人の供述は一致し、「三週間くらい前に携帯の出会い系サイトで知り合い、メールの交換をしていた。男がメールで会いたいと言ってきたので四日前に初めて会った。そして、次の日に親には内緒で男の車でドライブに出かけ、深夜に車内で酒を飲んでセックスした。今日も親には内緒でドライブして、人気のない所でセックスするところだった」とのことだった。

私は、これは完全な青少年健全育成条例違反の犯罪だと判断した。

本県青少年健全育成条例にはこう書かれている。

・何人も青少年（十八歳未満の少年少女）に対し、淫行又はわいせつな行為をしてはならない。

罰則　二年以下の懲役、五十万円以下の罰金

・何人も、正当な理由がないのに、深夜に保護者の委託を受けず、又はその承諾を得ないで青少

年を連れ出し、同伴し、又はとどめてはならない。

罰則　十万円以下の罰金

青少年とは十八歳未満、深夜とは午後十一時から午前四時と規定されている。これはどう考えても条例違反の犯罪だ。全国的にも、淫行、夜間連れ出し事件は相当数検挙されており、特に社会的に立場のある人物や公務員が淫行行為で逮捕されたりすれば大きくマスコミで取り上げられている。現に男は「僕って逮捕されるん？」と言ってびびっている。

私はさっそく、現場から無線機でH警察署の当直指令に事件の概要を説明し、青少年健全育成条例違反を受け持つ生活安全課員に現場に来るように依頼した。十五分くらいして、当直のE巡査部長とZ巡査部長が現場に駆けつけてきた。二人とも、私よりは相当後輩の三十代の巡査部長だ。

生活安全課は、今まで私が職務質問で割り出した事件（深夜に成人男性が親に内緒で十八歳未満の少女を連れ出してドライブしていた）を悪質性がないからという理由で蹴った（注意だけで済ませた）ことが数度あり、納得はできなかったが、悪質性がないと言われれば仕様がないのかなあと我慢していた。しかし、今回のこの一件は文句のつけようがないほど完全な犯罪だ。深夜、親に内緒で中学三年生の女の子を連れ出し、淫行という悪質な行為をしていたのだ。これを事件として取り扱わないはずはないだろう。いつもなら「むにゃ～っ」と嫌な表情を見せる生活安全課の当直専務員も今回は「これは悪質ですね」と言って、二十二歳の男と中学三年の女の子をTH警察署に同行した。そして、私はこの事件を二人の生活安全課専務員の巡査部長に引き継いだ。

私は今回は当然、生活安全課は青少年健全育成条例違反の事件として捜査書類をまとめて検察に送致してくれるものと思っていた。また、生活安全課が最もやらなければならない犯罪を摘発してくれたのだから「よくやってくれました」と感謝してくれると思っていた。

三日後の仕事中、もめごとの現場に来ていたE巡査部長とたまたま、すれ違うことがあった。私はあの事件はひょっとしたら逮捕したのかもしれないと思ったのでE巡査部長に「あの事件どうなった」と聞いてみた。そうしたところ、彼は一瞬まずいといった表情を見せた後、こう言った。「あの事件はできませんでした。男の子と女の子が交換していたメールを見たところ、お互いに恋愛感情があることが分かったのです。だから、女の子から供述調書が取れなかったんです」

E巡査部長は女子中学生の親を呼び、男に謝罪させて帰宅させ、それで終わりにしていたのだ。私は一瞬あっけにとられた。そして、次に胸の辺りからムラムラとしたものがこみ上げてきた。私はE巡査部長を睨みつけてこう言った。「てめえ、生活安全課員やろが。あの事件がやれんてか！」そうするとE巡査部長が言った。「署長（H東警察署の責任者）の決裁ももらっています」怒りが燃え上がってきた私は「それなら署長に説明を求めに行ってやる」と言い返した。

警察署に帰ると、さっそく、ものすごい形相で奥に署長室がある警務課の部屋に入った。そこには警務課長がいたので私は「署長いるか」と聞いた。私の怒りの形相に驚いた警務課長は「何があったんですか」と言うので、「生活安全課が深夜に女子中学生を連れ出し淫行した事件を潰している。署長の決裁をもらっていると言うから説明を求めに来たんだ」と言った。警務課長は『署長を守らねば』と思ったのだろう。「事件を最終的に判断するのは刑事官なので刑事官の所に行って下さい」と言うので、私はさっそく刑事官の部屋に押し掛けた。刑事官というのは警察署の三番目の地位であり、階級は警視、事件関係の指揮と点検をする係だ。刑事官に私はこの事案の一部始終を説明した。刑事官は頷きながら「この一件については生活安全課長（事件の責任者であり階級は警部）にも聞いてみてお答えします」とのこと。私は、少しは可能性もあるかと刑事官に期待した。

そして、翌日の夕方、私は刑事官の部屋に行った。不在だったので、生活安全課長に説明を求めに行こうとして部屋に入って行った。生活安全課の部屋は大きな部屋で課員（私服警察官）が十五人くらいいた。奥で課長と刑事官が立ち話をしていた。私はツカツカと彼らに近付いて行った。そして、課長（警部）の前に行き、睨みをきかせて「あの事件やってくれるんだろうな」と言った。そうすると課長はこわばった表情で「やれません」と言う。私は怒りが頂点になり、課長を睨みつけ、地方弁で「てめえこれができきんてか。難しい事件でもないやろが。生安なら、やらないかん事件ちゃうんか。お前らどこまで堕落しとるんや」と大声で怒鳴りつけた。部屋は静まり返った。慌てた刑事官が「ちょっと来て下さい」と言って私の腕を引っ張ったので、私は刑事官の部屋に入った。

そこで刑事官は用意していたかのように、いろんな資料を出して来て、やれない（事件化できない）理由を説明しだした。出してきた資料は二つあり、一つは、夜間外出等の制限（夜間連れ出し）違反の判断基準なるもので、それにはこう書かれていた。

《判断基準》

①正当な理由がないこと

②保護者の委託・承諾がないこと（少女の両親が承諾していないこと）

③保護者は被疑者の処罰を望んでいること（少女の両親が男の処罰を望んでいること）
④青少年の年齢について認識があること（少女が中学生であることを知っていること）
⑤夜間の認識があること（午後十一時から午前四時の間の時間であることが分かっていること）
⑥連れ出し行為等の目的に有害性があること
⑦連れ出し行為の手段が悪質であること
⑧被害者との間の支配従属関係や青少年の心身の未成熟に乗じた連れ出し行為であること
⑨連れ出し行為は被害者が積極的に望んだものではないこと
⑩連れ出し行為等による被害者への具体的被害又はそのおそれがあったこと
⑪違法性の認識があること（悪いことだと分かっていること）

つまり、成人男性が十八歳未満の女の子を女の子の親に内緒で午後十一時以降の深夜に連れ出す行為については青少年健全育成条例で禁止されてはいるものの、この十一項目の条件に当てはまらなくては事件化はできないと説明するのだった。そして、今回の女子中学生に対して深夜に連れ出し、淫行（セックスした行為）については、

・女の子の保護者である親が男を処罰する意思がなかった。
・女の子が男に恋愛感情を持っているから連れ出した行為は正当だ。
・確かにセックスはしているが恋愛感情を持った男女だから有害性はないし、悪質でもない。
・仲のいい男女であって支配・従属関係はない。
・女の子もドライブに行くことやセックスすることに積極的だった。

・女の子に具体的な被害はなかったし、おそれもなかった。
ということで、判断基準に照らし合わせると事件化はできないとの説明をした。

そこで、私は刑事官に「この判断基準というのは誰が作ったんだ」と聞いた。刑事官は困ったような表情を浮かべながら「少年課の幹部が協議のうえ作ったんです」と答えた。

見てもお分かりのとおり、この判断基準というのは法律でも条例でもない。そして、日本国憲法といっしょで作者不明である。だから、判断基準を作った人物が誰か分からないから責任をとらなくてもいい。卑怯である。

次に事件化することができないという理由を説明するために出してきた二つ目の資料が、最高裁が出した淫行についての判例であった。そこにはこう書かれていた。
①淫行とは、自らの性的欲望を満足させるための対象として扱っているとしか認められないような性交を言う。
②自らを淫行の対象として、淫行をさせた場合は該当しない。
③民法上、十六歳に婚姻規定があることも踏まえ、双方に恋愛感情の意思があり、その上で、児童自らの意思による性交をもって、淫行を問擬すべきでない。
私がこの文言に目を通した後、刑事官は説明した。

「淫行についてこのような判例がありますので、今回の場合は中学生であっても、恋愛感情があったと認められるのだから淫行には当たらないのです」

先にも書いたとおり、青少年健全育成条例には、

・何人も青少年（十八歳未満の少年少女）と淫行してはならない。
・何人も青少年を深夜に保護者の委託又は承諾を得ずして連れ出してはならない。
とキッパシと言っている。いかにも「悪い大人から少女を守らなければならない！」という決意が表れている。しかし、判断基準と判例に照らし合わせると、私が暴きだした夜間連れ出し・淫行事件は、
〈女の子がたとえ中学生だとしても、恋愛感情を持っているのだから二十二歳の前科のある無職男とセックスしたとしても正当ではないか。条例には正当な理由がなく親に内緒で深夜に連れ出してはいけないと書いているけど、セックスをするという正当な理由があるのだから女の子の親に内緒で深夜に連れ出してもＯＫだ〉
ということである。異常な世界だ。この判断基準とやらを作った警察幹部と、淫行についての判例を出した裁判官、公の場に出て来て説明しろ。てめえらの判断でどれだけの青少年が悪質な大人によって被害にあい、少女を弄ぶ悪質な者どもを罰することができなくなっているのか、分かってるのか！　分かってないだろうなあ。

深夜に歓楽街をたむろしている中高生の少女を誘い、甘言を使って騙し、その気にさせてドライブに連れて行き、セックスしてもＯＫなのである。何も怖くはない。青少年を凶悪な大人の魔の手から守ろうとしているかのように見える青少年健全育成条例の文言は有名無実。何の役にも立たない。判例と判断基準は自己保身のやる気のない警察官にとっては事件をもみ消すための恰好の材料となる。かくして、多くの少女はこの判断基準なるものと最高裁の判例によって、悪逆非道な大人

に騙され、弄ばれる羽目となる。しかし、「自己保身の警察ワールド」では巡査からキャリアまで何の問題意識も持たない。皆「そうなってるんだから、しゃあないじゃん」である。

しかし、希望を失ってはいけない。サムライ魂を持った少数の警察官がいる。彼らは危険を背負いながらも青少年育成条例違反の犯人を検挙している。前述のとおり、淫行の罪で逮捕された犯人は多数いるし、犯人が公務員や有名人なら大きくマスコミで取り上げられている。私が職務質問で暴きだした淫行事件や夜間連れ出し事件も、やる気のあるサムライ魂を持った生活安全課の刑事ならば、私に感謝して事件を引き受けてやってくれた。

ところが、今回の事件はやる気のない生活安全課の刑事があの判断基準や判例を利用して、面倒くさいから事件化せず、幹部もできない理由を私に説明した。淫行や夜間連れ出し事件はやる気のある人、正義感のある警察官はなんとか事件化して犯人を処罰しようとするが、やる気のない警察官は作者不明の判断基準と判例を利用して事件を潰そうとする。許せない思いになった。

私は黙って刑事官の説明を聞いていたが、私の許せないという思いから発している空気を感じ取った刑事官は怖かったのだろう。彼は「少年が絡んでいる事件はF検事が担当しています」と言った。警察より上の検察官の名前を出せば、私が恐れて引いてくれるのではないかと期待したのだろう。さすがだ。今度は検察に説明を求めに行ってやろうかと考えていた矢先に刑事官は検察官の名前を出してきた。私が「担当はFちゅうんやのお」と凄んで言ったところ、刑事官は慌てた。『行かれたらまずい』と思った彼は、階級は二つ下だが先輩の私に初めてきつい言葉を放った。「F検事の所へ行ったらこらえんぞ（許さんぞ）」

その後、私は刑事官では話にならないと判断し、検察に行く前にあの判断基準とやらを作った警察本部の少年課に殴り込みをかけた。そこにいたのはT警部。彼は私がかつて逮捕術の全国大会に向けて監督をしていた時に、キャプテンとして皆を引っ張ってくれた後輩。そして、以前、私が職務質問で児童買春事件を暴いた時にその難事件を引き受け、十人もの被疑者を逮捕してくれたサムライ魂を持つ男。私は彼に夜間連れ出し・淫行事件を潰した件について説明したところ、「なぜこの事件をしないのだ。信じられん」と言って同調してくれたが、『困ったーっ』と辛そうな表情を浮かべた。立場上、苦しかったのだろう。これ以上言うと彼を困らせることになる。彼を窮地に追い込みたくはない。検察に意見を求めに行くことができなくなるのは残念だったが、私は沸き立つ怒りを無理やり静め、矛《ほこ》を収めた。しかし、この一件は必ず社会に発信し、多くの人々に知っていただきたいと思った。

ここで、この話はいったん打ち切りとする。そして、引き続き二週間後にやってきたもう一つの事件――

◇「自動車検問いいです」事件

私は犯罪を検挙・抑止するために非常に有効な手段の一つである自動車検問をよくやった。この自動車検問というのは道路を走っている車に対して、手に持った赤色停止灯という光る棒で停止合図をして停車させ、乗車している人間に職務質問して犯罪を検挙・予防するものである。私はこの自動車検問で実に多くの犯罪や悪質交通違反を検挙してきた。

ある日、警察学校を卒業して間もない二十三歳のH巡査が、私に「自動車検問を教えて下さい」と言って来た。そんなことを言ってくる若者は滅多にいない。私は『なかなかやる気のある奴だなあ』と思い、彼に「よし分かった」と答えた。そして、深夜のパトロール中、運転中の相勤者Y巡査長に「H巡査が検問教えて下さいと言ってきたので、今から彼を誘っていっしょに検問やらないか」と言ったところ、暴力団担当の刑事を目指すサムライ魂を持つY巡査長は「それはいいですねえ」と同調してくれた。

時間は午前〇時半、そこで、私はH巡査が勤務しているF交番に誘いに行ったところ、誰もいない。それなら他の交番にいるかもしれないと思って、S交番に行ったところ、案の定、北部方面の三つの交番の勤務員が集まり、交番の中で事件・事故が発生した時に備えて待機していた。

私とY巡査長は交番の駐車場にパトカーを止め、S交番の中に入って行った。やはり、そこには検問を教えて下さいと言ってきたH巡査がいた。他に二十代の若い警察官が三人、四十代の巡査長が一人、五十代のA巡査部長が一人いたが、皆書類を作成しているわけでもなく、何もしていない。ただ待機しているだけだ。

さっそく私はH巡査に笑顔で言った。「今から自動車検問をするんだけど、いっしょにやらないか」そうすると、H巡査は起立して元気な声で「ハイ。よろしくお願いします」と返事をした。H巡査の他に五人の警察官がいるのだから誘わないわけにはいかない。皆といっしょに協力し合いながらやりたいと思ったので、H巡査の先輩である二一歳のG巡査にも言った。「お前もいっしょに検問やらないか」すると、彼は一瞬、困ったなといった表情を見せた後、右の手のひらを顔の横に差し出して（断る時の仕草）、ポッリと「いいです（お断りします）」と答えた。そこで私は二十四歳のI巡査に同じように言ったところ、G巡査と同じ仕草で「いいです」とポッリ。もう一人の二十八歳のT巡査にも言った。彼は「あのう。朝方用事があるのでちょっとできません」と言って断った。次に四十八歳のM巡査長にも同じように言って誘った。そうすると「わしはええけん」と断った。最後に五十五歳で私と同学年のブロック長A巡査部長にも言った。彼は「わしもええけん。その代わりHを出すけん」と言って断った。H巡査以外の全員にすげなく断られた。

私は気分を害したが、その場では我慢し、H巡査だけ現場に来てもらい、Y巡査長と三人で一時間、自動車検問を行った。H巡査に手取り足取り検問要領を教えたが、彼も真面目に自動車検問要領を習得しようと努めていた。私たちが検問をしていたその間、事件も事故も発生しなかったので、断った五人の警察官は交番の中で何もせずに待機していた。

自動車検問を終了してからH巡査を交番に帰したが、その後、私は前述の淫行握り潰し事件と同じく、ムラムラと怒りが込み上げてきた。四十代、五十代はまだしも（それでも私の後輩であり部下であるが）、二十代の若手が五十五歳のおっさんから、犯人を捕まえるための検問をいっしょにやろうと言われたのに、それをすげなく断るとは許せん！

翌々日の朝、私はその日の当務員が全員集まっている朝礼の席で、ブチ切れて立ち上がり、自分では分からないが、たぶんすごい形相で言った。

「G、I、T、お前ら二十代で五十五歳のおっさんに、いっしょに検問せんかと言われて断るんか。とんでもないこっちゃのお。てめえら、わしに火をつけてくれたのお。ありがとうよ」

その場にいた幹部の地域官、地域課長は凍りついた。その場全体も凍りつき、静まりかえった。そうすると、「Hを出すけん」と言った交番ブロック長A巡査部長が憤慨し、真っ赤な顔をして立ち上がり、私に詰め寄ってきた。「おうおう。なんやコノヤロウ」私は睨み返した。彼は私にこう言った。「わしが指揮して初動待機（警戒勤務）しとんや。何が悪いんや」私はこう言い返した。「お前午前〇時半いうたら警ら（パトロール）せないかん時間ちゃうんか」すると彼は言った。「わしが指揮しとんや。何が悪い」そして、その後、ついに本音が出た。彼はこう言った。「もし事故したら、どなん責任とってくれるんや（危険な検問をして、交通事故を起こしたらどう責任とってくれるのだ）」

本音を聞かせてくれて実に有り難い。多くの自己保身の警察官は自動車検問を嫌がる。その理由は、

・大きな鉄の塊の自動車を止めるのは危険だ。
・どんな怖い人物が乗っているか分からないから自分が先に声をかけたくない。
・先に行くと突然、攻撃されるかも分からない。
・文句を言われるかもしれない。場合によったら訴えられるかもしれない。

といったところである。

この一件で私が二十代の部下に「火をつけてくれてありがとう」と言ったが、火をつけてくれたからこそ、この本を世に出すことになった。実にありがたい事件だった。

殊更人権派の人々は「日本国憲法は国家権力を縛るためにあるのだ」と胸を張って主張する。自

動車検問という国家権力を使わせようとした私に歯止めをかけたA巡査部長は、日本国憲法の精神を実践されている方なのだろう。A巡査部長は国家権力に立ち向かう正義の使者であり、若い巡査の命と生活を守った人情家で有能な巡査部長だと褒めてあげて下さい。

ちなみに検問の要請を蹴ったG、I巡査は犯罪や交通事故とは無縁、犯人を捕まえたり取調べなどしなくてもいい警備公安課の専務員を希望する若者であり、I巡査はこの「検問いいです事件」から二カ月後には希望どおり、中堅署の警備課に配属された。私が彼に「検問しないか」と言った時、彼は警備公安課出身の上司の推薦で、すでに警備課に行くことが決まっていたのである。彼は勉強のできる人物であり、勉強さえできれば昇任できるこの世界でおそらくトップクラスに出世してゆくであろう。二十～三十年後、貴族階級（警部以上）になった彼は、現場で働く雑魚警察官に「もっと捕まえろ。検挙件数を伸ばせ。数字がすべてだ。検挙実績でより上を目指せ。一番になれ！」と指示命令していることであろう（実際にそう言った貴族階級警察官がいた）。私の予言が当たるかどうか非常に楽しみである。それを確認するためには少なくとも後二十年は生きる必要がある。健康には気を付けよう。

私はこの二つの事件を連続して体験し、この悲しいほどの現実を善良な国民の皆さんに知っていただきたい。また、この事件ばかりではなく、私が体験してきたこれまでの警察人生の中で、この世界がどれほど自己保身だらけなのか、その現実と私が感じてきたことをお伝えしたい、しなければならないと思った。

この「自動車検問いいです事件」を体験した直後、私はどういうわけか、それまで考えたこともなかったのに、本を書きたい、本を書かなければならない、という思いが心の奥底から湧き上がるように出てきた。その時である。突然、九州は福岡県警の地域課で勤務している私の友人Y巡査部長から八年ぶりにメールが届いた。エッと驚いた私はメールの中身を見た。そこにはこう書かれていた。

「私はこのたび、退職年齢まで二年あるのですが、福岡県警を早期退職することにしました。退職後は妻の実家のお仕事の手伝いをしようと思っています……」

そして、最後にこう書かれていた。

「私は今度ペンネーム九州守《くす》で本を出します。六月に○○社から出版されます。タイトルは『光をめざして』、サブタイトルは〈地域警察よもやま話〉です」

私が本を書きたいと思ったその瞬間に友人から「本を出す」とのメールが届いた。恐るべきシンクロニシティ（共時性）だ。本を書きたいとは思ったが出す方法なんて全く知らなかった私に素人でも本を出せることを教えてくれた。翌日、タイトルを考えた私は彼にメールを返した。

「私も本を出そうと思っています。タイトルは『自己保身の警察ワールド』です」と。

友人が出した本は、六月にちゃんと買わせてもらい、読ませてもらった。たいへん参考になり、感謝している。

第二章　私の警察人生

　この本を執筆している私がどんな警察人生を送ったのか、どんな人物なのかを読者の皆さんに知っていただきたいし、そうしなければ失礼かなと思うので、「私の警察人生」と題して、所どころ「自己保身の警察ワールド」のエピソードを織り交ぜながら、第二章を書かせていただきたい。

一　私が警察官になった理由

◇初めて警察官に出会った幼稚園児の私

　私はT市内の中心地にあるS幼稚園を卒園した。私が幼稚園児だった頃、家の近くの広場で一人で遊んでいた時にマシンガンのおもちゃを拾った。どうしようかと迷ったが、『そうだ！　交番に持って行こう』と思い立った。そして、トコトコと二百メートルくらい離れた所にあったS交番に届けに行った。

　ドキドキしながら交番に入ったところ、奥から制服を着た大きなおまわりさんが出てきた。怖い感じがしたけれども頼もしそうに見えた。「これ落ちてた」と言って、マシンガンのおもちゃを広場で拾ったことを伝えると、そのおまわりさんは「そうですか。分かりました」と言って、そのおもちゃを拾得物として受け取ってくれた。それが、私が本物の警察官に直接接触し、肌身で感じた原初体験である。子供心にもあの頼もしそうな姿にあこがれを持ち、自分たちを守ってくれているその人に尊敬の念を抱いた。それが、私が警察官になった一番目の導きである。

◇人の嫌がることでもできる人に

小学校四年の時の思い出。休み時間の教室で一人の同級生が突然ゲロを吐いた。大量のゲロだった。近くにいた皆は「ウワーッ、キャーッ」と叫んで飛びのいた。私も皆といっしょに飛びのいた。そこに一人の普段目立たない女の子がバケツに水を汲んで駆けつけてきた。その女の子は床に這いつくばり、持ってきた雑巾でセッセとゲロを拭いた。そして、周りの皆に言った。「人間が吐いたもんやもん。なーんも汚いことないよ」

皆といっしょに飛びのいた私は子供心に恥ずかしいと思った。その女の子のように誰もが嫌がることでも大切なことなら自らやれる自分になりたいと思った。

◇虐げられた人を見捨ててはならない

小学校六年の夏休み、父の仕事の関係で本県の山間部にあったＩ小学校から隣接県Ｔ市内のマンモス校Ｒ小学校に転校した。そこは田舎とは違い、洗練された教育熱心な小学校だった。担任は五十歳くらいの女性I先生だった。I先生は教育熱心といった感じで、ときどき自慢げに「私の教え子の○○君は○○高校に合格したんだ。○○君は○○大学に合格したんだ」「○○君は大企業の○○に就職したんだ」などと成功事例の話を子供たちに聞かせていた。田舎のI小学校ではある程度勉強のできた私だったが、R小学校のその空気に戸惑いと焦りを感じていた。

数カ月が過ぎた頃、I先生は社会の授業の折に問題を出し、「U君、答えは?」と言ってクラスの中で勉強ができずに隅に追いやられていたU君を指名した。U君はおずおずと立ち上がり、ボソリと「分かりません」と言った。I先生は、「それでは我がクラスの将来の大物さんに答えてもらうことにしましょう」と言って、勉強ができてイケメンのO君を指名した。O君は立ち上がってスラスラと正解を答えた。すると、I先生はO君に対して、「さすがは我がクラスの将来の大物さんね」と言った後、信じられないことを言った。「分かりません」と答えたU君に対して、「それに比べてあんたは何よ。顔は悪い、背は低い、あんたの将来どうなるの」

私は大丈夫だろうかと心配してU君を見た。彼は呆然とした表情を浮かべて突っ立っていた。私もI先生が出した問題は分からなかった。もし、私がU君の立場だったら……。私は傷ついたであろうU君を励ましたくて仕方がなかった。いてもたってもいられないような気持ちになった。休み時間、それまでほとんど話もしたことがなかった彼に声をかけた。「大丈夫?　元気出そうな」

帰り道、途中まで同じ道だった。別れるまで何も言わず、彼に付き添って歩いた。『虐げられた人を絶対に見捨ててはならない』私は心に誓った。

◇パトカーのサイレンに救われた

これも小学校六年生の思い出。友達と歩いて帰宅途中、中学三年生くらいの不良っぽい二人組の男子が後方から自転車で追い越してきた。全く知らない二人だ。当然小学校六年生の私達より、体格は格段に大きい。その二人の男子はUターンして私達の方に近付いてきた。私は『エッ何だろう』と思ったが、男子の一人は私達を睨みつけながら「お前らメンチ切ったな」と言ってすり寄ってきた。私は「何もしてません」と言ったが恐怖で身体は震えていた。その後、「お前ら金持ってるか」と言ってきた。

その直後であった。ウ〜ッとどこからともなくパトカーのサイレンの音が聞こえ、その音は近付いてきた。二人の男子は「やばい」と言って走って逃げて行った。パトカーは全く別の件でサイレンを鳴らしていたはずだ。パトカーの姿も見えなかった。何という絶妙のタイミングであったことだろうか。私はパトカーのサイレンの音に救われた。

◇父の遺言

私の父は十数年前に病気で亡くなったが、自ら望んで軍人になり、第二次世界大戦で国を守るために戦った。その父は終戦を迎え、あれほど神国日本を信じて命がけで頑張ったのに、敗戦という結果に強い失望感を持ったそうだ。自分の人生はこれで終わりだと思ったが、母親の強い勧めで工業系の専門学校に入り、卒業後、大手電力会社に入社した。職場で知り合った母と結婚し、三十数年間家族を支えて仕事に励み、無事定年退職した。主な仕事は工場や各家庭に電気を送るための送電線の設計と施工であった。その父が中学一年生の私に言った言葉が忘れられない。

「博幸よ。わしは、ただ金儲けのために働いているのではない。わしは家々に電気を送る仕事をしている。電気があるから皆幸せな生活がおくれるんだ。だから、わしは皆の幸せのために仕事をしている」

私は父のその言葉に深く感動した。父を尊敬した。父のように皆の幸せのために仕事がしたいと思った。


未だ未熟だらけの私だが、この五つの幼少年期の原初体験とも言える体験が私を警察官という職に導いたと感じている。とりわけ、
・パトカーのサイレンの音に救われたこと
・幼稚園児だった私が、広場で拾った「マシンガンのおもちゃ」を警察に届けたこと
が私の警察人生の中で、
・パトカー勤務員として、人を救う仕事に就いたこと
・マシンガンが象徴する凶器類を持った人々を取り締まってきたこと
と重なり、何か見えない力に導かれているというか本当に不思議な因縁を感じるところである。

ここから、私の警察人生の中で非常に特徴的だった、凶器を持った人々との戦いについて記してみたい。

二　凶器を持った人々との戦い

◇包丁で切りかかってきた暴力団準構成員

もう三十数年も前の話。私は二十四歳独身時代、本県の過疎の村で標高約七百メートルに位置するK駐在所で勤務していた。鎌倉時代、平家の落人が落ち延びた山村の駐在所である。そんな所にも暴力団の準構成員なる者がいた。

その駐在所の近くにできたスナックにその男Gはときどき飲みに来ていたが、ある日の午後十一時頃、スナックを手伝っていた経営者の娘さんが突然駐在所に駆け込んできた。そして私にこう言った。

「Gさんからさっき電話がかかって来て『Bを殺してやる』と言いました。ものすごく興奮していました」

私はG宅に電話した。そうすると、Gの奥さんが電話に出て、泣き声でこう言った。

「Bを殺したると言って、今主人（G）が包丁を持って車で出て行きました」

これはただ事ではない。直ちに隣村の駐在所員F先輩（巡査）といっしょに、私がミニパトカーを運転し、車がやっと対向できる程度の細い山道を下りつつ、Bさん宅に急行した。通行車両は全くない真っ暗な山道である。そこにめずらしく対向車両が来てすれ違った。その車を見ると、なんとGが運転しているではないか。いきり立った表情をし、額には血が付いていた。『これはいかん！』私はパトカーをUターンさせ、Gを追跡した。細い道ゆえにUターンさせるのに時間がかかり、Gの車と距離が相当開いてしまい見失ってしまった。それでも私は必死に追跡した。そうすると通報してくれた娘さんのスナックの前に止まっているGの車を発見した。車の横にはGが血走った表情で立っていた。先輩のF巡査は勇敢な人で、警棒を手にして、まだ止まってないパトカーから飛び降り、Gに対して「お前、何をしてるんや」と言って歩み寄っていった。すると、Gは懐から刃渡り約二十五センチの包丁を取り出し、F先輩に切りつけてきた。私は慌ててパトカーから飛び降りた。F先輩は「止めろ」と叫びながら必死で特殊警棒で防御している。私は必死で駆け寄り、Gにタックルして地面に倒した。私もいっしょに倒れたが素早く立ちあがり、Gの顔面を左足の甲で思い切り蹴り上げた。Gは失神した。が、しばらくして意識を取り戻した。私はGに言った。

「殺人未遂と公務執行妨害でお前を現行犯逮捕する」

F先輩に怪我はなかった。しかし、衣服の一部は切られていた。何とかギリギリで間に合った。Gは私が倒した時に包丁を手放していたが、懐にはもう一本の包丁を持っていた。暴力団は必ず予備の凶器を持っておくという鉄則をGはちゃんと守っていた。今でも私の左足の甲にはGの顔面を蹴り上げた時の感覚が残っている。

私はGを殺人未遂で現行犯逮捕したが、刑事課長は『Gは包丁で刺しにきたのではなく、振り回して襲いかかったのだから人を殺せるほどの勢いはなかった』と判断し、Gの罪は殺人未遂では立件されず、公務執行妨害罪のみとなった。Gが殺しに行くと言ったBさんは幸い軽傷で済んでいた。

◇包丁立てこもり男との戦い

私が三十一歳の時だった。その日の午後三時頃に、

「自宅で暴れまわる四十五歳の精神病の世帯主の男を、家族・親族が耐えかね、入院させるために精神病院の職員に引き取りに来てもらったところ、包丁を振り回して抵抗し、自宅に閉じこもっている」

との一一〇番通報があった。

私はK警察署の刑事さんらと共に現場に急行した。現場は山に囲まれた山村で川沿いに建てられた一軒の民家であった。窓が開いていたので外から見えたが、男は二階の部屋で包丁を持ち、血走った形相でうろうろ歩いている。ちょうど二階の部屋から数メートル離れた所に別棟のベランダがあり、そこに警察官が数人集まり、窓越しから刑事課長が「病院に行こう。心配ないから」などと言って説得している。しかし、男は全く聞く耳を持たず、「ぶち殺したる。来るなら来い」と叫び、凄んでいる。

もう誰かが行くしかない。行くとすれば逮捕術の指導員をしている私しかいない。誰もが私がいちばんふさわしいと思っているだろう。私は意を決した。そして、説得を続けていた刑事課長に「私が行きますけん」と言った。刑事課長はうんともすんとも言わなかった。理由は読みとれるが、この本のテーマである自己保身である。彼が「よし頼む」と私に言ったとする。そして、私が飛び込んで行って男に刺されて死んだり、大怪我をするようなことになれば、命令した自分に責任がかかってくると一瞬にして判断したのである。私には見えてしまった。

覚悟を決めたが、何が待ち受けているか分からない。膝が震えるのが感じられた。私はそこにいた先輩の刑事さんに「私が行きますから、応援頼みます」と言った。刑事さんは頷いてくれた。そして、私は盾を持って二階の窓から飛び込んだ。アントニオ猪木ばりに「ダーッ」と男に突進し、手にしていた盾で押し倒した。男は仰向けに倒れた。包丁を持った手が見えた。私はとっさに左腕で包丁を持っている男の右腕を押えた。その時、私の左手首に激痛が走った。『くそー、やられた！』しかし、その激痛は、私のすぐ後から飛び込んで来た刑事さんが男の包丁をたたき落とそうとして振り下ろした特殊警棒の打撃だったのである。よかった、よかった。いやいや、よくない。気を付けて下さいよ。でも、幸い大した怪我ではなかったのでよかった。こうして、男を取り押さえ、病院に搬送することができた。ご家族には感謝されたが、本当に気の毒であった。

◇顔見知り浮浪者の殺人事件

私が三十五歳の頃のことであった。私はT市の中心に位置するR交番で勤務していた。他県からやってきた浮浪者のZがときどき交番に来た。年齢は四十歳くらいで体格はガッチリしており、怖そうな感じで普通の人なら近寄りにくいといった感じの男だった。彼は、交番に立ち寄ると、表面的には明るそうに振舞い、事業に失敗して浮浪者の身になってしまった等と身の上話をしたが、やはり辛いのであろう、表情や言葉のふしぶしに卑屈さがにじみ出ていた。

何とかしてあげたいと思ったが、こっちも金が有り余っているわけでもなく、彼を励ます以外どうすることもできない。生活保護の申請をして彼が自分自身で道を切り開くしかないと思ったので、交番に来るたび、そう勧めた。しかし、私の気持ちは彼には伝わらず、彼は街の中心地にある新町橋の下を生活の拠点としていたが、そこで同じ浮浪者仲間と些細なことで喧嘩になり、包丁で刺し殺してしまった。私は、彼からその包丁を取り上げることができていたらと、深い後悔に苛《さいな》まれたことがあった。彼が仲間を包丁で刺し殺した現場は、幼稚園児の私がおもちゃのマシンガンを届けた交番の真横にある橋の下であった。

◇国松長官から銅メダル

これも凶器にまつわる思い出深い出来事の一つである。警察には逮捕術という独自の格闘技がある。私は、この逮捕術が得意である。逮捕術の指導者でもあった。巡査の時から警部補時代まで計五回、選手として逮捕術の全国大会に出場した。同じ階級で二回以上は出場できないなどの制約があり、五回も出場した警察官は全国でも珍しいであろう。ひょっとしたら私だけかもしれない。

逮捕術とは、まさに凶器を持った犯人と戦い、制圧するための格闘技である。剣道のような面と胴、そしてグローブを付けて戦うことから、外見上は日本拳法と似ているのだが、面白いのは戦う種目が五種目あることである。先鋒は徒手対徒手、次鋒は徒手対短刀、中堅が警棒対短刀、副将が警棒対警棒、大将が警棒対長物（剣道の竹刀より少し長い棒）という組み合わせである。基本的に剣道の得意な人は長物と警棒が得意で、柔道の得意な人は徒手と短刀が得意である。私は柔道系であるが、長年練習していると、すべてが得意になった。種目によって戦い方が違うところが非常に面白い。全国大会では徒手対徒手、徒手対短刀、警棒対短刀の三種目に出場した。全国大会での戦績は何と一ばかりが並ぶ一一勝、一敗、一分けである。

私が三十九歳の平成七年の全国大会。私にとってこれが最後の全国大会であった。監督兼選手として約三カ月間の苦しい訓練の末、大会に臨んだ。本県はそれまで、ほとんど予選落ちで二回ほど予選を突破したことがあったが、決勝トーナメントの一回戦でいずれも敗れた。しかし、私の最後のチームはなかなかの強力なメンバーだった。予選リーグを危なげなく突破して決勝トーナメントに上がり、一回戦を接戦で勝ち上がり、二回戦の準決勝に進出した。準決勝では手に汗握る激戦であったが、二勝二敗だったのに一本の本数負けで敗退した。しかし、それでも本県初めての三位という快挙を成し遂げることができた。

そして、光栄なことに私は閉会式で前に呼ばれ、当時警察庁長官だった国松長官から銅メダルを架けていただいた。国松長官は皆さんご存じのように、オウム真理教が起こした地下鉄サリン事件など一連の殺人事件捜査の真っただ中で、何者かに拳銃で狙撃されて三発の銃弾を身体に受け、生死を彷徨《さまよ》う瀕死の重傷を負われた方だ。国松長官はその日、松葉杖をついて大会会場の日本武道館に来られていた。私はそのお姿を拝見して思わず手を合わせた。本当によく復帰されたと思った。その国松長官から銅メダルを架けていただいた時の写真を仲間が撮ってくれていて、私は一生の宝物として大事に持っている。私の最後の全国逮捕術大会はこのように一生の思い出となった。

ただ、その時の国松長官の態度には少し気になる点があった。主権者である私に対して、ふんぞり返った態度で銅メダルを架けたように見えたからだ。やはり、最高に出世した人は、雑魚に対しては威厳を見せつけなければならないのだろうか。そういう仕来《しきた》りなのだろうか。そこのところだけがちょっと残念に思った。

国松長官が主権者である私に対して、『普段は厳しい現場で犯罪と戦い、治安を守ってくれてありがとうございます。心から感謝します。逮捕術は犯人を制圧し、自らを守る術。だから後輩にも伝授のほど、よろしくお願いします』という気持ちでメダルを架けてくれたら尊敬できたのだが……。

このように、私は凶器を持った犯人を逮捕制圧するための逮捕術に長年携わってきたこと。そして、選手として最後の全国大会で三位になり、拳銃という最強の凶器に倒れた国松長官から銅メダルを架けていただいたという体験。まさに、私が凶器を持った人々と戦うこととなった必然を感ぜずにはいられない。本当に不思議である。

三　職務質問指導官への道――平成の刀狩り

◇大阪府警S警部の講演を聞く

二〇〇〇～二〇〇二年頃、警察の不祥事が相次ぎ、警察の弱体化とともに、全国的にも本県的にも街頭犯罪の発生件数がピークになった。どんどん増加し続けた。二〇〇〇年の少し前頃から、急激に増加し続ける街頭犯罪に歯止めをかけるための方策として、警察改革の一施策として警察庁が取り入れたのが職務質問であった。職務質問を全国的に強化、拡大して職務質問によって犯罪を検挙できる警察官を育て、その警察官が増加の一途をたどる街頭犯罪に立ち向かい、犯罪を検挙すること、若しくは検挙するための最大の努力によって犯罪を減少させようとした。

初めに警察庁の大幹部がやったことは、大都道府県の警察官の中で職務質問での犯人検挙に卓越した実績と技能を持つ警察官を十人ほど抽出した。そして、その警察官に職務質問部門の広域技能指導官という肩書を与えた上、全都道府県に赴かせ、講演活動を行わせた。

二〇〇二年の初め、我が県警に警察庁が指定した大阪府警のS警部が講演のために訪れた。本県全域の地域警察官が本部大会議室に集められ、S警部の講演を聞いた。私もその場にいた。S警部の講演は衝撃的なものであった。

S警部は「シャブ取り名人」と呼ばれ、自らが主体となって、職務質問で一千人もの覚せい剤を中心とする薬物事犯の犯人を逮捕している方である。S警部がその講演で伝えたことは、薬物中毒者の見つけ方と、その者が持っている覚せい剤や大麻を見つけるための所持品検査のやり方であった。こう聞くと誰でもS警部という人は怖そうな人だろうと思うだろうが、実際は小柄で温厚な人物だ。ただ、素人には気付けないだろうが常人にはない眼光がある。しかし、なぜこんな小柄で穏やかそうに見える人が覚せい剤を使用している犯人を検挙できるのか、不思議で仕方がなかった。

その頃、東京・大阪などの大都府県以外の県警は皆そうだが、我が県警でもゼロから不審者を見つけて職務質問をするということ自体、誰もしたことがないといった状態であった。さらに、所持品検査をして禁止薬物を発見して検挙するなど雲の上の話だった。

なぜかと言うと、警察官職務執行法には、これも本書のテーマである自己保身から作られた文言であるが、「警察官は、異常な挙動その他周囲の事情から合理的に判断して、何らかの犯罪を犯し、若しくは犯そうとしていると疑うに足りる相当な理由のある者又はすでに行われた犯罪について、若しくは犯罪が行われようとしていることについて知っていると認められる者を停止させて質問することができる」とある。

また、日本国憲法には、「何人もその住居、書類及び所持品について、侵入、捜索及び押収を受けることのない権利は第三十三条（現行犯逮捕）の場合を除いては、正当な理由に基づいて発せられ、且つ捜索する場所及び押収する物を明示する令状がなければ、侵されない」と書いてある。両方とも、カッコよく書かれているが、よく考えると、わけの分からないような文章である。よく考えてほしい。この警察官職務執行法と日本国憲法の文言に従えば、犯人を追及する気が失せてしまうだろう。職務質問するにはこれだけの条件が必要だから、ただ歩いている人や、ただ走行している自動車を停止させて質問するといったことは人権侵害の誹《そし》りを受けるおそれがある。そんなこと、危なくてできないし、ましてや裁判官の令状なしで所持品検査などできるはずがないといった意識に全員とらわれていたのである。

しかし、S警部の講演で眼力と対話力と少しの勇気があればできるということを学んだ。目から鱗が落ちるといった感覚を頂いた。

◇S警部の講演を聞いてからの一つの逮捕劇

当時私は、本県の南部方面に位置するA警察署でパトカー係として勤務していた。S警部の講演を聞き、やれるかどうか分からないが、見よう見まねでもやってみようと志し、下手なりにやってみた。その中で二つの大きな逮捕劇があったが、その一つ、金庫破りの犯人を逮捕した一件を紹介させていただこう。

午前三時頃のことであった。郊外の国道は人っ子ひとりいない。当然、車も走っていない。私がパトカーの助手席に乗車して北進していたところ、はるか後方から猛スピードで近付いて来る車を発見した。その車は私共のパトカーに気付くとスピードを落とした。距離は約四百メートル。私はこんな時間に猛スピードでお隣のK県方面から走行してきていることから、何かあるのではないかと考え、右折してパトカーを一時的に建物の陰に隠してその車を待った。

その車が前を通った。灰色のユーノス、小型の外車である。私はパトカーを発進させ、ユーノスの後方に付けた。大阪ナンバーであったがナンバー灯が切れている。不審だと判断した私は、パトカーのマイクで「前の車、止まりなさい」と言って停止を求めた。ユーノスは車体を左に寄せて、素直に停車した。パトカーを後方に停車させた。すると、ユーノスの運転席から五十歳くらいのちょっと不良っぽいサラリーマン風の男が降りてきた。

『自分から降りてくるとはおかしい。車の中に何か見せたくない物を載せているのではないのか』と感じた。ユーノスの助手席にはもう一人の男が乗っているのが見えた。パトカーの助手席から降りて男に近付いた私は、「免許証は持っていますか」と質問したところ、「不携帯です」と言うので、私は「調べてみますから」と言って、パトカーの後部座席に男を乗せた。名前と生年月日を聞き、無線機で照会したところ、「免許はない」すなわち無免許との回答であった。男は「免許は持っているが免許証を家に忘れてきた」と言い張る。

そこで、私は男が本当の名前を言っているのかどうかを確認するために助手席の男から名前を聞いてみようと判断し、パトカーから降りて、ユーノスの助手席に近寄った。助手席の男は四十歳くらい、茶髪のヤンキー風の男だ。私はその男に相棒の名前を聞いた。ヤンキー風の男が言った名前は違う名前だった。ヤンキー風の男の名前も聞いた。そして、車の中を見ると何か雑然と物が置かれている。小銭がいっぱい入った瓶がある。後部の座席にはモデルガンが置いてある。工具入れもある。『何かおかしい。彼らは何か犯罪を犯しているに違いない』そう感じた私は携帯していた無線機で本署の当直員に応援を求めた。

その後、パトカーに戻った私はサラリーマン風の男に「あんた。助手席の仲間はあんたの名前を○○と言っているぞ。嘘言っているんじゃないのか」と追及した。と、その時である。ユーノスが急発進した。私は運転席の同僚に「逃げたぞ。追跡しろ」と言って、男を乗せたまま追跡した。しかし、ユーノスは馬力が強い。引き離され見失ってしまった。無線で手配したが、見つからずじまいであった。

ガックリきたが、まだ一人の男はパトカーの後部座席に確保している。サラリーマン風の男を本署に同行した。そして、刑事さんも協力してくれ、追及した。その男は上着のポケットに十万円を一束にして輪ゴムで止め、五束、五十万円を持っていた。それから、ペンライト、白手袋を持っていた。そして、ようやく本名を名乗った。調べたところ、侵入窃盗の前科を多数持っていた。怪しいけれども、それだけでは逮捕することはできない。しかし、必死で追及している私に天が味方してくれた。その男はやはり無免許だったのである。車は逃走して無いが、登録番号は分かっていたから車の特定はできる。男を無免許運転で通常逮捕することができた。

当日の午前中にお隣のK県K市内で金庫破り事件が多数発生していることが届け出によって判明した。そして、現場に残されていた犯人の足跡が無免許で逮捕したサラリーマン風の男の履いていた靴の足跡と合致したのである。そこから、ユーノスの男らが金庫破り犯人であることが分かり解決に向かった。逃走した男も裁判官の令状が出て、通常逮捕することができた。

未熟ゆえ、一人の男に逃走されてしまったが、何とかギリギリのところで犯人を逮捕し、事件を解決することができた。

◇S警部の実践指導を受ける

その頃から警察庁が主導して始めていたのは、県外研修制度であった。S警部を筆頭に全国の大都府県では研究に研究を重ね、卓越した職務質問技能を有していた先輩方が相当数おられた。県外研修制度とは小規模県の中で期待されている中堅地域警察官が短くて一カ月、長くて六カ月間、大都府県に派遣され、職務質問の指導者といっしょに仕事をしながら伝承を受けるという制度である。増え続ける街頭犯罪に対応するための苦肉の策と言うか、警察庁の幹部警察官は必死の思いで、この制度を作ったのだろうと想像する。しかし、この制度はまさに当を得ていた。

私はその頃、そんな制度があることは全く知らなかったが、S警部の講演を受けてから、この金庫破り事件等を検挙したことによって、地域警察の上司から評価を受けた私は、研修生として選ばれ、平成十四年八月の真夏に大阪府警に赴き、S警部から直接実践指導を受けることになった。私といっしょに研修を受けることになったのは一つ年下のA警部補。私の警察人生最大の盟友である。数少ないサムライ魂を持った男だ。私とA警部補は楽しみ半分、不安半分で大阪府警に赴いた。全部で八当務（八回の徹夜勤務）。その中で覚せい剤取締法違反、大麻取締法違反で十人の犯人を逮捕した。S警部は少しでも不審だと感じれば躊躇なく職務質問し、あっという間に所持品検査をして、持っている覚せい剤などの禁止薬物を発見しては、その場で現行犯逮捕していく。すごい眼力・話術・洞察力、そして恐れを知らない度胸だ。先ほど紹介した警察官職務執行法や日本国憲法に記載されている文言にとらわれたり怖れたりはしていない。超えている。素晴らしいと思った。

ここで、皆さんにひとこと言いたいと思ったので、聞いていただきたい。

警察官の中でどんな人、何をやっている人が平和を守っているとお思いだろうか。多くの人は首を傾げると思われるが、単純化して言えば、「見せたくない物を見ている人」と「言いたくないことを言わせている人」プラス「不審だと感じたら職務質問する人」である。S警部はこの三つをしている人だ。特に見せたくない物を見る技能には卓越したものがあった。

しかし、自己保身の日本国憲法の文言には、「見せたくない物は見せなくていい」「言いたくないことは言わなくてもいい」ということが書かれている。さらに日本国憲法の理念に即している警察官職務執行法には「合理的に判断して何らかの犯罪を犯していると疑うに足りる相当な理由のある者」でなければ職務質問をしてはならないと書いている。

見せたくない物を見ていない警察官と、言いたくないことを言わせていない警察官と不審なだけでは職務質問しない警察官は日本国憲法は守っているが平和は守っていないと断言しよう。私もS

警部に倣《なら》ってこの大矛盾に挑戦してきた警察官である。折に触れ、この問題について述べていこうと思っている。

S警部は薬物の検挙が主体であったが、その中に一つだけ別の検挙があった。それは、暴力団組員が車の後部座席の足元に杖と見せかけた凶器を積んでいたのを発見したことから検挙につながった。その杖の先に新聞紙を巻き付けてあったが、新聞紙を取ると先端を鋭利に尖らせて凶器にしていた。その杖で突かれようものなら大怪我をする。まったく暴力団らしく卑怯な男である。

軽犯罪法一条二号には、「正当な理由なくて、刃物、鉄棒その他人の生命を害し、又は人の身体に重大な害を加えるのに使用されるような器具を隠して携帯していた者は拘留又は科料に処する」と規定されている。

S警部は軽犯罪法違反を適用して、凶器を持っていた暴力団組員を現行犯逮捕した。当時の我が県警では誰もそんな検挙はした人がいなかったので、こんなことができるのかと信じられない思いになったが、暴力団は小さな犯罪でも逮捕するという姿勢はすごいなあと思った。

ここで、ちょっとだけ、軽犯罪法違反の文言を作ったどなたかの自己保身の意識について思うところがあるので述べさせてもらおう。

「刃物、鉄棒その他人の生命を害し、又は人の身体に重大な害を加えるのに使用されるような器具」というのは簡単に言えば凶器である。作者はいかにも「人を殺めるような危険な凶器を持ち歩いてはいけない」と毅然と言っているようにみえるが、抜け道がある。作者は「隠して携帯していたらいけない」と言っている。ということは、堂々と隠さずに持っていたら軽犯罪法違反にはならないのである。刃渡り六センチ未満の刃物や特殊警棒を堂々と手に持って道路を歩いていたら軽犯罪法違反ではないのである。堂々と持ち歩いている方がよほど危ないではないか。隠して持っていたら捕まるが、堂々と持っていたら捕まらない、捕まえることはできないということである。ここにも、作者の自己保身の意図が読み取れる。

作った人は、「警察という国家権力機関が権力を乱用してはいけないから、私は歯止めをかけるために『隠して』という文言をそっと入れたのです」「私は権力が暴走しないようにと配意しているから市民の味方なんですよ」と言いたいのだ。まさに自己保身である。こういった警察官が取り締まりをできないようにしている小さなフレーズを法律はたくさん使っている。それは本書のテーマなので、後ほど事例を交えて説明させていただくこととする。

S警部の実践指導の中で、凶器を隠し持っていた暴力団組員の逮捕だけが薬物以外の検挙であったが、その検挙がその後の私の警察人生にとって決定的に生かされることとなった。

◇S警部の実践指導を受けてからの一つの逮捕劇

一カ月間、大阪でS警部の実践指導を受けてから本県に帰ってきた。当時の私の勤務地A市内では空き巣の被害が相次いで発生していた。目撃情報で逃走した犯人の車が暴走族風の白色の改造車だと分かった。ある日の午後四時頃、A市内をパトカーでパトロール中、白色の改造車が走行しているのを発見した。犯人の車かどうかは分からないが、助手席の私は運転していた同僚O巡査部長に「あの車止めよう」と言った。うまく改造車の後方に付けることができた。うまい具合にその車はパトカーに気付くことなく、右折しコンビニの駐車場に入った。『チャンスだ！』私はパトカーを改造車の右側に付けた。運転席から二十歳くらいの暴走族風の男が降りてきた。

私はパトカーから素早く降車し、暴走族風の男を呼びとめ、職務質問した。免許証を見せるように言ったところ、男は免許証を見せた。『免許は持ってるのか』と思ったが、差し出した免許証をよく見ると、免許の種別が二輪のみである。無免許運転だった。動揺している男の了承を得て、車の中を見た。ダッシュボードの中を見たところ、別人名義の銀行の預金通帳と印鑑があった。預金通帳の入手経路について質問したが、男は説明不能である。無線機で捜査員の応援を求め、預金通帳を確認すると、空き巣の被害品であることが分かった。早急に身柄を押える必要がある。男は無免許だ。別件逮捕ではあるが、無免許の現行犯として逮捕した。

この事件は逮捕した男の取調べによって事実が明らかとなり、複数の共犯者を次々に逮捕し、被害総額約一千万円、数十件の空き巣事件の解決に至った。S警部の講演を聞いてからと、実践指導を受けてからの二つの事件検挙は特筆すべきものであった。

ここで、ちょっと話は横に逸れるが、この金庫破りと空き巣事件の二つの事件検挙を体験して、ちょっとおかしいじゃないかと思うことがあった。それは刑事課の自己保身である。皆さんに知っていただきたいと思うので、少し述べさせていただこう。

二つの逮捕事例ともそうであったが、二番目の事例は、私が空き巣の被害品を車の中から見つけたが、早く身柄を押えるために、別件の無免許運転で逮捕したことによって評価が話にならないほど低くされた。これほどの事件を解決するきっかけを作ったのに、逮捕したのは空き巣事件ではなく、無免許だということで三段階低い表彰しかもらえなかった。男が無免許でなければ非常に高い評価を受け、最低でも賞誉という誰もが滅多にもらえない表彰を受けることができたはずである。

前述した金庫破り事件も全く同じだった。金庫破りの犯人を逮捕したのに、逮捕が別件の無免許だったことから非常に低く評価された。この制度はあまりにもおかしいと思った。きっかけの逮捕をしたのは私なのに、犯人の引き継ぎを受け、侵入窃盗事件をまとめて検察に送致した刑事課員が両方とも賞誉という非常に高いレベルの表彰を受けたのである。

刑事課に属する貴族階級の幹部は刑事課員に表彰を与えたいが、制服の地域警察官には与えたくないという意識が見てとれる。別に表彰が欲しくて仕事をしていたわけではないが、たとえ最初は別件でも匠の技で呼び止め、職務質問で不審点を追及し、重大事件の犯人を逮捕した現場の警察官を貴族階級の幹部警察官が評価しないとなれば、多くの警察官は疑問を感じると共にやる気をなくすであろう。

たとえ別件であったとしても、重大事件の犯人を現行犯逮捕したならば、その警察官には「危険を顧みず、治安を守るために素晴らしい働きをしてくれてありがとうございました」という気持ちを込めて、働きに見合うだけの表彰してあげれば、その警察官は職場に感謝して「また頑張ろう」という気持ちにもなるのに、評価しないのであれば、逆に職場と貴族階級へ恨みが残るのではないのか。そういった事例は結構あるし、私も何度も体験したので後にいくつか紹介したいと思うが、これも本書のテーマである自己保身の警察ワールドの一端である。

◇広域自動車警ら隊初代小隊長に

本県警では警察庁の意向を受け、広域自動車警ら隊の発足の準備が着々と進んでいた。私には全く知らされてはいなかったが……。私はいつもどおりのパトカー勤務をしていた。大阪でS警部から直接指導を受けた私は、まだまだ未熟ながらも、以前とは比べようもないほど隙のない職務質問ができるようになり、苦労しながらも、自転車泥棒のような小さな犯罪から銃刀法違反、侵入窃盗、自動販売機荒らし、詐欺の指名手配犯人などの悪質な犯人までコツコツと検挙していた。

その年度は異動が早く、平成十五年二月、私は新たに創設された広域自動車警ら隊の初代小隊長として着任することとなった。先にもお話ししたとおり、ちょうどその頃、全国的にも本県的にも侵入窃盗を含む街頭犯罪が最大に増加した時期だった。私の使命は広域自動車警ら隊の隊員として着任した巡査、巡査部長の部下と共に街頭をパトロールし、不審者を見つけては積極的に職務質問をして、街頭犯罪や特別法犯と呼ばれる薬物や凶器類の取り締まりを行い、数字的にも実績を上げながら犯罪を減少させることにあった。私は選ばれてここに来たものの『自分はその要請に応えることができるだろうか』と一抹の不安がよぎったが、度胸を決めて『やるだけやってみよう』と前向きに取り組む覚悟を決めた。

広域自動車警ら隊は県庁所在地であるT市内の中心部に位置する警察本部に配置された。広域自動車警ら隊の特質は受持区域がないことである。つまり、本県全域が受持区域となる。各警察署に配置されたパトカーは原則、その警察署の受持ち区域だけしかパトロールできない。よほどの事件がない限り、他の警察署管内には入れない。しかし、広域自動車警ら隊はどこへでも自由に行ける。

そこが面白いところであった。

考えてみれば、どこで何が起こるか分からない治安情勢の中で、犯罪が多発している警察署の管内など最も必要とされる地域に自由に赴き、そこを重点的にパトロールできる。しかも、有能なサムライ魂を持った警察官が乗車しているパトカーが本部に配置されるということは、各警察署にとっては有り難くも頼れる存在となる。自動車警ら隊の発足に関して、反対する貴族階級の幹部も多くいたらしいが、この自動車警ら隊の創設は我が県警にとって、まさに当を得たものとなった。

◇広域自動車警ら隊での活動

広域自動車警ら隊発足当時の二〇〇三年頃、本県T市内では夜間になると暴走族、ハント族（ナンパ族）などの危険な連中が改造車に乗って、数珠つなぎになって走行していた。そして、彼らによる暴行・傷害事件が後を絶たなかった。彼らは女の子をめぐるトラブルなどで喧嘩になり、その際、使用したのが木刀や鉄パイプなどの凶器であった。

私はそこで思い出した。それは大阪でS警部から受けた実践指導の中で一つだけあった暴力団組員の凶器携帯の軽犯罪法違反の検挙である。彼ら暴走族、ハント族の連中をこの軽犯罪法違反で検挙してはどうか、いや、するべきではないのかと考えた。この決断が私の警察人生を変えたと言ってもいい。ここから始まった刀狩りである。初期の頃はパトカーで街中を走りながら着色フィルムを貼っていたり、改造した車などを発見すれば、個別に止め、車の中から凶器を発見しては軽犯罪法違反や銃刀法違反で検挙した。車の中を確認するという職務質問は本県では初めての試みであったが、それをやってみると、改造車やブラックフィルムを貼った車の中には、結構凶器が積まれていることが分かった。

しかし、パトロールしながら不審な車を発見して止めるのは効率が悪い。そこで、私の最大の盟友、サムライ魂を持った男A警部補と話し合って生みだした手法が自動車検問からの車内検索（車の中を見ること）であった。かつては自動車検問と言えば、飲酒運転の取り締まりのためのみに行われていた。自動車警ら隊に着任する前の私はパトロールの途中に自動車検問を取り入れ、一年間に五十件から百件の飲酒運転を検挙していた。その自動車検問を凶器の取締まりのためにやってみようと思い立ったのである。その詳しい手法については警察官ではない皆さんに説明しても意味がないので省略するが、この手法が功を奏した。先ほども説明したように、当時、深夜のT市内は暴走族やハント族が数珠つなぎになって、繁華街、歓楽街を走行していた。彼らが運転している車を自動車検問で片っ端から止め、一つの手法を用いて車内を確認してみたのである。協力者も現れた。大先輩のH署の地域課長が協力してくれ、若手の交番勤務員を出してくれた。

どのような言葉を使って、自動車の検問から車の中まで見るのか。その手法についても省略するが、暴走族やハント族、中には暴力団の車もあったが、彼らは実に多くの凶器を車に積んでいた。凶器の種類は日本刀、摸造刀、サバイバルナイフ、木刀、特殊警棒、鉄パイプ、メリケンサック、催涙スプレー、スタンガン、まさに千差万別だった。私は仲間と共に車の中に積んでいる凶器を発見しては検挙していった。中には凶器以外の物もあった。大麻、覚せい剤、女性の下着、販売目的のモザイクなしのアダルトビデオ、これまた販売目的の偽高級ブランド商品、あるいは侵入目的のドライバー、ピッキング用具、偽造外国人登録証等々、様々な禁制品を発見しては検挙し、検挙件数は数年間で二百件以上に上った。時には暴力団に人権侵害だと訴えられるなど嫌な目にもあったが、それでも乗り切った。

その結果どうなったか。本県の街頭犯罪は十五年で年間六六〇二件から一一四五件と六分の一近くにまで減少した。当然、凶悪事件も同様に激減した。この減少率は日本一である。私は人生の目的と使命をこの自動車警ら隊時代の仕事で十分とまでは言えないが、果たすことができたのではないかと考える。見えざる手が私を導き、支えてくれたように思えて仕方がない。感謝したい。

さて、ここからは、私がこの職務質問指導官だった時代、凶器などの禁制品の検挙以外の思い出話を自己保身のエピソードを織り交ぜながら、少し語らせていただきたい。

◇誰にも知らされなかった凶悪指名手配犯人の逮捕

朝の午前四時頃、私は若手警察官に運転してもらって、T駅の周辺をパトロールしていた。と、正面から茶髪、黒色の竜の刺繍《ししゅう》の入った半袖シャツ、真っ赤なズボン、腕にはこれまた竜の刺青《いれずみ》を入れた二十五歳くらいの男が携帯電話をしながら肩をゆすって歩いて来る。『この男は何かしているに違いない』と勘がはたらき、私は運転していた若手警察官に「あの男止めよう」と言って、男の近くにパトカーを停車させるやいなや素早く降車し、男に近寄った。そして、「市内の方ですか」と質問したところ、男は「大阪や」とぶっきらぼうに答えた。大阪から来た刺青をした男が午前四時という深夜とも早朝ともとれる時間帯に駅前周辺を徘徊している。怪しい。

私はその男に「話が聞きたいのでパトカーに乗ってくれますか」と言ったところ、男は案外素直に従い、パトカーの後部座席の右側に乗った。私は男の左側に座り、「ときどき、関西方面から薬物の売人がやってくるんだ。君は大丈夫だと思うが、持ち物を確認させてくれるか」と聞いた。男は「それなら大丈夫や」と言って、持っていたセカンドバッグを手渡した。中を確認すると、身体障害者手帳が入っていた。男は少し耳が遠いことから身体障害者の認定を受けていたのである。手帳には男の名前と生年月日が記載されていた。運転席の若手警察官に「この名前と生年月日で照会してくれ」と言った。

照会というのは、警察本部内に設置されている照会センターという部署で待機している係官に対して、職務質問をしている相手が指名手配や家出などの手配がされていないかどうか、また、どんな前科を持っているのかを無線機で聞いて、即時に回答を得るというシステムである。殊更人権派の人々は、個人情報をそんなに簡単に雑魚警察官に知らせてもいいのかと批判するかもしれないが、不審者を追及し、犯人を逮捕するなど街の安全を守るためには当然必要である。

若手警察官は私の指示に従い、無線機で直ちに照会した。約十秒後に返ってきた答えは、「その男は大阪府警が手配している強姦致傷の指名手配犯人です」だった。私はその回答に驚いたが、平静を保ちながら男に対して、「君には大阪府警から強姦致傷の指名手配が出ているぞ」と言った。男は唖然とした表情を見せた後、うつむき、うなだれた。私は男を逮捕し、管轄のH署に連行した。

そこに待っていたのは、H署の若手刑事課長のT（初級貴族の警部）だった。彼は本県の刑事警察で将来を嘱望されている出世頭の人物で、私より八歳くらい年下だが階級は上だ。その時、彼は信じられない態度を示した。私に対して、眉をしかめ、面倒くさそうに言った。「そっちでやって」……どういうことか。『刑事課では受付けたくない。そっち（私の所属する自動車警ら隊）で取調べをして大阪府警まで連行してくれ』ということである。私は信じられない思いになった。

H署の管内で強姦致傷の指名手配犯人を発見して逮捕したのだから、褒めたたえてくれるだろうし、感謝してくれるものと思っていたのに、感謝されるどころか迷惑がられた。本来なら、刑事課長たる者はこのような時、先輩であり主権者である私に対して、「ご苦労様です。すごいですね。よくぞ凶悪指名手配犯人を逮捕してくれました。こんな危険な人物を野放しにしていたらまた大きな事件を起こしていたことでしょう。未然に防いでくれたことにも感謝します。刑事課で引き受けて、余罪がないかどうか取り調べてから大阪の方に護送します」と言うべきだろうし、そう思うべきである。当たり前の話だが、現実は違った。

T刑事課長が迷惑がった理由はこうである。

・強姦致傷という凶悪事件の犯人を逮捕したといっても、大阪府警が指名手配しているから本県警の検挙件数には計上されない。ゆえに、H署の件数にもならないから評価されない。面倒くさいだけだ。
・刑事課員が逮捕したのではない。目下であり、雑魚の地域課員が逮捕したのが面白くない。それも、H署の地域課員でなくて、本部に新設された自動車警ら隊員が逮捕したのは面白くない。
・眠たいのに朝早くから起こされた。
・護送中に逃走されるようなことがあれば、自分自身の身分も危うくなる。

といったところである。しかし、役割上、しかたなくT刑事課長はこの事件を引き受け、部下の刑事課員が大阪府警に連行して大阪府警に引き渡した。

その後のことである。強姦致傷事件の指名手配犯人を捜査情報も何もない所から感性のみの職務質問で割り出して逮捕したなんていうことは、我が県警のような地方の県警ではそうあるものではない。おそらく、本県警始まって以来のことである。大きく取り上げるべきであり、逮捕した警察官には最低でも賞誉というレベルの高い表彰を出すべきであるのに表彰を出さなかった。また、地方の小規模県ならば小さな逮捕事案でも必ず新聞に載る。強姦致傷の指名手配犯人を職務質問で逮捕したなんてことがあれば、警視庁や大阪府警でもマスコミに広報し、地元の新聞に載ることはまず間違いない。しかし、私が逮捕したこの一件は地元の新聞にも載せなかった。ということはT刑事課長とその上司である刑事官、副署長、署長はマスコミに広報しなかったということである。

例えば、地元で強姦事件の犯人が逃走したと一一〇番が入ると、刑事課と地域課員は総出を挙げて犯人を逮捕するべく捜索する。もし、犯人を見つけて逮捕すれば、大手柄である。その場合でも刑事課の貴族階級にある者は地域課員ではなく、できるなら刑事課員に逮捕してもらいたいと願うであろうが……。この時、多くの警察官は逮捕した警察官に対して『あいつが逮捕したのか。すごいなあ。でも羨ましいなあ』と思う。そして、犯人を逮捕した警察官は賞誉という滅多にもらえないような表彰をされる。遥か昔、私が二十四歳の頃、発生して間がない強姦致傷事件の犯人を見つけて緊急逮捕したことがあるが、その時、県警は賞誉というレベルの高い表彰をしてくれた。

しかし、この事例の場合は何の表彰もされなかった。新聞にも載らず報道されなかった。本県のほとんどの警察官は私が強姦致傷という凶悪事件の指名手配犯人を逮捕したことを知らない。県民も全く知らない。なぜ表彰されなかったのかといえば、先にも書いたとおり、大阪府警が手配しているから本県の検挙件数には計上されないからということである。バカみたいな制度だ。また、マスコミに広報しなかったのは刑事課員が逮捕したのではなく、新設された地域課の広域自動車警ら隊の活躍を報道されるのが嫌だったからだろう。

他府県が指名手配した犯人を逮捕した場合、自分の県の検挙件数に計上されないから表彰しないなんていう制度は狂っているとしか言いようがない。私はそれ以前に三件（詐欺、空き巣など）の指名手配を逮捕したことがあるが、その時も他府県の指名手配だったので表彰されることはなかった。そうなっているからしょうがないのかなあと思っていたが、この件は凶悪事件である。納得がいかなかった。しかし、ある日、体調を壊されて無線係をしていた元刑事さんにこのことを話したら、「おかしいなあ。自分が刑事だった頃、大阪府警が指名手配していた詐欺の犯人を逮捕した時に刑事部長賞をもらったよ」と言っていた。どうも刑事なら表彰するようだ。よほど、雑魚の地域課員は嫌われているんだなあと感じた。ひどい話だ。これも自己保身の警察ワールドの一端とも言えるだろう。当時のT刑事課長は出世頭であり、将来ノンキャリア最高の刑事部長になるのは間違いないとほとんどの警察官が思っている。私に言わせれば「その程度の人間が刑事部長かよ」である。

ただ、この逮捕した男（ここからは若者と呼ぼう）との関わりについて少し述べさせていただきたいことがある。若者は逮捕されたことでずいぶん落ち込んでいた。私はその若者にひとこと言いたいと思った。

もう二十年も前のことである。私の尊敬する先輩（警察官ではない）がこんなことを言われた。

「人間は立ち直ろうとしても、そこに真の対話者がいなければ立ち直れないんだ」

パーキンソン病を抱えながら、多くの重病の方を励ましてこられたその方が言われた言葉だ。その方は「同じ病気になるんだったら重い方がええでえ」と言って亡くなられた。私は尊敬するその先輩の言葉を思い出した。そしてこう思った。

『この若者は耳にハンディキャップを負いながら生きてきて、辛いこともたくさんあっただろう。このことをきっかけとして立ち直ってもらいたい。ひとこと言って差し上げよう。心から真剣に彼のことを思って』

そして、耳元で大声で彼にこう言った。

「君が今回捕まったのは偶然ではないと思う。これには意味があるぞ。これを君が立ち直るきっかけにしてほしい。今から何年刑務所に入るか分からないけど、必ず出て来れる。君はまだ若い。人生はやり直しがきく。世の中、冷たい人ばかりじゃあない。必ず君を待っている人がいる。例えば、手に職を付けたらいい。仕事でも君を待っている人がいるぞ」

若者は涙をポロポロ流しながら何度もうなずいていた。これからの人生、彼が自らの個性を生かして、社会に貢献できる人となり、明るくイキイキと生きることができるよう心から祈りたい。表彰はされなくても、こんな出会いに恵まれたことで、我が仕事に感謝したい。

◇強盗殺人未遂事件犯人の別件逮捕

ある日のこと、T市内から約十五キロ北西側に位置するI警察署管内の住宅街で強盗殺人未遂事件が発生した。事件の概要はこうである。

午後十時頃、空き巣の犯人が一軒家に侵入し、室内を物色中だった。そこへ独り暮らしの六十五歳の女性が買い物から帰宅した。帰宅した家人に発見された空き巣の犯人は家人が初老の女性だったことから、タオルで首を絞めて失神させ、現金を強奪して逃走した。本当にたまたまであったが、犯人逃走直後に被害女性の姉が被害女性方を訪ねた。返事がなく様子がおかしいので室内に入ったところ、部屋が荒らされており、妹が失神しているのを発見。必死の思いで救急車を呼び、被害女性は病院に搬送された。被害女性は顔が大きく腫れあがり青色に変色していたが、発見が早かったので一命を取りとめた。当然、捜査本部が置かれ、鑑識、聞き込みなど懸命な捜査が行われたが、手掛かりが全くなく、捜査は困難を極めた。

事件発生から一週間後のことだった。深夜、私はいつものようにパトカーの助手席に乗って本県の中心を担うH警察署管内の歓楽街のパトロールをしていた。午前三時三〇分頃、H警察署の西隣のN警察署管内でひったくり事件発生との一一〇番指令が入った。ミニバイクに乗った若い男が通行人のバッグをひったくって逃走したという事件だった。

そんな時は通常、入り込み検索と言って、隣の警察署の警察官も事件が発生した警察署管内に入って大規模な犯人の検索が行われる。中には隣の隣のはるか遠い警察署からもパトカーや捜査車両で自主的に入り込んで犯人の検索をするケースもある。

ここでひとつ、皆さんの全く知らない警察官の意識についてお話ししたいと思う。ひったくりの犯人が逃走したといった事件が発生した際、その事件の被害届を受け付ける警察官は面倒くさくて嫌がるが、それ以外の多くの警察官は大喜びだ。なぜ喜ぶか。こう思うのである。

『やったー！　チャンス！　わしが捕まえてやる』

ひったくりの犯人を捕まえたら大手柄だ。最低でも刑事部長賞、取調べで余罪がたくさん出たらもう一つ上の賞誉という表彰がもらえて、貴族階級の幹部から賞賛される。自分自身の評価が上がる。昇進にもつながるし、異動にも有利になる。それと、ひったくりの犯人が逃走したといった事件は喧嘩の現場などとは違って怖くない。また、皆が近くで捜索しているから自分が犯人を見つけて職務質問すれば、すぐに応援が来るので、さほど危険ではない。だから、遠くから自分の管轄を離れてでも、多数の警察官が現場周辺にやって来て犯人を探す。そして、『仲間を押しのけても自分が捕まえてやるんだ』と血眼になって犯人を探す。自分が捕まえれば『やったぞー！　俺が捕まえたんだ』と雄叫びをあげ、他の警察官に捕まえられたら『クッソーやられた。悔しいなあ。羨ましいなあ』となる。発生現場周辺に警察官を集中させて、犯人を検索することは必要ではあるが、血眼になって犯人を探している警察官の意識は惨憺たるものなのだ。

私の意識は他の警察官とはちょっと違っていて、そんな時はこう思う。

『捕まえたい奴が捕まえたらいい。俺はゼロから捕まえてやる』

職務質問のプロとしての誇りである。

話を戻そう。ひったくり犯人が逃走したとの一一〇番指令を受けた他の警察官とは違って、私は『くそ、やられたかー。しゃあないなあ。ほな捕まえに行くか』とつぶやき、H警察署の隣のN警察署管内に入って犯人を探した。しかし、犯人は見つからない。おそらく、もう家に帰っているか、仲間の家に入っているだろう。三十分ほど検索し、もう早朝の四時だ。一般の人や車の通りはほとんどない。見るのは犯人を探している警察官が運転している車両だけだ。私はこれ以上N警察署管内で犯人を探しても、発見は困難と判断した。最も犯罪が起こる確率が高いH警察署管内が心配である。ひったくり犯人は捕まえたい奴に任せればいいと判断して、もともとパトロールしていたH警察署管内に戻った。そして、不審車（者）を見つけて職務質問するべくパトロールを実施した。と、その時である。午前四時二〇分頃、一一〇番指令が入った。

「H警察署管内、常三島町のインターネットカフェFで無銭飲食事件発生。現場に急行せよ」

その現場は私がパトロールしていた地点からほんの数百メートルの地点。私は直ちに無線で現場に急行すると伝えて、現場に向かった。三十秒で現場に到着し、店に入った。店には店長とその横に、年齢三十歳くらい、ボサボサ頭、無精髯、少し汚れ気味の作業着を着た半分浮浪者風の男が立っていた。店長はその男を指差して、「料金が五千円なのにこの人はお金を持っていないので払えないというのです」と言った。私は男に「本当に金を持っていないのか」と質問すると、「持ってない」と答えた。財布を確認すると六百円しか入ってない。明らかに無銭飲食という名称の詐欺事件の現行犯である。

私が男に素性を聞くと、「十日ほど前に大阪からやってきた。仕事はしていない。インターネットカフェを渡り歩いている」と答えた。無線で調べたところ、その男に前科はなかったが、人相、風体から無銭飲食以外にも何らかの犯罪を犯している可能性が非常に高いし、これは現行犯逮捕しなければならないと判断し、男に対して「無銭飲食の現行犯で逮捕する」と告げた。そして、H署の当直指令に無線で「インターネットカフェFの無銭飲食の件については現場で現行犯逮捕しました」と報告した。ところがである。H警察署の当直の刑事から無線で「逮捕は待って下さい。すぐ現場に行きますから」と言ってきた。私は間違いなく逮捕になるが、刑事がそう言うならまあ待ってやるかと思い、待った。しばらくしてH警察署の刑事二人がやってきた。そこで彼らがやったことは……。

無銭飲食の男に対して、「誰か支払ってくれる親戚や友人はいませんか」としつこく質問する。どういうことかと言えば、事件化したくないのだ。誰か支払ってくれる人を見つけて代金を支払わせて、オシマイにしようとする。事件化すれば、面倒くさいし、難しい手続きを踏まなければならない。私は『あーあ、やっぱりな』と思ったが、男には代わりに支払ってくれる者などいないことはすでに確認していたから、現行犯逮捕しなくてはならないことは分かっていた。刑事は代わりに代金を支払ってくれる人がいないことが分かったので、仕方なく私に「現行犯逮捕でいって下さい」と言った。もうすでに言っているのだが……。そして、男を現行犯逮捕し、H署の刑事が乗ってきた捜査車両に乗せた。そうしたところ男は捜査車両の中で驚くべきことを言った。

「あのう。僕は人を殺しました」

アッと驚いた。追及したところ、一週間前にI警察署管内で発生した強盗殺人未遂事件の犯人だったのである。男は自分が首を絞めた女の人は死んでいると思い込んでいた。男には前科はなく、そのために現場に指紋やＤＮＡが残っていたとしても解明は不可能であった。迷宮入りになる可能性が非常に高い事件であったが、別件の無銭飲食で現行犯逮捕したことから強盗殺人未遂事件が解決した。

しかし、この一件で言いたいのは事件解決後の話である。取っかかりの無銭飲食の事件をボツ（何もなかったこと）にしようと躍起になった二人の刑事が、私が現行犯逮捕した無銭飲食の犯人を自分たちが取調べて、強盗殺人未遂の犯行を自供させてから再逮捕したんだということにして大きな評価を得、賞誉というレベルの高い表彰を受けた。漁夫の利とはこのことか。先に記載した強姦致傷事件指名手配犯人の逮捕とは違って、この事件の逮捕劇は地元新聞に載り、地元のテレビ局でも大々的に報道された。

それに対して、犯人を現行犯逮捕して身柄を押えた私は、別件の無銭飲食で逮捕したのだからということで自転車泥棒を捕まえたのと同じ評価、署長報償しかもらえなかった。重大な事件の犯人である可能性が高い場合、まずは何でもいいから逮捕できる要件があれば、それで逮捕して身柄を拘束するという別件逮捕という手法は重要な捜査手法である。しかし、このケースの場合、私は別件の無銭飲食で逮捕しただけで強盗致傷事件の逮捕には関与していないと看做され、大した評価を受けなかった。先の強姦致傷の指名手配犯人の逮捕のケースと似通っている。別に表彰が欲しくて仕事をしているわけではないが、こういった事例は私の警察人生の中で相当数ある。本当に奇妙な警察ワールドである。

◇「犯人連れてこないで」の課長連中

第四章に「自己保身に生きる人々（貴族階級編）」を用意しているが、一足先に貴族階級編の予行演習として、私が最も活躍させてもらった自動車警ら隊時代にあった話で、逮捕した犯人を警察署に連行したが主管課の課長が嫌がった話を二つほどしようと思う。前々項で指名手配の犯人を受け入れるのを面倒くさがった刑事課長の話をし、第二章では青少年健全育成条例違反を潰した生活安全課長の話をしたが、刑事課長と生活安全課長だけでは不公平なので、今度は交通課長と警備課長の話をしよう。まずは交通課長から。

ある日の午後三時頃のことであった。T市内をパトロール中、黒色のベンツが走行しているのを発見した。ベンツで黒色とくれば暴力団が好んで使っている車だ。普通の地域警察官ならば、そんな怖そうな車からは逃げたがるが、私は違う。そんな車こそ職務質問の対象だ（殊更人権派の人々からは車で人を判断してはいけませんと言われそうだが……）。そのベンツの運転手はパトカーを気にしている様子がうかがわれた。助手席の私は運転している若手警察官に「止めようや」と言って、後方につけ、マイクで「止まりなさい」と言って止めた。

案の定、暴力団だった。後部座席に座っていたのは地元の暴力団の組長だった。そして、運転していた男は当然ながら、部下の組員である。年齢は五十歳くらいだった。男に運転免許証の提示を求めたところ、持っていないという。持っていないということは免許証不携帯か、無免許である。男の名前と生年月日を聞いて、無線機で照会したところ、無免許であることが分かった。しかも四年前にも無免許で検挙されている。どう考えても悪質である。私は自分の判断で、その場で運転していた組員を無免許運転で現行犯逮捕した。そして、管轄のH警察署の交通課に無線で連絡した後、連行した。

H署の交通課長は当然、「よく捕まえてくれました」と褒めてくれると思っていたのだが大間違いだった。交通課長は『何ということをしてくれたんだ』といった表情をして、

「何で切符処理しなかったんですか。強制（逮捕）は常習者だけだと決まっているんです。常習というのは過去三年以内に無免許運転で捕まっているということです。この男の人は過去に無免許で捕まっているが四年前ではないですか」

と階級は下だが、先輩の私に言った。

過去三年以内に無免許で捕まっていないといっても、四年前にその組員は無免許の前歴があるし、組長の運転手として常習的に運転していることは間違いないではないか。しかも、市民の敵暴力団である。逮捕して当然ではないのか。

交通課長は仕方なく受け付けたが、不満たらたらであった。そうこうしている内に組長から連絡を受けたのであろう。二人ほど、H署交通課に暴力団組員がやって来た。彼らは暴れるわけではなく、事情を聞きに来ただけであったが交通課長はビビった。よほど怖かったのだろう。逮捕した暴力団組員を留置することなく、すぐに釈放した。何とも情けない話である。

次に警備課長の話。ある日の午後四時頃のことであった。私は北方のN市内の国道沿いの空き地にパトカーを停めて、国道を走る不審車両の発見につとめていたところ、他県ナンバーのフルスモークの車が本県T市方向に走行しているのを発見した。助手席に乗っていた私は運転の若手警察

官に命じて、直ちに追跡し、停車させた。降車し、急いで停車させた車の運転席に駆け寄り、車の中を見ると、犯罪の臭いのする半浮浪者風の男が四人乗っていた。運転手は日本人で運転免許証を持っていたが、他の三人は中国人だった。三人とも片言の日本語はしゃべれた。全員に外国人登録証の提示を求めたところ、一人は有効期限切れ、他の二人が出してきた外国人登録証をよく見てみると、私の目はごまかせない。顔写真を巧妙に細工しており、偽造の外国人登録証であることが分かった。

外国人の犯罪を取り扱うのは、警備課である。N警察署の中堅警備課長に無線で連絡し、中国人三人をN警察署の警備課に同行した。今回は最初から予想できたが、待っていた警備課長は嫌がった。警備課は事件を処理するということはまずない。当然、N警察署の警備課長は事件など取り扱ったことがない。警備課長は私にこう言った。

「会議が入っていて忙しいんですわ。忙しくなければ受け付けるんやけど……。ほんまに偽造のパスポートなん？」

言葉の端々に『できるなら、事件を取り扱いたくない。このまま帰したい。帰ってもらいたい』という気持ちが込められている。本来なら、密入国容疑濃厚の外国人を連れてきているのだ。主幹の警備課員なら会議などほったらかして引き受け、取り調べて真相を明らかにした上、逮捕しなければならない事件である。密入国の外国人をゼロからの職務質問で暴き出し、警察署に同行するといった事例はおそらく本県警察始まって以来のことだろう。

この一件は責任感のある複数の刑事さんに手伝ってもらって取り調べたところ、一人は有効期限が切れて日本の在留資格がなくなっていて、もう二人は全く許可を受けていない密入国の中国人と判明したので三人を現行犯逮捕した。

外国人の密入国の事件なら本来、警備課が最もやりたいはず、あるいは最もやらなければならない事件である。事件をまとめて検察に送致すれば、大きな評価を得ることができる。地域課員（制服のおまわりさん）が警備課にとって最も有り難い事件の犯人を連れてきてくれたのだから、「よくぞ捕まえてくれた。ありがとうございます」と言って大喜びで引き受けなければならないのだが……。現実は全く違う。事件など扱ったこともないし、全く扱わなくても食べてゆける警備課の課長だから、密入国の犯人を連れてきてくれても『そんなの連れてきてもらっては困る』といった態度を取るのである。困ったものだ。その事件は、なんとか刑事さんの協力を得て、検察に送致することができた。警備課長はホッとしたことであろう。やれやれである。

◇他県からの研修生受け入れと講演要請

私が新設された自動車警ら隊の小隊長として最も活躍していた頃のこと。私が編み出して提案した犯人を検挙するための二つの手法があった。簡単に説明すると、一つは自転車の検問をして自転車泥棒を捕まえる手法と、もう一つは自動車検問をして車に積んでいる凶器などの禁制品を見つけて検挙していく手法である。殊更人権派の人々からは「そんな人権を無視した取り締まりをしてもいいのか。憲法違反の疑いがある」なんて言われそうだが、実際にはこの二つの手法で何百人もの犯罪者を検挙し、盗まれた自転車は持主に返してあげて喜んでいただき、凶器などの禁制品を取り上げたことによって街頭犯罪の激減につなげていった。こうして、事件が起きてから動くのではなく、何もない所から職務質問をして犯罪を検挙している警察官によって治安が保たれていることを心ある皆様には知っていただきたく思う。

話を戻そう。私の提言した二つの手法が合体して、どんどん検挙件数が伸び、本県は警察官の数が二千五百人未満の県警の中で犯罪検挙実績がトップになった。その先導者であった私は警察庁の王族・貴族階級の皆さんからも評価されたのだろうか、他県から呼ばれて職務質問の講演をしたり、他県の警察官を受け入れて実践指導するという立場を頂いた。かつて、大阪府警の恩師S警部から実践指導を受けた私が今度はS警部と同じような立場にならせていただくことになった。なかなか厳しい立場ではあったが、他県の警察官の方々に私の職務質問を伝承し、その警察官が自分の県に帰って実践していただいたことによって全国の治安にも貢献できたことは、本当に有り難い仕事をさせてもらったと、その部分では感謝している。

その中で、特に印象に残っている二つの出会いについて少しお話しさせていただきたいと思う。

一つは福井県警に講演に赴いた時の話。二日にわたる講演なのだが、一日目の私の講演を聞いた若手のパトカー勤務員が、その日の夜さっそく、私が伝えたとおりの職務質問を実践し、凶器を携帯している軽犯罪法違反の事件を二件も検挙したということで福井県警の地域課長さんから感謝されたこと。

もう一つは島根県警に講演に赴いた際、お世話して下さった地域課の係長さんから「警視庁や大阪府警の職務質問指導官には何度も来てもらって講演してもらいましたが、皆（島根県警の地域警察官）は大都会と田舎では街の状況が全く違うではないかと言って聞く耳持たないのですわ。でも、〇〇県から来ていただき、同じ規模の県だから皆、宇野指導官の話はよく聞いてました。ありがとうございました」と言っていただいたことだ。確かにそうだ。本県に大阪や名古屋から全国的にも有名な職務質問のプロフェッショナルが講演に来られたことがあったが、大阪や名古屋の街中と本県の街中では犯罪者のはびこり方が全く違う。よって、職務質問も大都会とは同じようにはいかないことは誰もが感じているところであった。〇〇という田舎の県であったことから、同じ田舎の県の方に重宝されたことはありがたいと思った。

自動車警ら隊時代のエピソードはまだまだあるが、この辺でいったん終了することとして、ここからは、自動車警ら隊以外の勤務で特に思い出に残る事件についてお話しさせていただきたい。

四　その他の思い出深い出来事

◇台風の中、深夜のオートバイ警ら

私の警察人生の中でも、ひょっとしたら最大の社会貢献であったかもしれない出来事がある。それは台風の中でのオートバイ警ら中に体験した。

私はその時三十五歳だった。T市内の東の外れのO交番で勤務していた。O交番は一人勤務の交番だった。私は雨の日でも風の日でも、なるべく外に出て警ら活動をしたがる珍しいタイプの警察

官だった。多くの交番の地域警察官はずっと交番内で初動待機と称して、受持区域で事件や事故が発生した時だけ、外に出て処理するといった仕事ぶりである。だから、私は珍しい警察官だった。警察官は思いの外多くの書類を作成しなければならない。外に出て仕事がしたい私は交番の中で時間のかかる書類を作成するのが嫌で嫌でしょうがなかった。

八月のある深夜の出来事だった。その日、台風が本県に上陸した。外は猛烈な雨風。誰もが交番の中で待機していた。しかし、書類作成を終えた私はカッパを羽織ってパトロールに出かけた。幸い隣の交番に二十代のやる気のある若手警察官が二人いたので、彼らと共に暴風雨の中、オートバイで受持区域をパトロールした。午前二時頃、台風もやっと遠ざかり、風はまだ強かったが雨はおさまってきた。と、その時である。約二百メートル前方で街灯に照らされた二人の子供のシルエットが見えた。台風の日の深夜にいったいどういうことだろう。私は二人の若手警察官といっしょに急いでオートバイで走り寄り、呼び止めた。二人は男子小学生だった。一人は六年生、もう一人は四年生の兄弟であることが分かった。

「お前らこんな時間に何しとるんや」

と声をかけた。すると、六年生の男の子がアッと驚くことを言った。後ろを振り向き、後方を指差して、

「あっちで火が燃えよる」

『何、どういうことだ』私は部下の一人に二人の小学生をその場に留めておくように命じ、小学生が指差した方向へオートバイを高速で走らせた。約四百メートル走行した所で、火災を発見した。

スーパーマーケットのビニール製のひさしの部分がボーッという音を立てて猛烈に燃えている。すでに屋根の一部に燃え移り、このままだと建物全体に燃え広がる。付近は住宅密集地であり、近隣の民家に延焼するおそれが十分ある。直ちに携帯していた無線機で消防隊を要請した。さすがは消防隊である。けたたましくサイレンを鳴らしながら、アッという間に現場に到着した。すぐさま消火活動をしてくれ、極短時間で鎮火させた。大事には至らなかった。私はホッとしてため息をついた。

しかしなぜ、この火災が起こったのか。二人の小学生から聴取したところ、二人はスーパーマーケットの倉庫の前に積み上げていた段ボールにライターで火を付けて遊んでいたところ、燃え上がって消すことができなくなり、怖くなってその場から逃げ、帰宅途中だったとのことであった。

今思い出しても、あの日、台風の中でもパトロールに出ていて本当によかったとつくづく思う。私どもが他の警察官と同じように台風だからという理由で初動待機と称して交番の中で待機していたら、間違いなくスーパーは全焼。しかも付近の民家にも延焼して大火災となり、死者も出た可能性が高い。

この一件は犯人が小学生だったことから補導措置ということになった。よって、犯人を検挙したことにはならないので表彰もされず、貴族階級の幹部警察官から「よくやってくれた」の一言もなかった。しかし、私の長い警察人生の中で、最大の社会貢献ができたのはこの一件だったのではないかと思う。誰も知らないし、誰も褒めてはくれなかったが、天はこのことを知って下さっていて、その後の私の人生に助力を与えて下さったことだろう。

◇飲酒運転は絶対に止めてほしい事件

私が三十二歳、T市の南に位置するK市内のT駐在所で勤務していた時のことであった。補勤《ほきん》と言って、一カ月に一回程度、パトカーの乗務員として当務（朝から翌朝までの仕事）をすることがあった。

その日、私はパトカーの補勤をしていた。午後九時頃のことである。ひき逃げ事故の一一〇番が入った。車同士が出合い頭に衝突し、その内一台が逃走した。幸い目撃者がいてくれて、逃走した車のナンバーを覚えてくれていた。通報があったそのナンバーで車の持主が割れた。私は相勤者のパトカー専従員と共に逃走した車の持主の家に急行した。到着したところ、家は一階建てのボロボロの長屋の一室だった。部屋には灯りが点いている。近くの駐車場に前部が破損している手配車両（逃走車両）が駐車されていた。ひき逃げ犯人は自宅に帰っている。間違いない。

私と相勤者は玄関の引き戸を開けた。私は「こんばんは。警察です」と大声で言った。すると、小学校三年生くらいの可愛らしい女の子が奥から出てきた。私が「お父さん帰ってきた？」と聞くと、女の子は「さっき帰ってきた。奥でテレビ見てる」と言った。女の子と会話を交わしていたところ、奥の部屋から父親と思われる男が「何じゃー」と大声をあげた。私が「〇〇さんですね。出てきて下さい」と言うと、男はおもむろに出てきた。作業服を着ており、建設作業員と思われた。明らかに飲酒している。男は飲酒運転で交通事故を起こしてしまったので怖くなって逃走したのだ。

「三十分ほど前に〇〇でひき逃げ事故があったが、あなたが事故を起こして逃げたのですね。目撃者がいますよ」

と言ったところ、男は案外素直に認めた。私はその場で飲酒検知したところ、呼気一リットル中〇・二五ミリグラム以上のアルコールを検知し、酒気帯び運転であることが明らかとなった。

「それでは、警察署の方に来てもらえますか」と言ったところ、男は、「行きますが、娘と二人暮らしなんで……」と答えた。私は「分かった。そのことは上司に伝える」と言った。

そうして男は同行に応じ、私は相勤者と共に男を玄関から連れ出そうとした。その時、女の子が泣き叫んだ。

「父ちゃん、父ちゃん、父ちゃーん」

私は女の子に「お父ちゃん、ちょっとしたら帰ってくるから。ちょっと待っとってね。大丈夫だよ」と言って必死でなだめた。警察署に男を同行したが、交通課長には男が女の子と二人暮らしなので逮捕するべきではないことを伝えた。交通課長も了承し、通常なら逮捕すべき事件であったが任意事件となった。その日は、交通課員が事情聴取のうえ簡単な供述調書を作成し、男を自宅まで送った。

私は男に対して『かわいい娘がいるのに、何で飲酒運転するんだ』とやり切れない思いになった。女の子のあの悲痛な叫び声はずっと私の胸の奥に残っている。あの親子が今どうしているかは分からないが、幸せになっていてほしい。

飲酒運転は絶対にしてはいけない。自分だけでなく、愛する人、愛してくれる人を傷付け、悲しませ、場合によっては路頭に迷わせることになってしまう。

皆さん、絶対に飲酒運転はしないでほしい。また、お知り合いの方が飲酒運転をしようとしたならば、絶対に阻止してください。

◇自転車を盗んだフィリピン人の青年

ある日の午後、後輩警察官といっしょに国道の交差点で自転車の検問をしていた。一人の青年が白色の自転車を運転して交差点を横断し、私の方に走ってきた。私はいつものように、おもむろに自転車の前に歩み寄り、持っていた停止棒を眼前に差し出して停止させた。

「運転していたのはちょっと彫りの深い顔立ちの二十歳くらいの青年である。私は青年に「自転車の検問をしています。ちょっと登録番号を確認させて下さい」と言った。青年は「いいですよ」と応じた。携帯していた無線機を使って、照会センターのコンピューター係に青年が乗っている自転車の登録番号を伝えて、盗まれた自転車かどうか、持主が誰かを聞いた。照会センターからの回答により、その自転車は被害届は出ていないが、持主の名前が分かった。青年に名前を聞いたところ、聞いたことのないような外人の名前を言う。日本人だと思っていたので呆気にとられた。日本語はペラペラだ。「国籍は？」と質問したところ、「フィリピンです」と答えた。年齢を聞くと、見た目どおり二十歳であった。

自転車の持主の名前が日本人だったので、不審に思い、青年に「自転車の持主の名前と君の名前が違うんだけど、どうして？」と質問すると、その青年はあっさりと盗んできたことを認めた。青年は「すいません。僕の自転車が盗まれて不便になってしまったので他人の自転車を盗んでしまいました。悪いことをしてしまいました。申し訳ありません」と平謝りに謝った。日本語はもしかすると日本人よりうまい。幸い前科はなかったので、警察限りの微罪処分となった。

私は彼に「お仕事は何してるの」と尋ねた。すると彼は「F病院で介護の仕事をしています」と答えた。私が「たいへんなお仕事しているんだねえ」と言うと、彼は「仕事はきついけれど、やりがいがあります。ご老人の皆さんのお世話をさせていただいて、喜んでもらえるのが嬉しいんです。皆さんの笑顔を見ると、こちらが癒されるんです」と言う。何と感心な若者なのだろうか。そんな会話をしている時に彼の携帯電話に電話がかかってきた。フィリピン人の友人なのだろう、聞いたことのないタガログ語でペラペラと話している。

話し終わった後に私は「給料はいくらもらってるの」と質問した。この質問は取調べの時にしなければならないように規定されている。すると彼は「月十一万円です」と答えた。何と彼の給料は十一万円だ。それを聞いて私は深い憤りを覚えた。何も仕事をしていない生活保護受給者でも十一万円もらっている。しかも、医療費はタダだ。ご老人の介護という貴重な仕事をしている人が、いくら若者だといっても、生活保護受給者と同じ額の月給で働かせてもいいのかと。おまけに彼はフィリピンの母国語であるタガログ語もペラペラ。さらに英語もペラペラであることが分かった。私は彼に言った。「君はそんなに賢いのに何で大学に行かないの」すると彼は「僕は勉強ができないので大学なんてとても無理です」と言う。二十歳で三カ国語がペラペラで勉強ができないなんて信じられない。

そして、私は思わず言ってしまった。

「君は三カ国語も喋れるんだから、引く手数多《あまた》だよ。何かもっと収入の多い別の仕事をしたらどうなの」

するとと彼はちょっと憤慨したような表情を浮かべて言った。「介護の仕事はやりがいがあるんです。僕は続けます」私は彼に失礼なことを言ってしまった。申し訳ない。しかし、何と答えていいのか分からなくなった。本当にそうだ。介護はかけがえのない貴重な仕事。でも彼はこれほどの能力を持ちながら安月給の介護の仕事をしている。それに反して、立場を得ただけで大した社会貢献もしていないのに莫大な収入を得ている人たちが大勢いる。この大矛盾はいったい何なのだ。私は何ともいたたまれない思いになった。彼は今頃何をしているのだろう。幸せになってもらいたいと心から願う。

ここまで、私の警察人生について自己保身のエピソードを織り交ぜながら語らせていただいたが、この辺でいったん終了して、次章からは、いよいよこの本の本題である自己保身に生きる人々の赤裸々な実態をお伝えしていこうと思う。まずは武士（雑魚）階級から。

第三章　自己保身に生きる人々（巡査・巡査部長編）

――まずは雑魚（武士）階級から

一人のパトカーの乗務員。三十代のY巡査長が地方弁でこう言った。

「運転だけしとったらええ仕事ないやろか」

人間は正直なものだ。つい本音が出る。つまり、
・犯罪を検挙したり、交通違反を検挙しなければならない仕事は危ないからしたくない。
・何が待ち受けているか分からないような危険な現場には行きたくない。今の給料もらえて運転だけしていたらいい仕事がしたい。
ということだ。悲しいほど使命感が欠落している。
プロローグで触れたが、警察官は大きく分けて二つのタイプに分かれる。同じ表現だと面白くないのでちょっと違う表現をしてみよう。
A「楽でいたい。安全でいたい。給料くれ。休みくれ」タイプ（雑魚）
B「苦労してでも猛勉強して、上司に気に入られて、人より早く出世して、事件や事故の危ない現場に行かなくてもいい管理職になりたい。皆から尊敬される立場になりたい。名を残したい。

命令できる立場になりたい。人より多くの給料もらいたい。高給の取れるいい所に天下りしたい。豊かな老後を送りたい。そのために休みは我慢しよう」タイプ（貴族、王族）

である。

最初に紹介した「運転だけしとったらええ仕事ないやろか」と呟いたY巡査長はもちろんAタイプである。

Bタイプとはペーパーテスト重視の昇任試験に早く合格して昇進し、早く貴族階級である警部以上の階級になりたい人たちである。あるノンキャリアで最高に出世した警視正（ノンキャリアで最高の地位）が警部時代に言った言葉を思い出す。

「この世界は偉あなったもんの勝ちや」

彼には後半の貴族階級編に登場していただく。

AタイプもBタイプも警察官としての正義感や使命感はほとんど欠落している。

「治安を守りたい。平和を守りたい。善良な人々を悪の手から守らなければならない。暴力団を壊滅させたい。痛ましい交通死亡事故をなくしたい。泥棒を捕まえて県民の財産を守らなければならない。非行少年を立ち直らせてあげたい。犯罪をなくしたい。悪質な交通違反は許さない。子供たちを守ってあげたい。人を騙して金儲けをする奴らは許さない。暴力をこの世からなくしたい」

といった単純かつ純粋な正義感や使命感を心の中心において仕事をしているサムライは極わずかしかいない。そして、サムライは危険な目に遭い、時に世間からも警察組織からも人権侵害者の烙印を押され、批判され、場合によっては処罰の対象となってしまうといった哀しい現実がある。A

タイプ、Ｂタイプの警察官は表に出ない、あるいは直接事件に関わらないから世間から非難されることもない。まさに、安全な立場でいられるのだ。本当は現場で悪と戦うサムライこそ、市民から感謝され、自己保身が中心の警察官こそ非難されるべきなのに……本当に悔しい思いがする。

私は自らの体験に基づいてＡタイプ、Ｂタイプの警察官の物語とサムライの悲哀について記したいと思うが、まずは極一部ではあるが、Ａタイプについて記すこととする。

一　パトカーの運転をしたがる人々の話

私は十八年間、パトカー勤務をしていたが、ほとんど助手席に座っていた。後輩であり部下の四十代、三十代の中堅警察官にこう言われ続けた。

「私が運転します」

「私が運転しますよ」

「先輩に運転させるわけにはいきません」

「運転は私に任せて下さい」

「私に運転させて下さい」

「私が運転して差し上げましょう」

人がいい（？）私は「本人が運転したがっているのだから、まあ任せとこうか」と思って、運転したがる後輩の中堅警察官に運転させ、私はいつも助手席に座っていた。初期の頃は「私が運転します」の後輩警察官は先輩に運転させてはいけないと殊勝な心掛けで言っているのかなあと、いいように解釈していたが、だんだん彼らの魂胆が見えてきた。

読者の皆さんはどう思われるだろうか。先輩あるいは上司といっしょにパトカーに乗る時、「私が運転します」といった態度は、「先輩には負担が大きく危険な運転をさせてはいけないから私が運転します」と先輩を立て、礼儀正しく言っているように見えるであろう。本当に彼らも先輩（私）を立てているような態度を示して、そのように言ってくるのだが、これは猿芝居だったのである。

なぜだかお分かりだろうか。パトカー勤務では助手席の者が先に降りなければならない。例えば喧嘩が発生しているという一一〇番があれば、パトカーで現場に急行するが、現場に到着すれば運転している警察官は運転しているがゆえに、すぐに降りることができないので、助手席の警察官が先に降りることになる。また、私のように職務質問で犯人を捕まえようとする警察官は暴力団が乗っているような黒塗りの高級車やチンピラ風の歩行者、薬物中毒の症状が現れている歩行者などを見つけては素早くパトカーから降りて積極的に職務質問をするが、そんな怖そうな車や人に対して先にパトカーから降りて職務質問する警察官が最も大きなリスクを背負うことになる。ということは、運転をしたがる警察官は先に行きたくない（リスクを背負いたくない）から運転をしたがるのだ。先輩を立てるといった振りをしながら自分が運転する。そして、絶対に運転を手放さない。これが真相なのだ。

ここに、私が組んだ（ペアになった）運転したがる五人の巡査部長のそれぞれ個性豊かな仕事ぶり（生き様）について紹介することとする。

【1】メタボ巡査部長

自動車警ら隊時代の初期の頃、私より五歳年下のメタボ巡査部長と組むことになった。彼は私と同じく身長が一七二センチ、体重は私より二十キロほど重い九五キロ。俗にいうメタボだ。外見は怖そうに見えるが内面は全く逆。よくいえば気が優しい、悪くいえば気の弱い人物。私と組むことになった彼は最初、私にこう言った。

「あの～、私は太りすぎて素早く動けないので運転させて下さい」

自分が助手席に乗れば、先に行かなければならないが、太りすぎて素早く動けないので犯人を取り逃してしまったり、喧嘩の現場では取り押さえることができないから、後から行ける運転をさせて下さいということなのだ。正直な気持ちを吐露してくれたのだが、私はあっけにとられ、力が抜けるような思いになった。心の中ではハーッとため息をついたが、人のいい後輩だから『まあ、しょうがないか』と自分に言い聞かせて、一年間ずっと彼に運転してもらった。不審な車や人を見つけたり、喧嘩やもめごとの現場ではいつも私が助手席から先に降りて声をかけ、対処した。

メタボ巡査部長は運転したがることが示しているとおり、気の弱い人物だ。気の弱い人物がとる仕事ぶりについて少しお話ししたいと思う。そして、最後に私が彼に対して切れてしまったこととはどういうことか聞いていただきたい。

気の弱い警察官は犯人を捕まえるのが嫌でしょうがない。危ないから怖そうな人に声をかけることはしない。しかし、自分が正当で必要かつ重要な仕事に時間を費やしているのだということを上司に見せたがる。そのために勤務日誌に「私はこんな重大な事案に対応して、長時間費やしたのです」と書きたがる。勤務日誌は提出しなければならず、内容を上司が点検するようになっている。

◇「米軍の飛行機墜落か？」事件

ある日、彼とパトカーに乗り、彼が運転、私が助手席に乗ってパトロールをしていた午後二時頃、「米軍の飛行機がY川の上流から下流に向けて超低空飛行をしている。墜落する可能性がある」との一一〇番指令があった。メタボ巡査部長は「これは大変だ」と言って、Y川の土手沿いの道路に急行し、上流に向けてパトカーを走らせ、米軍の飛行機を捜索した。

そうしていたところ、今度は通信指令室から、「米軍の飛行機はY川から上昇して北方N市方面の山の方に飛んで行った」との無線が入った。そうするとメタボ巡査部長は「これは大変だ。山の中で墜落するかも分からない。探さなければ」と言ってパトカーを猛スピードで走らせ、N市方面に向かった。そして、山の中に入り、山中の小道を走り回り、「墜落しているかもしれない」と言って必死で飛行機を探した。この時、助手席の私は心の中でどうつぶやいたか。

『こんなことでシャカリキになる必要ないやんか。米軍の飛行機がそんなに簡単に墜落するわけないやんか。もし墜落したら音と煙で分かるやろう。米軍の飛行機は冗談で低空飛行したんやろう。飛行機を探して時間を費やすより、不審な人に職務質問して犯人捕まえようや』

である。でも、人のいい（?）私は『ひょっとしたら使命感を持って飛行機を探しているのかもしれないから、ここは我慢しようか』と自分に言い聞かせて彼の行動に従った。

案の定、飛行機は墜落しておらず、隣の県の上空をさらに北東方向に飛んで行ったことが本部通信指令室から連絡があり、一件落着した。結局、メタボ巡査部長は米軍の飛行機が墜落しているかもしれないという大変な事態に対応するために、なるべく長く時間を費やしたかったのだ。なぜだろうか。

米軍の飛行機を捜索している時間は安全だからだ。フリーな状態でパトロールしていたら、不審な人や車を見つけて職務質問しなければならないから危険だ。特に私のような者と乗っていると、「あれ職務質問しよう」と言われたら危険だ。また、喧嘩で一一〇番が入れば行かなければならないから危険だ。それに比べて、米軍の飛行機の捜索は安全だ。彼は飛行機が朝まで消息不明でいてほしいと願ったことだろう。

私には彼の本音が見え見えだったが、『人間関係を壊してはいけない。ここは一つ我慢我慢』と自分に言い聞かせて黙っていた。

◇「危険回避」事件

次にこのようなことがあった。私が助手席、メタボ巡査部長が運転して国道をパトロールしていた時のことである。たまたまだが、大阪ナンバーの黒塗りのベンツがすぐ前に来た。私は「オッ、これは面白そうだ。暴力団が乗っているかもしれない。職務質問すべきかどうか見極めよう」と思い、その怖そうな車の動向を注視した。メタボ巡査部長は私の方をチラッと見て、『これはやばい！』といった表情を見せ、次の交差点で急に右折し、怖そうな車から離れた。彼の意識が読みとれた。

『黒塗りの暴力団が乗っているような車を止めて職務質問されたら危険だ。何が待っているか分からない。どんな怖そうな暴力団が乗っているかもしれない。自分にイチャモンつけてきたり、場合によっては攻撃されるかもしれない。そんな怖い目には遭いたくない。宇野小隊長にこの車を止められたらたまらない。今すぐに回避しなければ』である。

その時、私はメタボ巡査部長に対して『なんや、こいつ』と思ったが、ここでも人間関係を壊したくなかったので我慢した。

◇ついに切れた「小学生行方不明」事件

そして、ついに切れてしまった事件がやってきた。K県から来られた研修生をパトカーの後ろの座席に乗せ、私が助手席、メタボ巡査部長が運転して、T市の郊外をパトロールしていた午前二時頃のことだった。研修生を乗せているし、何とか職務質問で犯人を検挙できないかと、私は必死で不審な車や人を探していた。その時だ。こんな一一〇番が入ってきた。

「午前二時にもなっているのに小学校四年生の女の子が帰宅しない。家族が必死で探している」という内容だった。メタボ巡査部長は、「これは大変だ」と言って、未帰宅児童の自宅周辺にパトカーを走らせた。その場所は田舎の田園地帯。現場に到着したメタボ巡査部長がやったことは何か。女の子が田んぼの用水に落ちているかもしれないからということで、人っ子一人いない田んぼの中の農道をゆっくりゆっくりとパトカーを走らせ、用水路の中や田んぼの中を見て回り、一時間くらい探し続けた。用水路といっても水深は五十センチくらい。女の子が落ちても、よほどのことがない限り溺れるわけがない。付近には当然誰もいない。私は彼の心の内がまた見えてしまった。女の子が家に帰って来ないということだけで原因は何も分かっていない。それを彼は田んぼの用水に落ちているに違いないと探し回るのだ。

お分かりのように、その仕事はかつて墜落した米軍の飛行機を探し回った事件と同じである。大義名分のある仕事だが、安全なのだ。誰とも接しなくていいのだから。私はついに切れてしまった。メタボ巡査部長にこう言った。

「お前、いつまで田んぼの中ばっかり探しとんのや。女の子は誘拐されとるかも分からんぞ。今から自動車の検問をして車の中を探さんか」

すると彼は、動揺を隠すために独特のうすら笑いを浮かべながら何も言わず、運転を続ける。田んぼの中に落ち込んでいるにちがいないとは考えるが、誘拐されているかもしれないとは一切考えないのだ。結局、この一件は女の子が友だちの家に遊びに行っていただけだった。なぜ、メタボ巡査部長が田んぼの農道を走り回って女の子を探したのか。何度も説明したとおり、行方不明の女の子を探すという大義名分のある仕事をしている。そして、そのために時間を費やしていると勤務日誌に書いて上司に報告したかっただけなのだ。自分の身の安全のために、女の子が誘拐されているかもしれないとは想像しないのだ。そして、彼との一年間の勤務は終わった。

【2】お上手《じょうず》巡査部長

異動期がやって来てメタボ巡査部長との一年間のペアが解消され、別の巡査部長と入れ替わる時が来た。そして、部下の中では最大の大物（自己保身という意味で）と出会うことになった。当時四十三歳の中堅地域警察官「お上手」巡査部長である。お上手巡査部長は人のいいお坊ちゃんのような顔をして、外見上非常に人当たりのいい人物である。実際に話をすると先輩や上司には「そうでございますか」「いらっしゃるんですか」といった丁寧な表現をよく使う。怖そうな暴力団員なら、なおさら丁重な言葉遣いで相手の機嫌を損ねないように接する。

お上手巡査部長は強運の持主で、数年前に凶悪事件が発生した折、同僚といっしょに指定された検問地点で検問をしていたところ、たまたま、そこに犯人が通りかかったことから凶悪事件の犯人を逮捕したことがあり、それが大いに評価され、職務質問指導員として指定された人物だ。

その彼は入れ替わりの時が来て、指導員より上位の指導官である私と組みたかった（ペアになりたかった）のだ。そして、今がチャンスだと判断し、彼はいつもの人当たりのいいお坊ちゃん顔を引き締めて私にこう言ってきた。

「宇野係長、こんど私と組みましょう。協力します。サポートします。お手伝いします。私と組んで下さい」

私は熱意を持ってそう言ってきた彼に対して、「協力、サポート、お手伝い」という表現には多少違和感があったものの職務質問指導官の私と組みたいというのだから、『やる気があるのだろう。指導員だし、彼ならやってくれるかもしれない。メタボ巡査部長と違って、いっしょに犯罪と戦い、悪い奴を捕まえる同志になってくれるかもしれない』と期待した。しかし、実際に彼と組んで仕事をすると期待は見事に裏切られた。彼も運転したがる人物なのだ。したがるというよりも絶対に手放さない。そればかりか、自己保身の塊のような人物だった。

彼と組んだ一日目、私に対してやる気のある態度を見せたので、私は彼を信じようとしていた。『彼なら喜んで運転させてくれるだろう』私はパトロール中、前回のメタボ巡査部長の例を一つの引き合いに出して、助手席から運転している彼に対して、「ベテランの中にはパトカーを運転したがる奴が多いんや。なぜなら、助手席なら先に行かなければならんからや。たまには私にも運転させてくれよな」と言った。彼は私のこの言葉に一瞬『エッまずいな』といった表情を見せた。

◇運転を代わったとたん、トンデモナイことが！

お上手巡査部長は私の機嫌を損ねたくないと思ったのだろう。ボソリと「分かりました」と言って運転を代わってくれた。何年ぶりかの運転である。『やっと運転できる』私は内心うれしかった。そうしたところ皮肉なことが起こるものである。深夜だったが、運転を代わってから五百メートルも走っていない本当にすぐのことだった。私は赤信号の交差点でパトカーを止め、前方の信号が青に変わったので発進しようとしたところ、右から来た車が前方の信号が赤なのに停止線を大きく越えて交差点の真ん中付近で急停車したのだ。

　私は『これは運転があまりにも粗すぎる。なにかある』と思ったので、職務質問するためにその車両を安全な場所に停車させなければならないと判断した。よって、パトカーの赤色回転灯を点灯させ、お上手巡査部長に「その車を左に寄せて止めてくれ」と言った。彼は私の指示に従い、車載マイクで運転手に対し、「左に寄って止まって下さい」と呼び掛けたところ、その車は止まるどころか、急発進し逃走を始めた。運転していた私はサイレンを鳴らして車を追跡した。逃走車両はふらついて左側の縁石にタイヤを擦らせたりしながら逃走した。サイレンを鳴らし続けて追跡中、彼は車載マイクで「前の車の運転手さん、左に寄せて止まっていただけますか」と丁寧な言葉遣いで呼びかけた。約三キロ追跡した所で逃走車両はようやくあきらめ、左に寄って停車した。

　私はパトカーをその車の右横に付けて止めた。当然、助手席の彼が先に降りて行かなければならない。彼は内心怖かっただろうが、先に降りて止まった車の運転席側に歩み寄った。私もパトカーのサイドブレーキをかけてから直ちに降車し、職務質問すべく運転席に駆け寄った。すると、何と運転席には中年のおばちゃんが乗っているではないか。そして、車内からはアルコール臭が漂っていた。おばちゃんは飲酒運転がばれるのが怖かったので逃走したのだ。おばちゃんは「すいません」と平謝りに謝っている。逮捕してもいいのだが、反省しているので私は飲酒検知した後、おばちゃんを酒気帯び運転の被疑者として赤切符処理の任意で検挙することとした。手続きが終わり、おばちゃんと車を家族に引き渡した後、『さあ、今度は暴力団か大泥棒を捕まえるぞ』と気持ちを高めて、再び私は運転席に乗り込んだ。ハンドルを握ったところ、まだ外にいたお上手巡査部長が助手席に乗らず、どういうわけか運転席の私の所に近寄って来て、窓越しから独特の照れ笑いを浮かべながら私にこう言ってきた。

「あの〜、私は助手席に座ると眠たくなってしまうので運転させて下さい」

今、追跡というお目々パッチリの緊張感を味わったばかりなのに「助手席だと眠くなってしまうから運転させて下さい」と仰せられるのだ。本当は自分が先に行ったのがよほど嫌だったのだろう。私は一瞬ムッとして『こいつもか』と思ったが、人のいい（?）私はムッとした表情を浮かべながらも運転を代わってやった。それ以来一年間、私はずっとお決まりの助手席に座ってやった。

◇お上手巡査部長の目論見

これで分かるように、お上手巡査部長は私が前の相勤者メタボ巡査部長と組んでいた時、私がずっと助手席に座っていたのを見ていたのだ。だから、彼はこう読んだ。

『宇野小隊長（私）と組めばずっと運転させてもらえる。そうすれば、先に行かなくてもいいから自分の身の安全、身分の安全は図れる。そして、宇野小隊長は職務質問のプロだから先に行って犯人を捕まえてくれる。宇野小隊長が犯人を捕まえてくれたら自分も犯罪検挙実績（検挙件数）を半分分けてもらえる』と。

彼との一年間、いたる所でその意識が見てとれた。彼が最初に「協力します。サポートします。

お手伝いします」と言った言葉に私は少し違和感を持ったが、その違和感こそが正しかったのだ。本当の協力、サポートとは自ら先に行って職務質問をして犯人を割り出して捕まえることだ。しかし、彼の協力、サポート、お手伝いとは、

『私が運転します。私が勤務日誌を書きます。私が運転記録簿を書きます。私が修理工場にパトカーを持って行きます。お茶入れます。掃除します。職務質問指導官の宇野小隊長が雑用に気を煩わすことなく、得意の職務質問で犯人を思う存分捕まえることができるよう、雑用は一手に私が引き受けます。宇野小隊長の職務質問を覚えたいので近くで見学させてもらいます』

ということだったのだ。ため息が出た。思い出すと、今でもため息が出る。

以下、私に協力してくれた（？）彼の仕事ぶりについて、いくつか紹介しよう。

◇自転車泥棒に逃げられた

私が提唱した自転車泥棒を捕まえるための手法で、今も多くの警察官がやっている自転車検問という手法がある。それは自転車泥棒の被害が多い場所で、ちょうどいい交通量の場所を選定し、その場所で検問し、走ってくるすべての自転車を停車させ、自転車の防犯登録番号を確認し、盗まれた自転車であれば追及して検挙していくという手法である。私がこの手法を提唱した当時、多くの警察官は、「そんなことをすればトラブルが発生して苦情を言って来られたり、場合によっては訴えられるかもしれないから危険だ」という思いから、なかなかやろうとしなかった。しかし、賛同してくれた仲間と共にこの手法で、多くの自転車泥棒を検挙し続けたことから、今では多くの警察

官がやってくれるようになり、検挙実績が飛躍的に向上した。それと共に千台以上もの自転車を被害者に返してあげることができた。

お上手巡査部長は誰か複数の警察官がこの自転車検問をやっている所に参画させてもらって、他の警察官が自転車を止め、質問して捕まえてくれたら、側面からお手伝いして検挙実績を分けてもらおうとする。ある日の午後九時頃、N警察署のパトカーと交番の警察官といっしょに、数人でこの自転車検問を行った。そこに、お上手巡査部長も参画している。普通の警察官は自転車を止める時、長さ約七十センチの停止棒を持って、走行してくる自転車の前に差し出して止める。さらに使命感のある警察官は、もしその運転者が自転車を盗んでいたら逃走するおそれがあるということで自分の身体を自転車の前に持っていき、立ちふさがるようにして停止させる。しかし、お上手巡査部長は、そんなことをすれば、自転車を運転している人が気分を害して文句を言われるのが怖いから、停止棒を差し出すことなく、声をかけるだけで止めようとする。

彼はその場にいた他の警察官が職務質問したり、離れていたりしたことから、約五十メートル先の駐車場から出て来て、自分の所に走ってくる自転車を自分自身が止めなくてはならなくなり、近付いてきた自転車の運転者（二十歳くらいの男）に対し、立ちふさがったり、停止棒を差し出すことなく、横から「こんばんは」と声をかけた。すると、自転車の男は突然、猛ダッシュして逃走し出した。私は慌てて、近くに置いていたパトカーに若い警察官といっしょに飛び乗り、逃げた自転車を追跡したのだが、路地に逃げ込まれて見失ってしまった。

お上手巡査部長は逃げられても、走って追跡しようとしない。「止まれ！」とも言わない。相当探したけれど逃げた自転車の男を見つけることはできなかった。クッソーッ、悔しい思いをして元の現場に帰ってきた。もう一度、ここで粘り強くやってみようと配置について間もなく、五十メートル先の駐車場から徒歩で出てきたおばちゃんが私たちに近付いてきて、「私の自転車が盗まれています」と言ってきた。ガガーン！　おばちゃんに申し訳ない。しかし、今さっき逃げられたとは恥ずかしくて言えない。おばちゃんには交番に被害届を出してもらった。私は、お上手巡査部長に対して、人間関係を壊したくないから、やさしく「中には逃げる奴もいるから、もうちょっと止め方を考えろよな」と言ったところ、彼は『やっちゃった』といった感じで照れ笑いを浮かべた。悔しいという思いはないのだろうか。

◇「体かわしましょうか」事件

深夜、私が助手席、お上手巡査部長が運転してT市の歓楽街沿いの道路を走行していた。すると、通信指令室から次のような一一〇番指令が入ってきた。

「喧嘩発生。二人の男が殴り合いの喧嘩をしている。場所は大道一丁目〇〇酒店前路上」

大道一丁目の現場は我々のパトカーの前方約四百メートルの地点、すぐ近くだ。お上手巡査部長はこの一一〇番指令を聞いて、どういうわけか「チッ」と舌打ちした。そして、助手席の私にこう言った。

「体かわしましょうか」

どういう意味だと思われるだろうが、答えはこういうことだ。

『男同士が殴り合いの喧嘩をしている。そんな怖い現場に一番に行きたくない。他のパトカーや交番員に先に行ってもらい、私たちは危険を回避するためにいったんパトカーを現場から遠ざけ、後から行きましょう』である。

私はお上手巡査部長に言った。

「なに言よんや。行かんか」

彼は仕方なく四百メートル先の現場にパトカーを走らせた。当然先に降りるのは私である。約三十秒で現場に到着した。そこで見たものは……荒くれた暴力団風の男が、仰向けに大の字になって倒れている男の顔面部を何度も踏みつけている。倒れている男は顔中血だらけだ。

私は慌ててパトカーから飛び降り、顔面ストンピングをしている男にタックルを仕掛けて押し倒し、両腕を制し、男の顔を睨みつけ、「傷害の現行犯人として逮捕する」と告げて手錠をかけた。パトカーを安全な場所に止めてから降車して駆け付けてきたお上手巡査部長は、被疑者はもう抵抗していないのに必死の形相を浮かべて、胸のあたりを拳で何度も叩いていた。続々と交番の警察官や捜査員が駆けつけてきた。仰向けに倒れて顔面血だらけだった被害者の男性の意識はあり、不幸中の幸いで鼻骨骨折と裂傷程度の怪我で済んだ。

もし、お上手巡査部長の言うとおり、いちばん早く到着できる場所にいた我々が、いちばん先に行ったら危ないからということで体をかわしてゆっくり現場に行っていたら、被害男性はこの程度の怪我で済まなかったであろう。下手をすれば致命傷を負っていた可能性もある。顔面ストンピングをしていた被疑者は外見どおり暴力団の組員であった。私が先に降りて逮捕したから、責任者である私が現行犯逮捕手続書という責任重大で手間暇のかかる難しい司法書類も書いた。お上手巡査部長はちゃんとお手伝いしてくれた。彼は、私と共に暴力団組員を傷害事件の現行犯人として逮捕したとの功績で、ちゃっかり組織犯罪対策課長彰というレベルの高い表彰をもらった。大したものだ。

◇お上手巡査部長の選択

私はお上手巡査部長とのコンビを最後に七年間勤めてきた自動車警ら隊を一旦去ることとなったが、彼は自動車警ら隊に残った。幹部の判断で、彼の次の相勤者は四年ほど前に私と組んで危険と隣り合わせのギリギリの追跡の末、指名手配兼薬物使用の大物被疑者を逮捕したことのあるK警部補に決まった。それが必然だった。しかし、お上手巡査部長は「K警部補は煙草を吸う。煙草を吸う人とは組みたくない」と駄々をこね、私の最大の盟友である「A警部補と組ませて下さい」と幹部に直訴し、彼は希望どおりA警部補と組ませてもらえることになった。

K警部補もA警部補も私の親友であり、サムライ魂を持ったいい男たちである。お上手巡査部長の読みは、『K警部補は難しい人だから運転させてもらえないが、A警部補なら人がいいからずっと運転させてもらえる』である。

かくして、彼は職務質問指導官A警部補と二年間組み、ずっと運転をしていた。職務質問指導員である彼は私とA警部補という二人の職務質問指導官に付いて仕事をしたのだから、自分も職務質問の腕を磨き、職務質問指導官を目指して生きるべきであるが、彼はA警部補との二年間を終えた後、職務質問とは無縁の通信指令室に異動した。よほど、太いパイプがあるのかなあと想像する。

◇異動そして個性豊かな運転したがる人々に出会う

七年ぶりに自動車警ら隊から出た私は五十三歳。以前に三十三歳から四十歳まで勤めていた県下最大の警察署であるH署に異動になった。そこでも職務質問指導官としての役割を果たすことが求められ、パトカー勤務員となった。同じ課に私を含めてパトカー勤務員が四人いて、ペアで二台のパトカーに分乗するシステムになっていた。だから、私は三人の部下と毎当務ごと交代してパトカーに乗った。

三人の部下とは、四十代前半の青切巡査部長、三十代後半の正直巡査部長、二十代後半のH巡査であった。H巡査は暴力団担当の刑事を目指すなかなかのサムライ魂を持った男であり、暴力団組員に対して積極的に職務質問をした。そして、暴力団組員の実態をよく把握し、さらに把握するよう努力していた。彼も運転好きではあったが、彼だけは運転を代わってくれた。ところが、H警察署に異動しても、またもや運転したがる二人の巡査部長に出会い、自己保身の仕事ぶりを見ることになった。

【3】青切《あおぎり》巡査部長

彼はしょっちゅう飲酒運転、無免許運転等悪質交通違反以外の交通違反を検挙する。警察用語ではそれを「青切符を切る」という。それ以外に彼がやることとは一一〇番通報があった時に適切に処理するだけであった。青切符をたくさん切ることと一一〇番に適切に対応することから、実態を知らない幹部連中は彼のことをよく仕事をする人物だと評価していた。どちらかというと無口で落ち着きがあり、眼光が鋭いから頼りがいがあるように見える。私も彼と組むことになった初期の頃、彼ならやってくれるかもしれないと期待していたが、ペアを組んで仕事をすると彼の生き様がはっきり見えてきた。見かけとは全く違う自己保身の姿だった。私が身近に見た彼の仕事ぶりをここに紹介したいと思う。皆さんどう感じられるだろうか。

彼は交通違反を検挙することが得意である。月に二十件以上の交通反則切符を切る。交通反則切符とは俗にいう青切符のことだ。青切符が適用される交通違反というのは、信号無視、通行禁止違反、違反速度が時速二十五キロ以下のスピード違反、携帯電話をしながらの運転、一時不停止違反、踏み切り一時不停止違反などである。

地域警察官が一カ月に一人で二十件の交通違反を検挙するということは一般的に考えたら大したものだ。普通の貴族階級の幹部から見れば「彼は交通違反をよく捕まえてくれている。よく頑張っているな」ということになる。しかし、青切巡査部長は交通違反の青切符以外の犯罪、例えば窃盗犯や銃刀法違反、薬物事犯などを検挙する気は全くない。職務質問、所持品検査など一切しないし、自転車泥棒さえも捕まえようとはしない。交通違反でも飲酒運転、無免許運転など、真に悪質な交通違反も捕まえる気はない。ひたすら青切符を切り続ける。

◇青切符を切り続ける理由

なぜ、青切巡査部長は青切符を切り続けるのだろうか。これには大きなからくりがある。一月《ひとつき》に二十件以上の青切符を切れば交通部長賞がもらえるという特典があるからだ。さらに、それを一年間十二カ月連続して受賞し続けると賞誉という誰もが滅多にもらえない誇り高い表彰がもらえるのだ。表彰を出す警視正（上流貴族）の交通部長というのは県警の中でも五番目に偉い人である。同じ上流貴族の刑事部長が出す刑事部長賞ならば、例えばひったくりや車上狙い（車の中からお金を盗る）、自動車泥棒などの犯人を逮捕したりすればもらえるが、同じ部長賞だから月に青切符を二十件切れば、ひったくりの犯人を逮捕したのと同じ価値の表彰がもらえるのだ。さらに賞誉というのは例えば強盗事件の犯人を逮捕した時にもらえる価値の高い表彰だが、十二カ月間、ずっと毎月二十件以上の青切符を切れば、それと同じ価値の表彰をもらえる。

彼は「私は切符を切るのが好きなんです」と言ったが、まさに表彰欲しさに切符を切りつづけるのだ。表彰をもらえば評価が高くなり、異動や昇任にも有利になり、多少ではあるがご褒美の賞金ももらえる。

◇手っ取り早く、しかも安全に目標二十件達成

そして、そのやり方はどうかと言えば、標識が見にくく、善良な人々がたまたま間違って入ってしまうような駅前近くの交差点で待ち伏せして取り締まりをする。それしかしないと言ってもいいくらいだ。そして、運転者が標識を見落として右左折、直進した所で停止させて切符を切るのだ。

切符を切るというのは、切符に違反内容、場所、時間、氏名、車の番号などを記載して違反者に渡すことを言う。切符を切れば、状況を報告書にしなければならず、それに結構時間がとられるが、青切巡査部長はその違反場所の図面と違反状況の文言をあらかじめ作成していて何十枚もコピーし、空欄に走行距離約何メートル、目測時速何キロメートルだったかを埋めたらいいようにしていた。そうすれば、報告書を作成する手間が圧倒的に省ける。非常に合理的だ。それも、そこばかりで取り締まりをする理由の一つだ。

自分で切符を切れば一件の検挙になる。彼は同僚が切れば自分が表彰をもらうための件数として計上されないので、相棒がいても自分で切ろうとする。当時の彼は四十三歳のベテランだから、警察学校を卒業してきたばかりの新米の警察官が近くにいれば、経験を積ませるために青切符を切らせて体験させてやるべきであるが、二十件切るまでは必ず自分が切符を切り続ける。二十件切れば今度は誰かに切らせる。彼は見事一年間、一カ月ごと二十件の青切符を切り通して十二の交通部長賞と一つの賞誉という名誉ある賞をもらった。大したものだ。

◇取り締まり指示を拒否

彼と仕事を始めた頃、人のいい（?）私は『彼は交通違反の取り締まりをすることによって、痛ましい交通事故を少しでも減らしたいという使命感を持っているのだろうなあ』といいように解釈していた。しかし、取り締まりし易い、言わば善良な人たちをひっかけるといったような取り締まりばかりするので、何か違和感を持ち、彼に言った。

「ここばかりでやらずに歓楽街の方で取り締まりをしないか」

そうすると、彼はキッパシとした態度で「いや、ここでやります」と言って聞き入れない。また、夜間であったが「駅近くの通行禁止違反ばかりせずに、踏み切り一時不停止をやらないか」と言ったところ、彼はふてくされたような表情を見せ、「今は夜ですから列車もあまり走ってないので取り締まるのは適切ではありません」とキッパシ言って応じなかった。

なぜだと思われるだろう。歓楽街で取り締まりをすれば暴力団や海千山千のチンピラがひっかかる可能性が高くなる。彼らに抵抗されたり、否認されたりすれば面倒なことになる。そんな怖い人たちには会いたくないということだ。また、踏み切り一時不停止の取り締まりならば、踏切を突っ切るような者は荒っぽい性格の人物である可能性が高く、そんな荒っぽい人に「今のは止まっていたじゃないか」などと否認されたりすれば面倒なことになるから嫌なのだ。彼がやり続けた取り締まり場所なら、曲がってはいけない所を曲がってしまったり、直進してはいけない所を直進してしまうという違反だから否認されることはない。しかも、標識を見落としやすい交差点なので間違って違反をしてしまう可能性の高い場所だ。しかも、買い物に来た善良な人々ばかりで、暴力団やチンピラが通行することはまずない。だから、そこでやり続けるのだ。

◇追跡拒否

彼は一切、自分から進んで自動車の検問はしないが、私は彼に命じて深夜のモーテル街で自動車検問をしたことがある。モーテル街なら薬物をやっている者や中高生を相手に援助交際しているような者どもが通行する可能性が高いからだ。彼は嫌々ながら従い、自動車検問をした。しかし、自ら積極的に車を止めようとはしない。ほとんど私が赤色停止灯という点滅する棒を持って走ってくる車を停車させる。その時であった。手前七十メートルくらいの所で走行してきた車が急停車した。『これは怪しい。なにかある』私はダッシュして駆け寄ろうとしたところ、その車は突然急発進し、Uターンした後、猛スピードで逃走し始めた。

私は近くにいた青切巡査部長に「逃げたぞー」と叫び、急いで近くに止めていたパトカーの助手席に飛び乗った。彼も運転席に乗り込んだが、全く動揺がなく、ゆったり運転席に座った。落ち着き払っている。さすがだ。緊急時であっても平常心を保っている。警察官だから交通違反はできない。シートベルトをキッチリと締めた。いよいよ追跡開始だ。「それ行けー！」彼はパトカーを発進させた。しかし、どうしたことだろう。スピードが出ない。こんな大事な時に故障してしまったのか。逃走車両に近付くどころかどんどん距離は離れ、逃走車両は信号無視で交差点を右折して逃走した。

スピードが出ない原因が分かった。故障ではなかった。青切巡査部長はアクセルを踏み込んでいなかったのだ。私が「どうした、行こうや」と言ったところ、彼は少しだけアクセルを踏み込んだが、逃走車両より速くは走らない。距離は縮まるどころか開く一方だ。逃走車両は猛スピードで信号無視しながら走り去り、見失ってしまった。

ハーッとため息が出た。青切巡査部長は初めから追跡する気など毛頭ないのだ。追跡は確かに危険だ。彼は決して危ないことはしないと心に誓っていたのだ。彼が運転したがる理由も分かった。

『必死で追跡する人に運転してもらったら助手席の自分も危険な目にあう。自分が運転したら、追跡しなければいいのだから安全だ』ということである。青切符を切りまくるのに、猛スピードで信号無視をして逃走するような最も悪質な交通違反は捕まえようとはしない。この自己保身。なんだか悲しくなってしまう。

彼の本音は結局、『大過なく月二十件の交通反則切符（青切符）を切りたい。そして、他人はどうでもいい。自分だけが表彰をもらいたい。後は一一〇番が入った時に大過なく処理していればいい。そうすれば、自らの安全を確保しながら評価される。評価されれば昇任試験に有利になるし、異動も有利になる』ということ。正義感も使命感もなく、ただ自己保身に生きる一人の現場の警察官の姿がここにもあった。ただ、取り締まりなどしなくていい立場を獲得した貴族階級警察官よりは、ちょっとだけましなのかもしれないが……。

【4】正直巡査部長

青切巡査部長とペアを組むと次の当務日には順番で正直巡査部長と組むことになっていた。正直巡査部長は一一〇番が入った時になるべく早く現場に駆け付けて犯人を検挙しようとする。また、ひき逃げなどの手配車両があれば、早期に見つけ出して検挙しようとする。その姿勢はある程度評価できるのだが、その姿勢は正義感からではなく、一一〇番にあやかって検挙実績（検挙件数）を上げて評価されたいといったところにあった。そして、彼も運転を手放さない。

私は彼と組んだ初期の頃、事務室の壁に取り付けてあるキーボックスからパトカーのメインキーを先に取って持ち続け、運転席に乗り込むので、『彼もまた、運転を手放したくないタイプなんだろうな。運転を代われなどと言ったら嫌な思いをさせるかもしれないなあ』と心の中でつぶやき、我慢我慢と言い聞かせながら、いつもお決まりの助手席に乗っていた。なぜ私が彼のことを正直巡査部長と命名したか。ここからお話しする。

◇「職務質問指導官なんだから」事件

ある日の深夜、私は助手席で正直巡査部長が運転して歓楽街の周辺をパトロールしていた。そうしたところ、こんな一一〇番が入った。

「秋田町一丁目〇〇ビル前において男同士が自転車を蹴った、蹴ってないでもめている」

一一〇番指令を出している通信指令室の警察官は特にあわてた風でもない。私たちのいる地点からもめごとの現場までは約三百メートル。運転しながらこの一一〇番指令を聞いた正直巡査部長は真剣な表情をして「行きましょう」とキッパシ言った。私は彼にこう言った。

「行かんでええわ。受け持ちの交番員に行ってもらおうや」

私の気持ちはこうだ。

『喧嘩なら行くべきだが、この程度のもめごとなら交番の警察官に行ってもらったらいい。ほとんどの交番の警察官は警ら（パトロール）にも出ず、交番の中で待機しているのだから。パトカー係は何もないところから不審者を見つけ出し、職務質問をして検挙することに力を注ぐべきだ。小さな事案まで何もかも行っていたら、やるべきことができなくなる。もめごと程度で貴重な時間は費やしたくない』

交番の警察官に行ってもらおうと言った私に対して正直巡査部長は反発してこう言った。

「何言ってるんですか。喧嘩になっていたらどうするんですか」

いかにも正論。今いる場所からは現場にすぐ行ける。おそらく一番に到着できる。現場に到着すると、もめごとではなく男同士が殴り合いの喧嘩をしていたら、助手席の宇野警部補（私）が先に降りて制止し、暴行罪や傷害罪で逮捕する。そうすれば一件ゲットだ。

私は『ハイハイそうですか』と心の中でつぶやき、彼に対して「分かった。ほな行くか」と言った。彼はブッ飛ばして現場に向かった。約二十秒で現場に到着した。やはり、交番員より一足早く、一番の到着だった。周囲を見回したが、もめている様子はない。私はパトカーから降りて、善良な通行人に「この辺でもめごとはなかったですか」と聞いた。通行人の方は、「さっき、男の人が何か言い合っていましたけど、すぐに和解したようです。お互い納得した様子でどこかに立ち去りましたよ。暴力はふるっていません」と言った。確かにもめごとはあったようだが、喧嘩にはならず、和解してすでに立ち去っていることが明らかとなった。その旨、通信指令室には無線で報告した。

その後、パトロールに移行したが、私は正直巡査部長に多少腹が立った。

『たとえ、もめごとの一一〇番であっても殴り合いの喧嘩になっているかもしれないと判断して急行する。いかにも正当。それならば自分が真っ先に喧嘩の現場に飛び込んで制止し、逮捕したいと思っているはずだろう』

私はパトカーの助手席から運転席の彼に言った。

「お前、そんなに正義感が強いのなら、先に行けるから助手席に乗れ。運転代われ」

するとと彼はこう言った。

「宇野係長は職務質問指導官なんだから、先に行くのが当然でしょう」

アラアラである。運転したがる人々の気持ちを代表して正直な気持ちを吐露してくれた。実に有り難い。しかし、やっぱり思ったとおりだった。その時の彼の本音はこういうことだ。

『もめごとの一一〇番であっても喧嘩になっているかもしれない。今、一番に現場に到着できる所にいる。一番に到着して、喧嘩になっていたら、暴行か傷害事件として検挙して検挙件数をゲットできる。しかも、助手席の職務質問指導官が先に行ってくれるから自分は安全だ』

前述のお上手巡査部長が喧嘩の一一〇番を受けて「体かわしましょうか（回り道してゆっくり行きましょうか）」と言った一件と正反対の事件だった。

警察の悪癖であるが、件数主義というのがある。検挙件数を伸ばせば評価されるのである。しかし、検挙することには危険が伴う。仲間は差し置いて、自分だけは検挙件数を伸ばしたいが、安全でいたい。そういった意識が強くはたらく。正直巡査部長は運転していて、不審な自転車の運転者や不審な車を発見したら、先輩の私に対しては「あれ行きましょう」「あれ止めましょう」と言う。後輩に対しては運転しながら「あれ行け」「これ行け」と命令する。しかし、自分が助手席に乗れば「あれ行きましょう」「あれ行こう」とは一切言わない。上司と組めば、『あなたが責任者なんだから先に行くのは当然』、部下と組めば、『お前は後輩なんだから先に行くのが当然』なのである。

正直な気持ちを言動にあらわす人物だ。大したものだ。だから私は彼を正直巡査部長と命名した。
ある意味、パトカーの運転手は飼い主で助手席同乗者は飼い犬である。正直巡査部長のような人物の飼い犬となって働くことなどバカらしくてやってられない気持ちになる。お分かりいただけるだろう。

◇「あいつとは組みたくない」事件

正直巡査部長は交通違反はことさら狙わないが、上流貴族階級の警察官が決めた最も重要視される刑法犯と特別法犯の検挙件数を伸ばすために、

・おいしい一一〇番にありつきたい。

・トラブルになるおそれのない大学生以下の自転車泥棒を捕まえたい。

という正直な気持ちを実践する。他の警察官が一一〇番で犯人を捕まえたりすれば『クソー。やられたかー』と正直に嫉妬心をあらわにする。

前述のとおりH署の地域課では、私を含めて四人のパトカー乗務員が交代でペアを組むシステムになっていた。正直巡査部長は先に紹介した暴力団担当の刑事を目指していたH巡査とも三当務に一回、組まなければならない。H巡査は積極的に暴力団の車を止めて職務質問をしようとする。そしてH巡査と組むと自分は上司なのだから責任を負うことになる。正直巡査部長は本当のところ恐怖を感じていた。だから、ある日、私の目の前でイラついた表情をしてH巡査に言った。「お前とは組めん」そして、正直に上司である私に言って来た。「あんな（暴力団を職務質問するような）

危ない奴とは組めません。Ｙ巡査部長と組まして下さい」
あまりの正直さに唖然としたが、私は彼の要求には応じなかった。

【5】合理主義巡査部長

ここまで運転したがる人々と称して自己保身に生きる巡査部長を四人（メタボ、お上手、青切、正直巡査部長）を紹介したが、もう一人大物が現れた。その名を合理主義巡査部長という。彼は後二年で定年退職をむかえる私と組むことになった。年齢は最もたちの悪い四十代だ。しかし、人のいい（？）私は『彼は過去、刑事をしていたから捜査能力は十分あるだろうし、取調べや捜査書類作成能力も高いものがあるだろう。彼ならやってくれるかもしれない』とお上手巡査部長の時と同じように期待してしまった。しかし、あの時と同じく、見事に期待は裏切られてしまった。

彼は初日、私にこう言った。

「班長（私）、私は夜運転しますから、班長は昼運転して下さい」

その言葉に私はムッときてしまった。なぜなら彼と組む前のＡ巡査部長の時に、私は『巡査部長にずっと運転させるといった卑怯なことはさせてはいけない』と思ったので昼と夜と半々に運転するようにしていたからである。この合理主義巡査部長は私に「私がずっと運転します」と言ったら気分を害されると思ってそう提言したのだ。私は彼に対して、

「なぜ、お前は夜運転したいんだ」

と問うた。すると彼は、一瞬動揺したが、

「犯人を捕まえるためです」

と答えた。そこで私は彼に言った。

「わしも夜運転して犯人を捕まえたいんだ。運転は昼夜半々にする」

彼はふてくされた態度でぶっきらぼうに、

「ハイハイ。分かりました」

と言った。最初から彼の魂胆が見えてしまった。いつもの通りだ。なぜ、彼は昼は私に運転してもらい、自分は夜運転すると言うのか。それは夜の方が圧倒的に呼び止めるべき不審者が多い。そして、何度も説明したが、先にパトカーから降りて職務質問をするのは助手席の者だからだ。

もう一つある。彼は私がかつて二十代の若手警察官に自動車検問をいっしょにやろうと言ったが断られて激怒したこと（第一章「自動車検問いいです事件」参照）を知っていた。だから彼は私に言ってきた。「自動車検問は不合理です。最近の若手警察官は不合理なことはしないですよ」。何を言っている。H巡査は私に自動車検問を教えてほしいと言ってきたではないか。しかも、先にも書いたが自動車検問でどれほどの犯罪を検挙してきたことか。彼のこの言葉で分かった。彼も自動車検問は絶対にやりたくないので私にそう言ってきたのだ。

そうして、彼との仕事が始まった。彼の仕事ぶりがどういうものか、はっきり知ることができた。彼はパトロールに出る前、最近の犯罪の発生状況や犯人に関する情報を様々な資料を見て分析する。それは決して悪いことではないが、それに費やす時間はメッチャ長い。私がパトロールに出ようとして準備を整え、待っていても時間をかけてじっくりと分析している。分析が終わると汚れていないのに事務室の掃除をしている。なかなかパトロールに出ない。やっとのことでパトロールに出発する。彼がパトカーを運転した場合、彼は人通りが多い所、車の通行量が多い所には行かない。人気の全くない住宅街や田園地帯をゆっくりと徐行しながらパトカーを走らせて警らする。一見、住宅街で発生する空き巣事件の犯人を捕まえるためのように見えるが、そう装っているだけである。なぜなら、人通りのない住宅街なら面倒なことになってしまう交通事故や交通違反に出くわすこともなく、住民から被害届けを受けたり、道を聞かれたり、トラブルに巻き込まれることがないからだ。

閑散とした住宅街の道路に不審な男が立っていても声をかけようとはしない。『通行の妨害をしてすみません』と不審な男にお辞儀をして通り過ぎるだけである。

じゃあ何をするか。まさに「初動にガッツク警察官」そのものの姿である。一一〇番が入るとパトカー内のナビがピンポンピンポンと音を鳴らす。その直後にナビの画面に事件の簡単な内容が表示され、次に通信指令室の警察官から事件の概要が報告される。合理主義巡査部長はピンポンの音に素早く反応し、画面を見る。物損交通事故ならア〜ア残念と目を逸らす。侵入警報やひったくりならオッと目を光らせ、次の通信指令室からの指令を待つ。その時はノロノロ運転からうって変わって、猛スピードで現場に駆け付け、目を光らせて必死で犯人の捜索をする。他の警察官を押し退けてでも自分がものにしようと必死になる。彼がパトロールに出る前に分析しているのは犯罪がどこで発生するかを予測して、一一〇番が入った時に一番に現場に行けるようにしたいがためである。
私は不審者（車）の発見に努め、不審と判断すれば積極的に声をかけ、呼び止めて職務質問するが、彼は不審なだけでは職務質問はしない。逃げた犯人の車のナンバーが分かっている場合や手配のあった犯人の人相特徴と全く同じ人物しか呼び止めようとはしない。私は先に書いたが自転車検問をしようとする。自転車検問は交番の駐車場にパトカーを置き、自転車泥棒が来そうな場所に歩いて行ってするが、彼は「一一〇番が入ったらどうするんですか」と言って反対する。パトカーから離れると一一〇番が入った時にパトカーに乗り込むまでに時間がかかり、スタートダッシュが遅れることで犯人を取り逃がしたらどうするんだということだ。私に言わせれば、『犯人が逃げたなどという一一〇番なら現場に行きたい奴は山ほどいるのだから、少々遅れて行ったってどってことないやんか。かえって遅れて行った方が捕まるケースだってあるじゃないか。そんなことより、ゼロから犯人を捕まえようや』
となる。本県は犯罪が激減しているから刑法犯罪の犯人が逃げたなどという一一〇番や侵入警報は一日に二件あるかないかである。しかも侵入警報なら九五パーセントは誤報（機械の誤作動）である。しかし、彼はそれのみに期待しているのだ。なぜなら、彼は前述のお上手巡査部長と同じく、初動（一一〇番）で手配のあった車を一番に発見したことから大物犯人を捕まえて表彰され、いい思いをした経験がある。だから、初動にガッツクのである。
初期の頃、彼も自転車検問くらいならするだろうと思って、深夜にパトカーから降りていっしょにやったことがある。私は走ってくる自転車すべてを停車させ、登録番号を確認させてもらうが、彼は突っ立ったままで自転車を止めようともしない。私が自転車を止めているのに、いっしょにいる彼は自転車を素通りさせている。そうすると私が止めている自転車に乗っている人は何で自分だけ止められているのかと不満に思ってトラブルになるおそれがある。私は彼に「お前、何で止めんのや」と聞いた。彼はふてくされた顔をして「ライトも点いているし、二人乗りでもないし、鍵も壊れてないのに止めるわけにはいきません」と言った。私は「何でそんなに怖がるのや。私は全車止めとるやろ。何でそんなにビビるんや。何も怖いことない。お前も止めろ」と言ったが従おうとはしなかった。

また、他にもいろいろあるが彼の仕事ぶりを二、三紹介しよう。合理主義巡査部長は私が運転するパトカーの助手席に乗るのが嫌でしょうがないが、強く言われたのでやむなく助手席に座っている。夜、私が運転していて、駐車場に不審な車が止まっているのを発見した。私はその車の横にパトカーを付けた。しかし、彼は降りて行こうとはしない。運転している私が先に降りて、不審な車の運転席に近寄り職務質問を開始する。彼はおもむろに降車して、後方から見守っている。職務質問や所持品検査はすべて私に任せている。

深夜、私が運転していて、ライトを付けていないボロボロの自転車をふらつきながら運転している不審な男を発見した。私は助手席の合理主義巡査部長に「前の自転車止めようや」と言ったところ彼は黙っている。私はその自転車の真横にパトカーを付け、運転席にあるボタンを押して助手席の窓を開け、運転席から自転車を運転している男に「ちょっと止まって下さい」と言った。その男は停止したが合理主義巡査部長は降りて行かない。運転席の私が先に降りて行って職務質問する。

彼はパトカーに乗ったままだ。さすがは「夜は私が運転します」と言っただけのことはある。

タバコを持っていた女子高校生がいた。質問したところ、母親に買ってもらったと言った。未成年の子供にタバコを買い与えてはいけない。未成年者喫煙禁止法違反になる。私は母親に電話して警察署に呼び出した。事件を扱うべき生活安全課は他の事件で忙しい状態であった。母親を取り調べて供述調書を作成しなければならない。その時、合理主義巡査部長が言った。「班長（私）が女子高校生から詳しい事情を聞いているのだから班長が取り調べて調書を取って下さい」アラアラである。彼は元刑事だから「私が取調べします」と言ってくれるのではないかと、ちょっと期待したがここでも見事に裏切られた。私は「分かった。分かった」と言って母親を取り調べて供述調書を作成した。取調べ中、私は母親の痛み、悲しみを聞かせていただき、未熟ながらも精一杯励まさせていただいた。母親は「宇野さんのような人情のある警察官もいたのですね。ありがとうございました。悪いことは悪いこととして処罰は受けますが、これを機会にまた娘との関係も修復するよう頑張ります」と言って下さった。有り難い出会いを頂いた。しかし、私がこんなことを言うと、取調べの監督をしている貴族どもからは「取調べ中に被疑者を励ますなどという無駄話はご法度だ。事件に関することだけしか会話してはならないのだぞ」なんて言われそうだな。

合理主義巡査部長は私が取調べをしていた時間、地域課の事務室でボケーッと座っていただけだった。彼の合理主義は徹底している。何が最も合理的か。トラブルに巻き込まれることなく、安全に犯人を捕まえること。そのために徹底的に合理的に生きる。素晴らしい。彼は以前私と組んでいたお上手巡査部長がずっと運転させてもらえたのに自分はさせてもらえなかったことに不満を持っていたのだろうか。そして、彼はお上手巡査部長が職務質問指導員という立場を離れて、危険な現場に行かなくてもいいし、職務質問もしなくていい通信指令室に行ったことを羨んでいて、近いうちに自分も行きたいと心から願っている人である。

《合理主義巡査部長の不合理（×）と合理的（◎）》

×職務質問…トラブルになるおそれがある＝不合理
×盗まれた自転車を見つけて被害者に返してあげるⅠ…点数にならない＝不合理
×盗まれた自転車を見つけて被害者に返してあげるⅡ…そんなことをしている間に美味しい一一〇番が入ったら先を越される＝不合理
×自転車検問…違反をしてないのに止めたらトラブルになるおそれがある＝不合理
×自動車検問…トラブルになったり、交通事故を起こす危険性がある＝不合理
×パトカーの助手席に乗るⅠ…運転している相勤者に事故されたら自分も責任を問われるおそれがある＝不合理
×パトカーの助手席に乗るⅡ…先に行かなければならないから危険＝不合理
×取調べをする…黙秘したり、否認するかもしれないし、後で訴えられるかもしれない＝不合理
×供述調書…作成した者が責任を負うことになる＝不合理
×不審者に「止まって下さい」と言う…相手が気分を害して怒るかもしれない＝不合理
×交通量の多い所をパトロールする…厄介なことに巻き込まれるおそれが強い＝不合理

×所持品検査…人権侵害だと訴えられるおそれがある＝不合理
×名前を聞く…気分を害されるおそれがある＝不合理
×トラブルになっている仲間を助けに行く…自分も巻き込まれるおそれがある＝不合理
×パトカーから降りて離れる…発進が遅れて他の警察官に先を越されてしまうおそれがある＝不合理
◎人通りのない所をパトロールする…面倒なものにぶつからなくてもいい＝合理的
◎侵入警報の現場に急行する…一番に行ったらものにできる。しかも皆が来るから安全＝合理的
◎犯人が逃走したとの一一〇番の現場周辺に駆け付ける…犯人を一番に見つけたら一件ゲットで表彰される＝合理的
◎内勤（刑事、生活安全、交通、警備課員）…は職務質問で捕まえた犯人を持って来られたら嫌がるが初動で捕まえたら引き受けてくれる＝合理的

合理主義巡査部長は「初動にガッツク警察官」ではなく「初動のみにガッツク警察官」であった。かつて、私は彼に対して「君はどうして刑事を辞めてここ（自動車警ら隊）に来たのだ？」と質問したことがある。その時、彼は「言うこと聞かんけん辞めさせられたんですわ」と言った。人のいい（？）私は『彼は刑事時代に上司が止めろと言っても従わずにやったのか。大したものだ。期待できる』と思ったが、本当はやれと言ってもやらなかったから刑事を辞めさせられたのであった。

先に紹介したお上手巡査部長も初動にガッツいたが、お上手巡査部長の場合は、初動だけでなく、

有能なサムライ魂を持った先輩に何もないところから不審者を発見してもらって、先に降りてもらって、呼び止めてもらって、追及してもらって、犯人を割り出してもらって、犯人を捕まえてもらって一件ゲットしたかった人物である。しかし、合理主義巡査部長の場合はサムライ魂を持った先輩と組んだら、やりすぎて苦情を言ってこられるなど、自分もトラブルに巻き込まれるおそれがあるので、ただ不審なだけで職務質問しようとするような危険な警察官（職務質問のプロ）とは組みたくないという意識である。「どっちもどっち」てなところだ。四十代の巡査部長の中で職務質問指導官であった私から教えてもらおうとする人物など一人もいなかった。出来上がってしまって、彼らは学ぼうともしない、開拓しようともしなかった。

さらに、私は彼ら初動にガックック警察官から疎まれることになった。なぜなら初動（事件）を激減させた中心人物だからだ。「初動が少なくなったから俺たちが犯人を捕まえるチャンスも少なくなってしまったではないか。どう責任を取ってくれるのだ」ということである。

読者の皆さんには失望させてしまう話ばかりで申し訳ないが、正義感、使命感を持って犯人を捕まえようとしている地域警察官も極一部ではあるが確かにいることはお伝えしておく必要がある。彼らは、初動事案に頼ることなく、何もないところから職務質問で犯人を捕まえようとする。彼らがいるから街の安全は保たれている。

「パレートの法則」というのをご存じだろうか。企業であれば、二〇パーセントの社員が八〇パーセントの収益を上げているという理論であるが、警察の場合は一〇パーセントの警察官が九五パーセントの治安を守っているといってもいいだろう。最近では「警察二四時」など、生の警察活動を密着取材したドキュメンタリー番組が人気を博しているが、その番組で密着取材を受けている警察官は正に一〇パーセントの警察官だ。何を隠そうこの私も密着取材を受けたことがあり、二回ほどMBS（毎日放送）の警察特番に出演し、さらに地元の放送局の特番にも二回出演したことがある。市民の皆さんには、私に感謝してねとは言わないが、一〇パーセントの警察官に感謝し、応援していただくようお願いしたい。

今取り上げた五人は、様々自己保身の姿があったとしても、検挙しなければという思いが残っているだけまだまし。ここからは犯罪を検挙する意志の全くない最悪の連中の姿をお伝えしよう。

二　ゴンゾウに支配される地域警察

◇ゴンゾウとは

ゴンゾウとは警察用語だが全国で統一されている。全国のどこの警察官でもゴンゾウと聞けばその意味を共有することができる。なぜゴンゾウと呼ばれるのかは分からないが、うまい表現である。皆さん、何となくお分かりではないか。

ほとんど仕事をせず、気難しくて文句ばかりを言う四十代、五十代の警察官のことを指す。たまには三十代もいる。気難しさの度合いでA級ゴンゾウ、B級ゴンゾウ、C級ゴンゾウに区分される（これは私の見解）。目立つゴンゾウもいれば目立たないゴンゾウもいる。彼らは当然、犯罪も交通違反も自ら進んで検挙することは一切ないし、事件や事故の現場には、なるべく若い人に行かせて自分は行こうとはしない。現場に行ったとしても、あとあと面倒なことに巻き込まれるのが嫌なので、犯人や目撃者、通報者にも接しようとはしない。若い人か責任者に任せようとする。

そんな警察官は主に交番や駐在所にいる。中には生活安全課、警備公安課、刑事課などの他部門にもいるが、交番、駐在所にいる確率は高いものがある。そんな勤務ぶりでも辞めさせられることなく存在しているのだ。彼らの言動がどのようなものか、少し過去にさかのぼって、私が体験してきたA級ゴンゾウとの戦いを紹介したい。

◇「わしらの休憩時間は」事件

私が三十七歳、歓楽街のA交番で勤務していた頃のこと。その頃から私は多くの地域警察官から迷惑がられる存在だった。なぜ迷惑がられるのか。仕事をするからである。その頃もいっしょに仕事をしてくれる人がいなかったので、しょっちゅう一人でオートバイを走らせて街の中をパトロールしていた。時には一人で自動車検問もした。その結果、一人で多くの飲酒運転や窃盗犯人、薬物（シンナー）使用の犯人を検挙し続けた。

私が勤務していたA交番には一人のゴンゾウ巡査部長と二人の若手警察官がいた。そのゴンゾウ巡査部長は私より五歳上の当時四十二歳。ほとんど外に出ることもなく、交番内で待機しているだけだった。できるだけ若手を手元に置いて。

ある日の深夜から早朝、私はいつもどおり一人でオートバイを運転してパトロールをしていた。

午前四時頃、歓楽街をパトロールしていた私は駐車場から出てきたライトを点けていない普通乗用自動車を見つけた。オートバイで走りながら呼びとめると、二人の若い男が乗っていた。職務質問したところ、運転席の男の吐く息からはアルコールの臭いがした。飲酒運転だった。一人で二人の男を職務質問して、飲酒検知をし、切符を作成するには負担が大きく、抵抗されたり、逃走されるおそれがあると判断したので、持っていた無線機でA交番内でゴンゾウ巡査部長といっしょに待機している若手警察官に対して、

「飲酒運転の車を止めている。飲酒検知などの措置が必要なので応援願う」

と言って、応援を求めた。ゴンゾウ巡査部長もその無線を聞いている。しばらくして二人の若手警察官が現場に来てくれた。飲酒検知をしたところ、基準値以上のアルコールが出たので、酒気帯び運転と認め、現場で取り調べ、交通切符を交付して処理を終了した。

午前五時頃になってA交番に帰ったところ、ゴンゾウ巡査部長が事務室で難しそうな顔をして座っていた。そして、私にこう言った。

「わしらの休憩時間どなんしてくれるんや」

次にこう言った。

「あんた（私）は交番を放ったらかしにして、外に出て、よおけ（たくさん）捕まえて、ええ恰好して、上司から評価を得て、ええのお。わしは交番を守っとんじゃ」

この言葉の意味はこういうことだ。

『休憩時間に寝ていたのに無線で応援を求められて起こされた。私たちの権利である休憩時間を奪

われた。どう責任とってくれるのだ。あんた（私）は外にパトロールに出て、飲酒運転や泥棒をたくさん検挙して、いい恰好して上司からも評価されていいですね。私はあえて交番の中にいて交番を守っているのですよ。交番を守る仕事は上司から評価を受けることもない地道な仕事だけれども、私はあえて、その地道な仕事をしているのですよ』

街の平和を守るために街をくまなくパトロールして犯罪を検挙しようとしている私にこう言うのだ。しかも、実績も問われる世界で、私が彼にも検挙件数を分けてあげているのにだ。

それまで我慢していたがついに切れた。先輩であっても、そこまで言われれば黙っているわけにはいかない。私はゴンゾウ巡査部長を睨みつけ、

「てめえ、コノヤロウ！　いつでも代わったるわ。今度はお前がパトロールに行け。俺が交番を守ってやるわ」

と怒鳴りつけた。彼はムッツリした表情を浮かべて黙っていた。

何も検挙せず交番にこもっているゴンゾウたちにとっては、犯罪や悪質交通違反を積極的に検挙している警察官は目障りなのだ。彼らの主張だと、『犯罪や交通違反を検挙している警察官は幹部から評価を得るためにやっている姑息で欲深い奴らだ。何も検挙しない我々こそ欲のない立派な人間なのだ』となる。

すべて自己保身のための言い訳にすぎない。今も程度の差こそあれ、ゴンゾウはどこの都道府県警や警察署にも生息している。そして、彼らは自己保身ゆえに治安を守るために必死で働いているサムライ警察官の邪魔をするのだ。

◇交通事故・水の事故防止の紙芝居をストップしてしまった事件

私が三十八歳、繁華街の交番勤務だった頃、夏休み前、受持区域の幼稚園児に交通事故・水の事故防止の話をしに行っていた。ちょうど私が卒園したS幼稚園に赴いたとき、そこの園長先生が、「子供たちにより理解してもらうためには絵を示して説明したらいいですよ」と意見を言って下さった。私は園長先生に、「そのとおりだと思います。ありがとうございました」と言って頭を下げた。

さっそく取り掛かった。幸い私の妻は保育士の資格を持っていて絵も得意だ。休みの日には妻といっしょに買ってきた画用紙に水彩絵の具で交通事故と水の事故防止の絵を描いた。何日もかかって一八枚の絵が完成した。後は絵を入れる木枠が必要だ。自宅を防犯連絡所にして、当時木工業を営まれていたYさんに頼んだところ、快く引き受けて下さり、紙芝居の木枠を作っていただいた。妻にも防犯連絡所のYさんにも大感謝である。

それから、私は夏休み前になると受持区域の幼稚園、保育園を回り、作った絵を園児たちに見せ、紙芝居形式で交通事故・水の事故防止を呼びかけた。しかし、交番勤務を終えてパトカー勤務になってからは受持区域がなくなったことから紙芝居はしなくなった。ここからであるが、この紙芝居にまつわるゴンゾウとの戦いを経験した。

私が広域自動車警ら隊の小隊長として勤務していた五十二歳の頃、全国的に子供の交通事故、水の事故、そして誘拐事件が多発し、新聞やテレビで報道されていた。私は、『そうだ。受持区域はなくても、あの紙芝居を復活させよう。少しでもお役に立とう』と思い立ち、交通事故、水の事故にプラスして誘拐防止の絵五枚を加えて紙芝居を復活させた。再開することを直属の上司に伝えたところ、「それは素晴らしい活動ですね」と言って支援してくれた。友人や若手の隊員の協力を頂き、広範囲にわたってボランティアで幼稚園、保育所を回った。最後に回ったのが隊員の奥さんが保育士として勤めていたご縁で行かせていただいた山間部にあるT保育所だった。そこで、事故防止紙芝居を行い、園児にも保母さんにも感謝され、有り難い時間を頂いた。

事件が起きたのは、その帰りのことである。T保育所を受け持つT駐在所に、当時私と同じ五十二歳のA巡査部長がいた。彼はゴンゾウぶりがあまりに大物だったので皆から「A大警視」と冗談のあだ名を付けられていた。私は『皆から敬遠されているからこそ彼を励ましたい。元気づけたい』と思って、T駐在所に立ち寄ってみた。A大警視はパトロールには出ておらず、駐在所内で待機していた。以前、別の警察署でいっしょに勤務したことがあり、顔見知りだった彼は、「よく来てくれた」とアイスクリームを出してくれた。

しかしである。その後事件が起きた。私が、

「今、T保育所に行って交通事故・水の事故・誘拐防止の紙芝居をしてきた帰りなんだ」

と気安く話すと、彼はみるみる表情を変えた。憎悪の表情に……。そして、私にこう言った。

「我を倒された（顔を潰された）。わしに何も言わんと勝手にやってなんな」

私は思いがけない大警視の言動に動揺した。そこで彼に言った。

「上司には報告しているんだけどなあ」

彼は言った。

「上司に報告したってか。受持ちのわしに言わんと勝手にやるんかい」

気まずい思いになって、A駐在所を去った。

しかし、後からゆっくり考えると、仲間であるはずの先輩であり上司に当たる警察官が自分の受持区域の子供たちの命を守ろうとしてやった行為に感謝もせず、ただ自分のメンツを潰されたという彼の態度に無性に腹が立ってきた。彼とはもう会うことも話すこともない。人間関係は終わりにしようと思った。

その一件があってから、私は次の夏もその次の夏も、もう幼稚園、保育所を回ることはなくなった。ここは私の弱いところである。これくらいのことで挫けるとは申し訳ないやら、情けないやらである。

◇再挑戦

それから三年後、私は広域自動車警ら隊を出て、本県の県都を守るH警察署に配属になった。すると、H警察署管内にあるK駐在所にA大警視が配属されていた。まさか、いっしょになってしまうとは……因縁を感じた。

その年の夏、私はある信頼できる友人（一般の方）が集まる勉強会の場で、自分の弱さをさらけ出してA大警視の言動で紙芝居を止めてしまったことを話した。その時に一人の友人（美しい人妻）からこう言われた。

「宇野さん、それはダメですよ。子供たちの命を守るために、それくらいのことでくじけてはダメです。紙芝居はやるべきです。今度はその人（A大警視）に前もってお伝えしてからやればいい」

私はその言葉に勇気を頂いた。『また、やってみよう！』と決意した。

そして数日後、勤務中にパトカーで彼の駐在所に行った。A大警視は拳銃を外し、長椅子で横になって寝ていた。そこで彼に言った。

「こんど、この駐在所の受持区にあるK幼稚園で事故防止の紙芝居をやろうと思っている。園長先生に了承を得に行こうと思うが、K幼稚園にはどう行けばいいのか」

彼は案外素直に教えてくれた。そして、K幼稚園に赴き、園長先生に了承を得て実施の日時を決めた。その帰り、A大警視の駐在所に行くと、彼はいなかったが彼の部下であるT巡査が事務室にいた。そこで私は彼に紙芝居の日程を伝え、「A大警視にも言っておいてくれ」と頼んだ。

そして、翌々日の朝礼の場での出来事。大会議室にA大警視がいつもの難しそうな顔で座っていた。私は彼の所に歩み寄り、彼に言った。

「K幼稚園で○日の○時から事故防止の紙芝居やるけん。T巡査には言っておいたよ」

その言葉を聞いた彼はふてくされたような表情でこう言った。

「T巡査に先に言うんかい。わしに先に言わんかい。あっち行け」

先輩であり上司でもある私にそう言うのである。『紙芝居の日程を受持ちの責任者である自分に先に言わないで部下に先に言うとは何事か』と憤慨するのである。私はついにブチ切れた。

「てめえ！　アホみたいなことにこだわりやがって、コノヤロウ。子供たちの命を守る仕事を邪魔しやがって。お前、それでも警察官か！」

その場には三十人ほどの地域警察官がいた。皆凍りついた。慌てた総括係長（良き後輩）が駆け寄って来て、「まあまあ、その辺で……」と言って私をA大警視から引き離した。私は怒りがこみ上げていたが、総括係長のメンツもあったので引き下がった。そして、計画どおり、K幼稚園で紙芝居を実施した。

ゴンゾウは私が犯人を捕まえるのも、子供たちに事故防止を呼びかける紙芝居をするのも気に入らない。支援することも感謝することもなく、邪魔をする。なぜか。自分の立場が脅かされるからだ。すなわち自己保身である。

後日、園長先生から私宛に冊子が届けられた。そこには、私が紙芝居をしている写真と子供たちが熱心に聞いている写真、そして、子供たちの感想が記されていた。

・おまわりさん、おはなしにきてくれてありがとう。これからは、こうつうあんぜん、みずのじことか、わるいひとがきたら、ああやって、こうやって、じぶんのいのちをまもっていかなあかんなあとおもいました。〈しおん〉

・みずのじこ、こうつうじこや、あぶないおはなしをしてくれて、ありがとうございます。みずのじことか、こうつうじこにあわんようにしていきたいです。たいせつなことをまもります。ぼくは、おまわりさんがカッコいいとおもいました。〈だいじろう〉

・おまわりさん、ありがとう。どうろのとこであそんだり、せんろのこととか、みずのじことか、ぜったいにせんようにする。またきてね。〈ひなり〉

ゴンゾウにも私自身の弱い心にも、絶対に負けてはならないと誓った。それからは、毎年夏休み前になるとボランティアで幼稚園、保育所を回らせてもらっている。そのたびごとに嬉しい出会いをたくさん頂いている。本当に有り難い。

しかし、また試練がやってきた。次は私の後輩だが、三つほど階級が上の上司である生活安全部長（警視正）からこう言われた。

「交通事故・水の事故の紙芝居は良いことだが、自動車警ら隊の任務とは違うからやるな」

彼は私がボランティアで幼稚園児などに事故防止の紙芝居をやっていることを快く思っていないのだ。理由は分かる。万が一のトラブルを恐れているのである。彼はこう考えている。

『先輩だが雑魚階級の宇野警部補（私）が紙芝居の最中に不適切な発言をするかもしれない。そうなれば、万が一、幼稚園や保育所の保母さんや父兄の中に警察を敵対視している活動家がいたら抗議してくるかもしれない。そうなれば自分が面倒なことに巻き込まれ、立場が危うくなってしまうではないか』

しかし、私はもう弱くはない。上司に報告せず、平気で紙芝居をやり続けた。私に「それくらいのことでくじけてはダメです。もう一度、紙芝居をやりなさい」と助言、忠告してくれた善友には心から感謝している。

もう一つ感謝したいことがある。警察人生四十一年の最後の年、やり続けて来た子供たちへの事故防止紙芝居を強く評価してくれた直属の上司が推薦してくれたおかげで、本部長賞詞という表彰を頂くことができた。表彰状には「多年にわたり子供たちを事件事故から命を守る安全教室を開き、子供たちの安全安心に貢献した功労は真に多大である」と記載してくれている。さらに、社団法人善行会からも明治神宮参集殿にて善行賞という表彰をしてもらった。最後の最後にこのような表彰を頂けたこと、評価してくれた上司には心から感謝している。ただ、表彰状の文言「多年にわたって……」の前段に「ゴンゾウの抵抗にも負けず、大幹部の命令も無視して」と入れて欲しかったなあとは思う。

◇ゴンゾウについての手記

ある日の朝、徹夜勤務の仕事を終え、ロッカー室で自分のロッカーの上に一旦鞄を置いてから着替えをし、置いていた鞄を取ると、ヒラヒラと一枚の紙切れが落ちてきた。何だろうと思って見てみると「権造について」と題した作者不明の手記だった。私は「ゴンゾウ」とカタカナで表現したが、その人は漢字で書いていた。たぶんそっちの方が正しいのであろう。私がこの自己保身の警察ワールドをコツコツと認めているその時にこの手記に出会えるとは不思議であった。この手記を書かれた人が誰かは全く分からないが、私よりはるかにうまい表現で権造を表現されている。書いた方には失礼かもしれないが、最後にその手記をご紹介したいと思う。

《権造について

権造（ごんぞう）とは次のような警察官をいう。

権造は太っている。食べたいものを食べ、飲みたいだけ酒を飲み、運動することもないから太っている。太っているから動きたがらない。一一〇番が入っても交番に居たがり、たまたまパトカーがいれば、いそいそと後部座席に乗り込む。権造は、若い警察官と組みたがる。若い者と組めば、現場に行かなくてもいいし、早く寝られるからだ。

権造は夏が苦手だ。なぜなら、太っているから汗をかきやすく疲れやすいからであり、夏の間はクーラーの前から動かない。交番の前に一歩出るのでさえ躊躇する。ならば冬は活発に動くのかというと、冬は寒いからという理由でストーブの前から動かない。まるで岬の灯りを守る防人のように動かない。動いていないのに、夜食は人並み以上に食べる。せめて夜食くらい自分で買いに行けばいいのに、それさえも若い警察官に行かせようとする。そして、食べたら布団の中に滑り込む。いったい何のための夜食だったのか。

権造は、人前に出たがらない。必ず、誰かの後ろに立ちたがる。自分に自信がないから人前に出ろと言われると尻込みする。何の実力もないことを皆に知られることが怖いのだ。そのかわり、責任がない所での発言は痛烈であり、時に論理的ですらある。他人の失敗を分析し、自分だったらこうすると悠々と語る。まるで理想の警察官のように自分のことを誇示するくせに、荒れた現場では常に安全な所にいる。そして、気が付くと交番に帰っている。

権造は頭も悪い。ここでいう頭が悪いとは、聡明ではないということであり、学歴とは関係がない。聡明とは、一つを言うと十分かる人のことをいうが、権造は十のことを言っても半分も分からない。自分の欲求を満たすこと以外に興味がないから感じることも考えることもできない。警察官が聡明であるためには、思いやりの心がなければならない。思いやりとは、相手の立場に立って物事を考えることのできる「心の力」のことだ。相手の立場に立つことのできる人は、第三者の立場に立って全体を見ることもできる。

例えば、目の前で、人が転ぶと、権造は「馬鹿な奴だ」と笑うだけだが、聡明な警察官は、「ああ痛いだろうな」と心を痛める。そして、血が出ていることに気付き、救急絆創膏を持っていないかとポケットを探り、助けてあげようと駆け寄る。たったこれだけのことを、権造はしない。できないのではなく、気付かない。困っている人を助けることは警察官として当然の仕事なのに、「自分には関係ない」と思ってしまう。なぜか。それは思考法を一つしか持っていないからだ。自分の欲求を満たすことしか考えないから、人の痛みを感じることができず、その結果、自分がするべきことに気付かない。そして、その「権造」が自分のことだと決して思わない。人のことを自分に置き換えて考えることができないから反省することができない。反省できないから進歩もない。この文章を読んで、誰かの顔が浮かび、笑った者こそが権造であるかも知れない。

以上、自戒の念を込めて。》

私にはできない素晴らしい表現でゴンゾウの実態を表して下さっている。実に有り難い。ほんの少し反論するならば痩せているゴンゾウも中肉のゴンゾウもいる。ここで、あと一つゴンゾウについてお伝えしたいことを思い出したので記させていただく。

偉そうに振舞うA級ゴンゾウが、警察学校を卒業して配属されたばかりの新人警察官に何を指示するのか。彼らは新人警察官に対して、

「服装が乱れている。ズボンの折り目が付いていない。靴が磨けていない。挨拶の仕方がなってな

い。掃除ができてない。声が小さい。先輩に対する礼節がなってない」

と言って叱り飛ばす。先輩に対する礼節、服装の整え方、挨拶の仕方、掃除の仕方は教えるが、犯人の捕まえ方は一切教えない。やったことがないし、やりたくないから。

第四章　自己保身に生きる人々（貴族階級編）

◇「偉あなったもんの勝ちや」思想

警察ワールドでは出世（貴族階級）を目指している警察官と現に出世をして警部以上の貴族階級になった警察官の中には、

「この世界は偉あなったもんの勝ちや」

と公然と言ってのける人々がいる。公然とは言わなくてもそう思い込んでいる者たちが大半と言ってもいいだろう。「偉あなったもんの勝ちや」その意味は階級を上げて貴族階級、それもより上の王族にまで上り詰めた者が勝者だということである。

タイトルが『警察官という生き方』、サブタイトルが「花形の捜査一課から特殊部隊、一般職まで二九万人の巨大組織で働く人々」という本が本屋さんで目に付いたので買って読んでみた。その本の中には警視庁の刑事を退官され、評論、執筆、講演など様々な活動をされている北芝健氏の手記と、「叩き上げ警察官一代記」と題して、関東方面でノンキャリアながら最終警察学校長を務めた上流貴族階級の警察官の手記が記されていた。

北芝氏の手記にはなるほどと思えるところがあるが、「叩き上げ警察官一代記」の方はため息が出た。叩き上げとは、辞書で調べると「下積みから苦労して一人前になること」「努力して出世すること」とある。警察ワールドでは一般的に「あの人は叩き上げなんだ」と言われると『へーッ、あの方は立派な人なんだ』と尊敬される。端的にいうと警察ワールドでは「叩き上げ」とは巡査から出発して昇任試験でほとんど落ちることなく合格し続け、どんどん出世して階級的には「警視」「警視正」という階級まで上り詰めた人々のことを言う。超極一部には「警視長」まで上り詰める人もいる。

ちなみに警察の階級とは単純に表現するなら、巡査、巡査長、巡査部長、警部補、警部、警視、警視正、警視長、警視監、警視総監、警察庁長官となる。巡査から始めなければならないノンキャリアは原則、警視正までしかなれない。大学を卒業して超難関の公務員の一種試験に合格した者をキャリアと呼び、キャリアは着任した当初から警部補であり、七年で一律に警視になり、どんなに性格がボンクラでもノンキャリアの最高峰である警視正より上の警視長以上になれる。実力（？）があって運がよければ警察庁長官にまで上り詰めることができる。階級社会であるから偉くなること＝階級を上げることがものすごく重視されるワールドだ。警部以上警視長までが貴族、警視監以上は王族である。ちなみに警部補以下は「雑魚」、よく言えば「武士」だ（私の見解）。私は雑魚の親分たる警部補の時代が最も長く、そのまま警部補で退官した。階級制度と昇任試験の愚かさについては第五章で語らせていただくこととする。

話を戻そう。関東方面の警察学校長になった叩き上げ（？）警察官一代記にはこのようなことが書かれていた。

《私は警察学校を卒業して、巡査から警察官の仕事を始めたが、制服の仕事が嫌いで私服の仕事に憧れた。私服になるには刑事課か防犯課（今の生活安全課）か警備公安課であるが、自分は警備公安課を希望して警備課員になった。そこでの巡査としての仕事がきつかったので早く昇任したいと思った。昇任するために一生懸命勉強して試験に合格し、若くして巡査部長になった。その後も勉強してとんとん拍子に昇任試験に合格した。三十代の前半で警部になることができたので警察大学の本科に入ることができ、一年コースで勉強することができた。警察大学の本科では自分は高卒なのに東大や早稲田、慶応などの有名な大学の教授の授業を受けさせてもらい光栄だった。そのときは勉強しながら給料がもらえてうれしかった。勉強しまくって、ほとんど落ちることなく合格し続けて、最後は警視正にまで上り詰めた。警視時代、中堅署の署長になった時、過去最高の犯罪検挙実績を残し、警察本部長から褒められ、表彰をもらった。最後は県警で三番目に偉い警察学校の校長を勤めあげ退職した。早く出世したから普通の警察官より多くの給料をもらったし、多くの退職金ももらうことができた。》

その後、おそらくいい所に天下りしただろうが、さすがにそこは非難されると思ったのか書いてはいない。お笑いである。こんな警察人生を歩んできた人が「叩き上げ」なのか。「叩き上げ」とは単に巡査から始めて警視正まで上り詰めた人のことを言うだけなのか。私が思う真の「叩き上げ」とは巡査から始めて、治安を守るための知識や技能を現場で苦労しながら修得し、すべての悪から善良な人々を守ろうと必死で生きた警察官ではないのか。そんな警察官は貴族階級になることなど無関心、人より多くの給料をもらいたいなどとは思わない。滅多にはいないが、そういう警察官こそ本当の「叩き上げ」だと言いたい。

その本で紹介した警察学校長は私の思う真の「叩き上げ」とは正反対の人物である。彼の生き方への反論をほんの少しだけだがしてみたい。

①私服の仕事がしたかった。
〈反論〉制服で街をパトロールし、職務質問で犯罪を検挙したり、あるいは住民の皆さんの要望に応える仕事や奉仕活動を一生懸命している地域警察官に失礼である。
②私服の仕事の中で警備課を選んだ。
〈反論〉後で触れることにするが、事件・事故とはほとんど無縁、検挙しなくてもよく、時間に余裕があるから昇任試験の勉強時間を十分にとれる警備公安課を選んだのだ。ということは善良な人々を犯罪や交通事故から守ろうとする意志はなく、自分のことしか考えていない証だ。もう一つ、私服だと警察官と分からないから、街に出ても安全だと思ったのだろう。
③巡査の仕事がきつかったから早く出世したいと願い、必死で勉強してペーパーテスト重視の昇任試験に若くして合格し、とんとん拍子に出世した。
〈反論〉巡査の仕事がきつかったなどと言うのは嘘だ。人間関係がきつかったというのなら理解できるが。時間に余裕があり、十分勉強ができる環境であり、さらに情報通の警備公安課だか

らペーパーテストで好成績をとるには最適の環境だ。だから、とんとん拍子に出世できたのだ。現場であくせくと事件・事故に向き合いながら仕事をしている警察官に失礼だ。
④署長時代、最高の犯罪検挙実績を残した。
〈反論〉犯罪を検挙したのは自分ではなく、その警察署の地域課の制服警察官や刑事さん、交通課員ではないか。その方達の努力でよい検挙実績を残せたのだ。感謝の気持ちが表明されていないが、いったいどうなっているんだ。
⑤出世できない警察官より多くの収入を得ることができた。
〈反論〉そんなことを自慢するな。恥ずかしい。

私に言わせれば最低最悪である。この本の作者はよくもまあ、このような人を「叩き上げ」だと賞賛して手記を載せたものだと思う。いや、この警察ワールドに流れる惨憺たる意識を世間に知らせるために掲載したのかもしれない。そうであれば称賛するし感謝である。貴族階級以上の出世を目指している警察官の中で治安を守るために階級を上げたいと願っている警察官はいないと言ってもいいだろう。すべては自分の利益のためだ。今度は私の言う国民の命と生活を守ろうとして悪と戦い抜いた真の「叩き上げ」警察官の特集をしてもらいたいものである。
この項で、もう一つ付け加えたいことが思い浮かんだ。それは叙勲制度である。叙勲とは社会に大きく貢献した人々に対して天皇陛下から贈られる表彰のことである。そして、同じ叙勲でも社会への貢献度や種類によって大勲位菊花章とか瑞宝単光章とか叙勲の名称が異なっている。警察官もこの叙勲をもらっている人たちが結構いる。ただし、よほどのケースを除いては初級貴族（警部）以上の階級に上り詰めた人たちだけである。中には危険な仕事に従事したという理由で叙勲をもらった元警視もいる。本当は危険な仕事はしたくないから警視になった人なのに。

社会のためではなく自分の安全と利益のために偉くなった（階級を上げた）人たちが「社会に貢献した」「危険な業務に従事した」という理由で天皇陛下から叙勲という表彰をもらうのである。しかも、階級が上の者にはより高いレベルの叙勲がもらえるようになっている。階級が上であればあるほど、社会への貢献度が高く、人格も優れていると看做しているところが凄まじい。

偉くなろうともせず、治安を守るために危険な業務であっても、定年退職のその日までそれをやり通そうとし、最も社会に貢献している現場の警察官に叙勲は与えられないのである。もっとも、そんなサムライ魂を持った警察官は叙勲など全く気にもしていない人たちだ。先ほど紹介した警察学校長を最後に定年退職した元警視正はどんな叙勲をもらったのだろうか。まさに「偉あなったもんの勝ちや」の世界である。

◇上流貴族階級に上り詰めたノンキャリ警察官の思い出話

様々そういう人たちはいるのだが、私と関わりのあったお二人の話をしよう。お二人とも、事件、事故の現場をほとんど経験せず、犯罪者と直接向き合うこともせず、猛勉強してとんとん拍子で昇任試験に合格し、キャリアの超上流貴族階級警察官に気に入られ、最後は警視正というノンキャリアとしては最高の出世を果たした人物である。

一人を「君が代警視正」、もう一人を「労働警視正」と呼ぶ。最初に君が代警視正に登場していただこう。

【1】君が代警視正

私が二十八歳の時、本県の機動隊の分隊長として着任した。当時の機動隊の分隊長は二年契約であった。機動隊は何もない時は訓練するだけであるが、大規模な集会やデモがあれば出動して鎮圧したり、大災害が発生した時に出動したり、東京サミットなどの大規模警備の時は他県に出張して警備に当たるなどの任務を負っていた。

機動隊二年目のはじめに、直属の上司である機動隊の小隊長として着任したのが若くして警部補になっていた君が代小隊長（後の君が代警視正）だった。君が代小隊長は私より三歳年上の三十一歳。やや小柄でちょっと男前、頼りがいがありそうでスッパリした態度を見せる。彼は地元大企業から移籍して警察官となり、私服警察官として警備公安課に数年在籍していた。私より後輩だったため、私にはある程度遠慮してくれたが、巡査の新隊員には厳しかった。初期の頃は人のいい（？）私は君が代小隊長に対して信頼感を持っていたが、完全に裏切られることとなった。

彼を君が代小隊長と名付けた理由について説明しよう。ある日、彼が巡査の隊員に対して、Ａ４判の白紙の解答用紙を配り、こんな問題を出した。「日本の国歌である君が代の意味を書け」私も十分は分からなかったが、先輩であり、分隊長だったので免除された。そして、隊員に答えを書かせてから解答用紙を回収し、添削した彼は激怒した。

「君が代の意味も分かってない奴がこんなにいるのか。お前らそれでも日本人か。もっと、勉強せえ」

この一件で彼の思想が右翼だということが分かった。だから君が代小隊長であり、後の君が代警視正なのである。言っておくが、治安を守るため平和を守るための仕事に君が代は何の関係もない。

◇君が代警視正の主義

私はわけあって大学を中退しているが、大学での体育会系空手部や応援団などの思想を見せてもらった。彼らの思想はこうである。

「四年は神様、三年は天皇、二年は人間、一年は奴隷」

これを偉そうな態度で言う三年、四年生がたくさんいて、怖いから素直な態度を取る後輩はまことしやかにこのアホな思想を真実だと思い込んでいた。一年は奴隷だから、掃除、洗濯から先輩の靴磨きまで何でもやらされ、天皇三年、神様四年生には媚びへつらわなければならない。それが当たり前なのである。奴隷だった一年生もその身分を耐え抜いて三年、四年になったら、とたんにふんぞり返るようになる。一年の奴隷が粗相《そそう》をすると当たり前のように暴力も使う。二十一歳で天皇、二十二歳で神様なのである。二十二歳なんて青二才ではないか。異常極まりない。しかし、この思想を我が職場警察に持ちこんでくる輩がいる。その代表格が君が代小隊長、後の君が代警視正だった。彼は偉そうな態度で、

「四年は神様、三年は天皇、二年は人間、一年は奴隷だ。一年坊主の新隊員は奴隷だ。先輩のお世

話をしろ」

と言った。自信を持って、そのアホな格言を使い、指示命令した。だから、一年目の新隊員は奴隷なのだ。彼は素直な人だからか、大学でこの思想をそっくり受け入れていたのだ。私はあきれ返った。この先輩、後輩を区分けする思想が警察の中にはびこっている。先輩なら偉そうにする。階級が上なら偉そうにする。先にお話しした「ゴンゾウ」が生まれる要因にもなっている。また、いじめや暴力にまつわる不祥事につながる要因ともなっている。もちろん、すべてではなく、そんなアホな体育会系の思想など、意に介さない警察官もいるので安心して下さい。

君が代小隊長のもう一つの特徴は「アピールしたい」ということである。こんなことがあった。東京サミットだったと記憶しているが、外国の首脳が東京に集まり、会議をするということで大規模警備があり、本県の機動隊も関東方面に派遣され、五日間の警備に当たった。

外国の首脳陣が極左暴力集団や極右暴力集団に襲われたりすることがないよう毎日緊張の警備が続いた。最終日が来て何もなく無事に警備が終了したと思ったところ、どこかの大使館にロケット弾が撃ち込まれた。しかし、そのロケット弾というのは、中学生が花火を加工して作った程度の、何の被害も出ないひょろひょろロケット弾だった。でも、犯人は捕まらずじまいだった。

君が代小隊長はこのロケット弾が撃ち込まれたことの感想を語った。

「ロケット弾が撃ち込まれて助かった。もし撃ち込まれなかったら、国民に『こんな大規模な警備は必要ない』と思われるおそれがあった。しかし、この事件で『やっぱり大規模警備は必要なんだ』と誰もが思ってくれる。よかったよかった」

彼はロケット弾が撃ち込まれたことによって、自分ら機動隊、ひいては警備公安警察の存在意義が高まったと喜んでいる。本末転倒も甚だしいが、このようなことは自己保身の警察ワールドではつきものだ。こんな人が将来最高の出世を果たすのである。

君が代警視正は天皇陛下以下、皇室の皆さま方の身辺をお守りし、皇室の行事が滞りなく行われるようにとの使命感を持って警衛警備の計画をし、指揮することがその仕事の中心であった。自分は皇室をお守りする重要な任務を担っているんだと誇りと使命感を持っている（偽りの誇りと使命感だけど）。そんな彼が「大学四年は神様、三年は天皇、二年は人間、一年は奴隷」だとぬかしている。天皇陛下を愚弄するのもいい加減にしろと言いたい。そのような人物が皇室をお守りする任に就いているのである。おふざけだ。私は天皇陛下を尊敬しているし、重要な任務を担い、果たしていただいていることに心から感謝している。

君が代警視正は五十代前半の中流貴族（警視）時代に二十三歳の息子が深夜、徒歩で帰宅中のお気に入りの女の子を尾行し、女の子がマンションの自室前に至ってドアの鍵を開けて部屋に入ろうとした際、駆け寄って女の子を部屋に押し込み、そこで猥褻行為をはたらいて怪我をさせるというトンデモナイ犯罪をしでかした。罪名は「住居侵入・強制わいせつ致傷」という重大犯罪だ。息子は犯行後逃走したが、捜査員の懸命の捜査によって特定され、二十日後に逮捕された。この事件は当然、地元の新聞に被疑者の名前入りで事件の概要が掲載されたが、父親が警察の大幹部であることは完全に伏せられている。君が代警視は相当なダメージは受けただろうが、それでも数年後には中流貴族の警視からノンキャリ最高峰の上流貴族警視正に昇進し、定年退職後は移籍元の地元大企業に重役として天下りした。「みのもんた」は息子が窃盗事件を起こしたということで全国に報道され、立ち直れないほどのダメージを受けたが、対照的だ。

【2】労働警視正

この人は、最終的には君が代警視正より一つ上のポストであるH警察署の署長にまでなったノンキャリ警察官である。私が警察学校の生徒であった頃、労働警視正は機動隊にいて柔道の特別練習生をしていた。精悍な顔つきで柔道も強く、カッコいい人だなと思ったが少し冷淡な人間のような印象を持った。彼とは、私が一線の警察官として現場で仕事をしていて、会うことも話すこともなかったが十四年を経て初めて直接会い、話す機会が訪れた。それは苦々しい出会いであった。

私が三十三歳の頃、T市内の中心に位置するR交番で巡査部長として勤務していた時のことである。徹夜勤務を終え自宅に帰って休憩していると午後五時頃、突然、本署の課長から電話がかかって来た。

「R交番の前の公園内にある小屋のガラスが割られているという器物損壊事件があった。その件でR交番に来てくれ」

とのことであった。それくらいの事件など、いくらでもあるのに何で呼び出されるのだろうと首を傾げながらR交番に行った。そこで待っていたのが労働警視正だった。当時は警察本部の地域課の課長補佐という立場であり、若くして初級貴族の警部だった。彼は私に新聞を見せて説明した。

新聞には、「R交番前の公園の中にある美術品のピアノを飾っている小屋のガラスが深夜から早朝にかけて何者かによって壊された」との記事と、建物（小屋）のガラスが割れている写真が載っていた。高価なピアノは当然壊れていない。その小屋はR交番の出入口から約四十メートル西側にある。労働警視正はこう言った。

「このように新聞に載ったんだ。R交番の前と新聞に書かれている。お前（私）が深夜から早朝にかけて、どこでどんな仕事をしていたのか、警察本部長（キャリア警察官）に報告しなければならない。勤務日誌を本部長に持って行くのでそれを見せろ」

である。私は引き出しから勤務日誌を取り出し、労働警視正に見せた。一通り、彼は私の勤務日誌を読んだ。そして、こう言った。「字が汚いので本部長に見せられないから書きなおせ」私は一瞬ムッとしたが、従った。

地域警察官は一人ひとり勤務日誌を書かなければならない。どこで何をしたのか。警ら（パトロール）してどんな違反や犯罪を検挙したか。どんな被害届を受けたのか。どの時間にどこに巡回連絡に行ったのか。どんな相談を受けたか。どう処理したか。交通事故の現場でどんな処理をしたのかなど手書きで書くのだ。忙しい中で大した意味のない勤務日誌を手書きで書くので当然字は粗くなる。そんな書類を馬鹿丁寧な字で書いても何の意味もない。時間の無駄だ。

労働警視正に言われたので仕方なく、勤務日誌を丁寧な字で書き換えたが、結構な時間がかかった。やっと書き終えて、労働警視正に手渡した。彼はその勤務日誌を持って行った。警察本部長に見せに行ったのだろう。

十日ほどして、たまたま、警察署の廊下で労働警視正とすれ違ったが、その時、彼は私にこう言った。

「本部長は『分かった。もういいから』と言ってくれたぞ。よかったな」

彼は私に本部長から御咎めはなかったことを「よかったな」と言って伝えてくれたのである。私は『ああ、ありがたや、ありがたや。心優しい本部長様がお許し下った。ありがたや、ありがたや』と思わなければいけないのか。バカじゃねえか。今考えても腹立たしい。器物損壊事件など、そんじょそこらにいくらでもある。私はその日の深夜から早朝にかけてオートバイで管内一円をくまなくパトロールし、深夜には飲酒運転も検挙している。飲酒運転を検挙して書類をまとめるのにどれだけの時間がかかるか分かっているのか。新聞に「R交番の前にある」と載っただけで、私がどこで何をしていたのか本部長に勤務日誌を見せて報告するのか。私は公園の中にあるピアノの飾り物を一日中見張っていなければならなかったのか。バカげている。労働警視正は現場で働いている警察官をかばおうともせず、キャリア官僚警察官に媚びているのだ。そんな男とは付き合いたくはない。警察学校時代、柔道の訓練をしていた彼にいい印象を持っていた私だが、一挙に醒めた。若い時に少し感じていた彼の冷淡な印象は合っていたのかもしれない。

◇労働警視正の真骨頂

ピアノ小屋損壊事件から二十年、私が五十三歳の頃のことだった。労働警視正とはほとんど顔を合わすこともなかったが、再び巡り会う時がやってきた。広域自動車警ら隊時代の最後の年であった。労働警視正はT市内の県下最大の警察署であるH警察署の署長として着任した。二十年前は警部だったが、その時は正式の警視正になっていた。私は本部勤務であったが、当時、T警察署のパトカー勤務をしていた最大の盟友であるA警部補と、A警部補の部下でやる気のある若手警察官と共に協力し合いながら犯罪と向き合っていた。ちょうどその頃、労働警視正は若手の地域警察官にこんなことを命令した。

「警察官になって五年未満の若手地域警察官は休み無しだ。夜勤のある三交代制勤務の労休日には朝から出勤して、自分が将来行きたい刑事課、交通課、生活安全課に行って、仕事を手伝え」である。命令を受けた若手の地域警察官は全員三交代制勤務であり、三交代制勤務というのは朝八時三〇分から翌日の朝九時三〇分頃まで二十五時間拘束される徹夜の仕事である。徹夜をした次の日は身体を休めるために非番日となり、その次の日は労休日といって普通の日勤勤務をしている人の土・日と同じ休みとなる。ときどき、労休日の回りに日勤が入ってくる。そのような仕組みであるが、労働警視正は日勤勤務の土・日にあたる労休日をすべて出勤せよと命令したのである。

聞くところによると、労働警視正は、「休みの日に若手の警察官を遊ばしていたら何をしでかすか分からん」と言ったそうだ。説明すると「若手警察官は休みの日に自由にさせておくと、どんな不祥事を起こすかもしれないから出勤させて仕事をさせよ」ということである。『なるほどな』と思った。彼も「四年生は神様、三年生は天皇、二年生は人間、一年生は奴隷」の悪しき体育会系の思想を地で行っている。誰も逆らえず、逆らわず、皆従った。彼の側近の貴族階級にある副署長や課長連中も物申すことなく、みんな従った。反旗を翻すと絶大な人事権を持つ労働警視正から不利益を受けるおそれがあるからだ。どいつもこいつも皆自己保身の塊である。

労働警視正のこの命令は明らかな労働基準法違反である。労働基準法違反には懲役刑も定められている。しかも最も罰則の大きい強制労働事件だ。しかし、彼は何も悪びれず平気で労働基準法違反をやってのけている。悪しき体育会系の署長は全国どこにでもいるだろうが、ここまでやってのけたのは彼だけであろう。体育会系の署長であったとしても、これは犯罪、恐ろしくてできないだろう。完全に麻痺している。そして、五年未満の若手警察官は休みなしで早朝から場合によっては深夜までタダ働きさせられたのである。

いっしょに仕事をしていて気の毒だった。疲れきっている。疲れのせいだろう、若手警察官の交通事故も多発した。私は二十年前のあの一件もあり、労働警視正を許せないと思った。苦しんでいる若手警察官を何とか助けてあげたいとも思った。約一カ月半、労働基準法違反状態が続いたが、ある日、若手警察官の親族と名乗る人物から、労働警視正がかつて私の勤務日誌を持って行ったキャリアの本県警本部長に手紙が届いた。その内容はこうである。

◇本部長への手紙Ⅰ

《警察本部長　様
今、H署ではとんでもない人権侵害が行われています。本部長様はご存知でしょうか。ご存知ならば、止めているはずですからご存知ではないのでしょう。
一カ月以上前から、今のHという署長が命令して、警察官になってから五年未満の交番の若い警察官に強制労働させています。休みの日に自分の希望する課に行かせて仕事をさせています。交番は三交代ですから、二十四時間勤務日の次の日は非番ということで一日身体を休め、その次の日の多くは休暇日になるのですが、その休暇日を仕事に出させています。ですから二十四時間勤務日、非番日、休暇日でなければならないのに、二十四時間勤務日、非番日、日勤日、二十四時間勤務日、非番日、日勤日、二十四時間勤務日、非番日、日勤日という勤務を繰り返させています。

さらに前のS署長の時にやりだした強制的に午前六時半から城山を走らせるということも続けているということです。ですから、若い警察官は、本来の休暇日に、午前六時半から城山を走らされ、午前八時半から刑事課、交通課などに出勤して働かされているのです。聞くところによると、刑事課では終わるのが午後八時頃になることもしょっちゅうだということです。もちろん、超過勤務手当ては一切出していません。タダ働きです。

最近、そんな仕事をさせられている若い警察官が立て続けに交通事故を起こしたそうですが、そんな無茶苦茶な労働をさせているから、疲れて事故を起こしてしまったのではないでしょうか。S署長のときの強制早朝ジョギングもひどい話だと思いますが、H署長はその十倍、とんでもないことをやっていると思います。

奇しくも先日、本県の新聞にKPタクシーの経営陣が時間外労働をさせたということで労働基準法違反で摘発され、検察に送られたという記事が載ってましたが、H署でやっていることは時間外労働というよりも強制労働ではないでしょうか。また、KPタクシーの経営者は書類を隠蔽したといったことも載ってましたが、H署長も同じように強制労働に駆り出した休暇日は証拠に残らないようにするためと考えられますが、普段書かせている勤務日誌を書かせていないということです。

もし、このことをH署長に言ったなら、おそらく、「強制はしていません。若い人が自分の希望を叶えるため、自分を鍛えるために自主的に出てきているのです」と言い訳するでしょうが、出欠も取っており明らかに強制です。聞くところによると、ほとんどの若手警察官は嫌々ながら出勤させられており、肉体的にも精神的にも疲れ切っているそうです。

H署長は署長になったら権限があるから何でもできるとでも思っているのでしょうか。強制労働させる権限は総理大臣にもありません。H署長は前に、不祥事を起こした警察官を取り締まり、処分を下すという仕事をしていたそうですが、自分自身が処分を受けなければならないほどの重大な法律違反をしていることに気が付かないのでしょうか。麻痺しているとしか思えません。

彼の意図は若い警察官を遊ばせておくと、いつどこでどんな不祥事をしでかすか分からないから、できるだけ手元に置いておきたいといったところだと思います。また、三交代の仕事ならば、一見休みが多いように見えるので若い人に腹立つのかもしれません。

ただ、私は若い警察官が、例えば「自分は刑事になりたい、だから刑事の仕事を覚えたい」という気持ちを持って、休みの日でも自主的に刑事課に出勤して、仕事を手伝わせてもらいながら、上司や先輩に仕事を教えてもらうなら、それはものすごく立派なことだと思います。おそらく、そんな若い警察官もいるでしょう。署長のとるべき態度としては、刑事課ならば刑事課の課長さんに「自主的に出勤する若い人がいるならば、喜んで受け入れて教えてやってくれ」と頼んでおくこと、それだけでいいのではないでしょうか。また、人間の世界にはやっかみがあるので、誰も行かないのに一人だけ自主的に出勤したりすれば「あいつは上司の評価を得たいのでええかっこうしている」などとうわさされて行けなくなってしまう場合があるので、若い警察官には「私が課長に受け入れてくれるよう頼んでやった。だから、刑事の仕事を覚えたいから休みの日でも出勤したいと思えば遠慮なく出勤して手伝え」と言ってやればいいのではないでしょうか。

もし、これからも強制労働が続くようであればしかるべき措置をとります。

また、H署長が反省もせず、言い訳をするようなら同じです。

多くの若手警察官がこの強制労働で苦しんでいると思いますので、放置することはできず筆をとりました。

私はある若手警察官の親族です。名前を明かすと彼が不利益を蒙るかもしれないので匿名にします。》

なかなか手厳しい内容であるが、実に当を得ている。この手紙を受け取った警察本部長は焦った。この労働基準法違反（強制労働）が世間にバレたらとんでもないことになる。そこで、警察本部長がとった手法はこうであった。労働警視正に直ちに強制労働を止めるよう命令し、さらに、全署員の前でこの手紙を読ませたのである。そうすれば、若手警察官が手紙を書いて出した親族に伝えてくれて一件落着するであろうと祈るような気持ちだったに違いない。手紙を読まされた労働警視正はさぞかし悔しかっただろう。警察本部長の命令によって、若手警察官は解放され、後々この問題が公になって大問題になるといったことは避けられた。

手紙を出した人は心の広い相当な人格者なのだろう。それで終わりにしてくれた。私自身は書類を落としただけ（しかも見つかった）で処分を受けたことがあるが、労働警視正はとてつもない犯罪行為を行ったにも拘わらず処分されずに済んだ。警察本部長に手紙を出した人はいったい誰だったのだろうか。未だに誰にも分からない。

労働警視正は救われ、次の年に無事定年退職し、地元の有名銀行に天下った。給料は警察にいた時よりも多く貰っていることだろう。まさに「偉あなったもんの勝ち」である。

【3】前半のまとめ—私の川柳

前半のまとめとして私が創作した川柳を紹介したい。

指導的立場にある警察官（特に職務質問の指導者）のあるべき姿について、警察の幹部（貴族階級の連中）は海軍大将の山本五十六が言った言葉をよく活用する。昇任試験の問題集にも、職務質問の指導者はこうあらねばならぬということで山本五十六の格言を紹介している。それはこういう格言だ。

『やってみせ、言って聞かせて、やらせてみて、褒めてやらねば人は動かじ』

すなわち、

「職務質問の指導者が経験の乏しい若手警察官の手本となり、率先して犯罪者に立ち向かい、不審者（車）を発見すれば自ら呼び止め、不審点を追及し、犯行を暴いて逮捕する。それを経験のない若手警察官の前でやって見せる。そして、こうやれば犯人を逮捕できるのだということを説明し、次に若手警察官に職務質問をやらせてみて、いいところがあれば褒めてやる。そうしなければ若手警察官は職務質問をしないし、上達しないぞ」

ということである。これを職務質問をしなくていい立場の貴族警察官が言っている。確かにこの格言は現場で指導的立場にある警察官の理想を示しているが、しかし、ここまで説明してきたとおり、自己保身の警察ワールドでこの格言が通じるのか、はなはだ疑問である。ほとんど通用しないのが現状だ。そこで、私が山本五十六の格言をもじって職務質問指導者の悲哀を川柳にしてみたので紹介したい。

　やってみせ、言って聞かせようとしたけれど誰も聞かず
　やってみせ、やらせてみようとしたけれど誰もやらず
　やってみせても誰もやらないから褒めることできず
　いっしょにやろう！危険だからと猛反発
　やってみせ、仲間に売られて処分受け
　やってみることなく、やってもらって一件ゲット
　やりたくないから猛勉強、出世街道まっしぐら

ここまで読んでいただいた皆さんならその意味はお分かりだろう。何とも切ない。

第五章　自己保身の愚かな制度・しきたり・体質

不祥事が続く警察を改革しなければならないとして発足した有識者で構成する警察刷新会議がまとめた報告書を添削させていただいた。一見なるほどと思えるような主張をしているが、ほとんどは実態を知らない素人の主張だった。彼らは素人だからこそ正しい判断ができると思い込んでいるようだ。しかし、一つだけ賛同できる文言があった。それは合理化すべしという一節だった。その点だけは同意する。

警察組織には実に不合理が蔓延している。それも、すべては自己保身の王族、超上流貴族のキャリア警察官僚やキャリアでなくても貴族階級に上り詰めた幹部警察官が自己保身ゆえに推奨し、よく言えば武士階級、悪く言えば雑魚階級の現場で働く警察官に押し付けている。それらは、いちばん大切なことは何かを忘れ去った、まさに愚かな制度であり、しきたりだ。この章では、それら様々な不合理極まりない実態について思いつくままに紹介させていただきたい。

◇着帽の愚

地域警察官は外では制帽をかぶっている。誰もがご存じだと思う。しかし、交番や駐在所の中ではどうか。かぶっている人とかぶっていない人がいる。かぶっている人は内部規定を守っている。かぶっていない人は内部規定を守っていないのである。私はどちらの人物を買うか。かぶっていない人を買う。内部規定を守ってない人を買うとはけしからんとお叱りを受けるかもしれないが、これからその理由を述べさせていただこう。

交番の中の広さは畳にして平均十畳くらいだ。多数配置されている交番なら二十畳くらいあるだろう。駐在所なら原則一人勤務なので広さは六畳くらいだ。警察の内部規定には交番や駐在所の中は屋外とみなすという文言がある。警察の警務課や貴族階級の警察官は例によって、規定や規則や制度に敏感であり、きっちり従わそうとする。よって、彼らは着帽せよと声高に指示命令する。

しかし、皆さんよく考えてほしい。交番や駐在所の事務所を見て、あれが屋外に見えますか。どう見ても屋内だ。屋内なら日本どころか、どこの国でも帽子を脱ぐだろう。当たり前のことだ。誰が見ても室内なのに貴族階級の警察幹部は交番や駐在所の事務所内では制帽をかぶれと指示命令する。下級貴族（警部）の地域課長は巡視といって、ときどき交番や駐在所を見回って勤務員の勤務ぶりをチェックするが、着帽しているかどうかを厳しくチェックし、人によっては帽子をかぶっていない若手警察官がいようものなら激しく叱りつける。帽子をかぶっていたらよしよしである。かぶっていなかったら減点。評価は下がる。バカみたいなことにこだわっている。どうでもいいことと言ってもいい。

いや、どうでもよくはない。交番の事務所内では制帽は脱いでおくべきである。なぜだと思われるだろう。警察官の制帽は縁《ふち》が固く、長時間かぶり続けると頭を締め付けるので気持ち悪くなり、イライラして、すぐにでも脱ぎたくなってくる。普通の人なら皆そうなる。交番や駐在所の事務室で制帽をかぶる利点はほんの少しだけカッコよく見えるかなといった程度である。

さらに、こういうことも言える。交番や駐在所の中では時に捜査報告書、実況見分調書などの難しい司法書類や一般の報告書、勤務日誌などを作成する時間がかなりある。頭を締め付ける固い制帽をかぶって、ああだこうだと考えながら難しい捜査書類がスラスラと書けるだろうか。受験勉強をするときに帽子をかぶってするバカはいないだろう。警察官が作成する捜査書類は犯人を有罪にする決め手になるものであるから、それを作成する時間は受験勉強より、もっと重要な時間ではないか。

まだある。貴族階級の警察官は受傷事故防止だといつも声高に叫ぶが、まさにそのためにも交番の中では絶対に帽子を脱いでおくべきだ。なぜなら、前述のように交番の中では書類を書く時間が多い。書類を書くということは下を向いている。制帽をかぶったまま下を向けば制帽のひさしが邪魔をして前が見えにくい。制帽を脱いでいれば下を向いて書類を書いていても視界が開け、前方の人影くらいは十分に見える。交番にはどんな人物が訪ねてくるか分からない。突然、暴漢が中に入ってくるおそれも十分にある。制帽のひさしが邪魔になって前が見えなければ交番の前をうろつく不審者や、場合によっては突然入ってくる暴漢に気付くのが遅れてしまい、取り返しのつかない事態になる可能性もはるかに高まる。貴族階級の連中はあれだけ受傷事故防止だと言っているのに逆のことをしている。交番の事務所で制帽をかぶることがいかに不合理なことか全く気が付いていない貴族もいれば、気が付いていても自分の保身と出世のために着帽せよと叫んでいる貴族もいる。

どうしようもない連中だ。

別の観点から見てみよう。一般市民の方が交番や駐在所の警察官が事務室内で帽子を脱いでいるのを見て、『あの警察官はだらしない。ふしだらだ。規律が守れていない。不真面目だ』と感じるだろうか。誰も何とも思わないだろう。そんなことで抗議してきたり、苦情を言ってくる国民など皆無だ。それなのに貴族階級の幹部警察官は「規則だ、規定だ、原則だ、基本だ」と言って着帽させようとする。自分は着帽などしなくていい立場でありながらだ。血も涙もない連中だ。「てめえが二十四時間制帽をかぶってからものを言え」と言ってやりたい。交番などの警察官に制帽をかぶり続けさせ、脱ぎたいのに脱げない、脱がせない。苦痛を与えて喜んでいる。彼らはサディストだ。まったく、何がいちばん大切なのか何も分かってはいない。いや、分かっていても自分を守るために着帽させようとしている。

もう一度言うが、警察の貴族階級の幹部警察官は現場の雑魚警察官の苦労を考えない。仕事の効率も考えない。帽子をかぶり続けたら苦しいだろうなあとも思わない。内部規定最優先なのだ。なぜなのだろうか。内部規定を最優先させれば、自分より上の幹部警察官に叱られることなく、褒められる。そうすれば、スムーズに出世できるといった計算だ。まさに自己保身を超えた利己主義の警察ワールドである。

ある日、私は中流貴族（警視）の幹部警察官から「意見があったら何でも言ってくれ」と言われたので、交番や駐在所内での着帽はしない方がよいと意見書に書いて提出した。そうしたところ、その幹部警察官から「お前、飛ばすぞ（左遷するぞ）」と言われた。中流貴族は警察組織と自分と自分より上の上流貴族を守る仕事はしているが、街の治安（平和）を守る仕事はしていない。現場が最優先されるべきであるのに何とも理不尽な警察ワールドである。

貴族階級にある警察官の中で「交番の中で着帽などしなくてもいい」と言ってのける者は一人もいない。自分の立場が危うくなるからだ。そして、貴族階級を目指す交番の若手警察官は自分の評価を落としたくないがために歯を食いしばって交番の中で着帽している。二十代の着帽している若手警察官に対して私が「交番の中で帽子などかぶらなくてもいい」と言うと、彼は「いいえ、決まりですからかぶらなければいけません」とキッパシとカッコよく言った。しかし、私が彼に対して「いっしょに自動車検問しないか」と言ったら「いいです」と言って断った。帽子をかぶることはきっちりするが、犯罪者を検挙する活動には反対するのである。彼はその二カ月後に帽子をかぶらなくてもよく、犯罪を検挙しなくてもいい私服勤務の警備課に異動になった。私が彼に話しかけた時、彼にとっては帽子をかぶるのも後二カ月の辛抱だったのである。彼は将来、交番で警察官が着帽しているかどうか見回ってチェックする側に回るだろう。世も末だ。

◇勤務日誌の愚

交番、駐在所、パトカー勤務をしている地域警察官は勤務日誌を書かなければならないと内部規定で定められている。地域警察官はその日の勤務計画というのがあって、何時から何時までは警戒勤務、何時から何時までは巡回連絡、何時から何時までは警ら活動と三パターンくらいあり、勤務計画に沿って活動しなければならないように定められている。そして、雑魚階級の地域警察官の一

人ひとりが、
・どこでどんな事件事故を取り扱い、どんな処理をしたのか。
・どんな取り締まりをしてどんな事件を取り扱ったのか。
・どんな拾得届があったのか。
・どんな相談があり、どう処理したのか。
・何時から何時まで巡回連絡に行ったのか。
・何時から何時までパトロールし、その間、何を取り扱い、どんな検挙をしたのか。
などを勤務日誌に書かなければならない。

読者の皆さんはどう思われるだろうか。勤務日誌を書くのは当然だと言う人もおられるだろう。確かに必要だと私も思う。しかし、ここにも自己保身ゆえの、とてつもない無駄と不合理がある。説明しよう。

勤務日誌など書かなくてもいい立場の貴族階級警察官は、勤務日誌を書かなければならない雑魚階級の地域警察官に何と指示するか。一つは、「勤務日誌は手書きで丁寧に詳しく書け！」だ。そして、巡視といって、ときどき交番を見回りに行く。見回りに行って何を点検するか。それは、
・勤務日誌を手書きで詳しく書けているかどうか。
・交番の警察官が交番の中で帽子をキチンとかぶっているか。服装は整っているか。
・勤務計画どおり勤務ができているかどうか。
・交番の中に無駄な物は置いていないかどうか。

・防護用具など決められた物を決められた場所に配備しているかどうか。
・ロッカーの鍵はきちんと閉めているか。
・鍵の保管は適切か。
などである。この巡視あるいはもっと上の監察についての愚さについては様々思うところがあるが、それは後に記すこととして、ここではこの項のテーマである勤務日誌について集中して論ずることとする。

下級貴族である地域課長（警部）は雑魚警察官の交番、駐在所、パトカーの警察官の勤務日誌を点検する。全員の勤務日誌を点検して、赤字でコメントを書く。なぜそんなことをするのか。彼ら地域課長より上位の階級である中流貴族警察官（警視）の点検を受けた時に指摘されないように、あるいは自分の評価を落とさないようにするために、きっちりと巡視し、勤務日誌を点検し、コメントを書くのだ。このようなバカなしきたりによって、雑魚階級の地域警察官は勤務日誌を手書きで丁寧に詳しく書かなければならない羽目に追い込まれている。

たまにではあるが、何週間も経ってから、事件や事故の当事者間でトラブルになったりした時に、勤務日誌の記載事項が必要になる時があるので、勤務日誌は必要ではあるが、捜査書類ではないので、主語述語が反対でも、平仮名で書いていても、字が汚くても読めればいい、要するに分かればいい書類である。重要な捜査書類とは全く質が違うのである。そんな、どうでもよくはないけれども分かればいい、読めればいいだけの勤務日誌を貴族階級の連中は「手書きで丁寧な字で詳しく書け」と指示命令する。

「警察」と手書きで丁寧に書けば何秒かかると思われるだろうか。ちょっと丁寧に書けば十五秒かかる。現場で一生懸命に仕事をする地域警察官はそんなに暇ではないのだ。取り扱いが多くなればなるほど、事件や事故が多発すればするほど、分かればいいだけの勤務日誌を馬鹿丁寧に書けば、それにどれほどの時間と労力を要することになるのか。何時間も費やすことになる。考えても腹が立って仕方がない。治安を守りたいと願っている貴族階級警察官がいるとするならば（ほとんどいないけれども）、勤務日誌についてどう言うだろう。どう指示するだろうか。

・勤務日誌などパソコンでササッと書け。
・パソコンが苦手ならば、どんな汚い字でもいい。漢字が分からなければ平仮名でもいい。読めればいいし、分かればいいからチャッチャ（地方弁）と書け。
・勤務日誌などにエネルギーを費やすことなく、警ら（パトロール）や巡回連絡にエネルギーを費やせ。職務質問しろ。犯人を捕まえる努力をしろ。街の安全を守る仕事に時間を費やせ。

と指示するはずである。
もう一つ、勤務日誌について貴族階級が指示することは、「情報公開制度があるから市民に見られても問題がないようにするため、勤務日誌には人権侵害だと指摘されるようなことは書くな」である。

選挙運動期間中であった。私は住宅街をパトロールしていた。その時、チラシを持って家々を訪問している背広姿の男を発見した。ひょっとしたら、違法なチラシかもしれない。戸別訪問という選挙違反をしている可能性大である。そういった場合、選挙違反を摘発しようとして目を光らせている選挙違反取締本部に通報するのは当然である。選挙違反を摘発しようと頑張っている刑事さんは背広でチラシを持って住宅を回っている男がいれば、尾行するなり聞き込みするなりして、事実を解明したいと思うのは当然である。だから、私は携帯電話で選挙取締本部に電話し、その状況を即時通報した。私の通報を受けた刑事さんは感謝して「了解しました。情報ありがとうございます。すぐに確認に行きます」と言った。パトカーの地域警察官としては当たり前のことをしただけの話である。

さて、ここからである。私はそのこと（選挙本部に通報したこと）をそのまま勤務日誌に記載した。そうすると翌朝、私の勤務日誌を点検した下級貴族の地域課長は私を呼び出し、しかめっ面をしてこう言った。

「情報公開制度があるんだ。一般市民に見られたら、『善良な人かも分からない人を疑っているではないか。とんでもない人権侵害だ』と指摘されるおそれがある。こんな不適切なことは書いたらいけない。勤務日誌から削除しなさい。書き直ししなさい」

もう、うんざりだ。

『選挙違反に目を光らして、一生懸命にやってくれているなあ。ご苦労さまです』とは思わないのである。「あったことを詳しく書け」と命じながら、「人権侵害と指摘されるおそれのあることは書くな」である。より上の中流貴族を目指している地域課長は私の勤務日誌を自分の上司にあたる中流貴族に確認されて指摘されるのが怖いだけの話だ。

勤務日誌を馬鹿丁寧に詳しく手書きで書けと指示命令し、勤務日誌を点検してコメントを書く貴族階級の連中、あるいは貴族を目指すがゆえに我慢して、勤務日誌を丁寧に詳しく差し障りのない表現で書いている若手警察官は、要するに治安を守ることはどうでもいいと考えている連中だ。本物の警察官ではない。しかし、多くの警察官は自己保身ゆえにこの愚かな制度に翻弄されている。こんなアホなことに時間と労力を費やしているのである。まさに自己保身の警察ワールドだ。

勤務日誌についてはもう一つ言いたいことがある。詳しく勤務日誌を書かなければならないのは現場で働いている制服の地域警察官のみである。情報公開制度で地域警察官の勤務日誌を点検した一般市民の皆さんがいたら、「それでは刑事さんの勤務日誌を見せて下さい」あるいは「警備公安課員、課長、署長、警察本部長の勤務日誌を見せて下さい」と言ってほしい。対応した貴族階級の警察官は「それはありません」としか答えようがない。そうしたら、言って下さい。

「地域警察官だけ勤務日誌を書かなければならないなんて、おかしいではありませんか。全員が書きなさい。そして、情報公開制度に基づき、すべての警察官の勤務日誌を点検できるようにしなさい」と……。

まさに正論である。貴族階級の警察官はキャインと鳴くだろう。不祥事を無くすことが仕事、あるいは組織を守ることが仕事の貴族階級警察官は勤務日誌に何と書くのだろう。情報公開制度があるのだから強制的にすべての警察官が勤務日誌を書くようにして、階級や部門は関係なく、すべての警察官の勤務日誌を点検してもらいたいものだ。

それと、情報公開するならば勤務日誌の内容を公開するよりは貴族階級・王族階級で退職した警察官がどこに天下りし、どれほどの給料とボーナスをもらい、何年でどれほどの退職金をもらい、どこに天下りの渡りをしているのかを情報公開したらどうだ。勤務日誌の情報公開より、こっちの方がよっぽど重要じゃないのか。社会の底辺で懸命に生きている国民が、この天下りの実態を知れば、さぞかしぶったまげることだろう。

◇巡視の愚

今は交番に係長と呼ばれる警部補が配置されているが、二十数年以上前は交番に警部補の係長はいなかった。当時は警部補の地域係長が今の地域課長の役割を果たしていた。そして、昔の地域係長のほとんどは定年間近の五十代のベテラン警察官だった。しかし、今は中流貴族（警視）を目指す若手（三十代、四十代）の下級貴族（警部）が地域課長を務めているケースが多い。昔の五十代の地域係長は交番や駐在所を巡視する時は普段の制服でヘルメットをかぶり、オートバイで回っていた。

さて、ここからである。全てとは言わないが三十、四十代の若手地域課長は交番や駐在所をオートバイで巡視する時には制服の上にコートやジャンパーを羽織り、一般の人から警察官とは分からないようにして回っている。車で巡視する時もパトカーで回らず一般の普通車で巡視している。なぜだと思われるだろうか。彼らに説明を求めたら、おそらく、

「巡視に回る時に制服だったら交番や駐在所の警察官に気付かれてしまうので実態が見えなくなります。だから実態を見るために私は私服になって巡視するのです。パトカーではなく一般車両で巡視するのです」

と、もっともらしい言い訳をするだろう。しかし、本音は違う。警察官の制服姿で街に出ると一般市民から道を聞かれたり、様々相談を受けたり、事件や事故の届出を受けたり、場合によっては目の前で事件や事故が発生するかもしれない。そうなれば、警察官だから逃げるわけにはいかず、自分で処理しなければならない羽目になる。しかし、私服になり一般人を装っていれば、目の前で事件や事故が起こっても知らんぷりをして通り過ぎることができる。誰も自分の所に訴えてきたり、相談しに来たりはしない。よって、自分の立場が危うくなることはなく、安心安全だ。彼らは交番の警察官が事件を取り扱うことで大変な目にあっていても、自分だけは事件に巻き込まれたくはないのだ。危険だから。

三十年も前には定年間近の係長が制服でヘルメットをかぶり、自分でオートバイを運転して巡視に回っていたのに、最近では三十代、四十代の若手地域課長が私服、一般車両で巡視に回っている。そして、交番の中で雑魚どもが帽子をかぶっているかどうか、あるいは勤務日誌を手書きで詳しく書けているかどうかをチェックしている。そんなことをして、事件事故に向き合う仕事をしている雑魚どもより高い給料をもらっている自分が恥ずかしくないのだろうか。情けないったらありゃしない。これも自己保身の警察ワールドの一端と言えるだろう。

◇教養ノートの愚

平成十九年頃からだったと記憶しているが、「教養ノート制度」というのができた。どういう制度かご説明しよう。警察署では朝八時四五分から朝礼が始まる。朝礼というのも昔はなかったが、上流貴族のキャリア官僚が警察官の不祥事が続いたことからヒステリックになって「毎朝、全警察官と一般職員を大会議室に集めて幹部が指示しろ」と命令したので誰も反対することなく、朝礼をやり始めた。平成十年頃のことだった。その朝礼では副署長と各課の課長が一日の指示をし、最後に署長が指示をする。

その中で印象深いのが警務課長と副署長の指示であり、彼らは雑魚警察官の不祥事の防止、交通事故や交通違反の防止を徹底的に指示し、「この中にも不祥事を隠している奴が必ずいる。また、交通事故を起こした。あれだけ基本を守れと言ったのに分からんのか」などとよく言う。全職員が参列する朝礼が終わったかと思うと次は地域課オンリーの指示で地域官（中流貴族）と地域課長（下級貴族）がさらに当日の指示をする。

さて、教養ノートであるが、地域官、地域課長から指示を受けた雑魚警察官は一人ひとり自分の金で購入した教養ノート（普通のノートに「教養ノート」と記したもの）に署長から各課の課長の指示、そして地域官、地域課長の指示をすべて書きとめなければならない。これも勤務日誌と同じく、詳しく丁寧な字で書くことが求められ、二カ月に一回点検される。点検するのは地域課長と地域官だ。そして、彼らは百人もいる雑魚地域警察官の教養ノートをいちいち綿密にチェックし、赤字でコメントを書く。

私が教養ノートをチェックされ、中流貴族（警視）の地域官に書かれたコメントを紹介しよう。
「字が汚くて読めん。もっと丁寧に書きなさい」
であった。その地域官は私より二階級上だが年下で後輩だ。よくそんなコメントを書けたものだ。

それで人間関係は終わりにした。

各幹部の指示の中で必要なところはノートに書くべきだが、なぜ幹部に読んでもらうためにきれいな字で書かなければならないのだ。バカバカしくて話にならない。各幹部の指示など必要なところだけを素早く書けばいいだけの話だ。字が汚くても読めたらいい。丁寧な字で要点をキチンと書けているかを点検してコメントを書き込み、字が汚ければ「もっと丁寧な字で書くように」などと注意書きするなんてことを警察の大幹部であるはずの警視がやることか。警視という階級の地域官は警察官なんぞにならず、小学校の先生になるべきであった。そうか、小学校の先生になれなかった腹いせに文章を点検してコメントしているのか。

なぜこんな制度を作ったのか。ここまで紹介すれば、皆さんも想像できると思われるが、一番の理由は幹部の責任逃れである。朝礼で自分が雑魚階級の地域警察官に「不祥事を起こすな。交通事故を起こすな」と指示した。雑魚はちゃんと我々の指示を聞いている。ちゃんと教養ノートに書いているから間違いない。さて、雑魚が不祥事を起こした。交通事故を起こした。でも、我々貴族はちゃんと雑魚に指示しているし、雑魚は我々の指示をちゃんと聞いている。本人が書いた教養ノートがその証拠だ。だから我々には何の責任もない。「不祥事や交通事故を起こした本人が悪いんですよ」ということである。ここにも自己保身の警察ワールドの一端が垣間見える。

地域官と地域課長は膨大な時間をかけて全員の教養ノートを隅から隅まで読んでチェックしてコメントを書く。まさに小学校の先生だ。さらに、出世を目指す二十代の巡査は減点されないようにと、朝礼が終わってから自分が教養ノートに書いた内容を点検し、書き直したり修正したりしている。治安を守ることが使命のはずなのに警察の内部ではこんなバカげたことが行われているのだ。事件や事故、犯人や交通違反者と向き合わなくてもいい立場を獲得した貴族警察官はこんなことに力を注いでいる。治安を守ることなど何の関心もない。むしろ治安を守る任についている現場の警察官の邪魔をしていると言ってもいいだろう。

しかし、この教養ノートを幹部がチェックするシステムは私が退官する最後の年度に廃止された。私が野に放たれるのを恐れたのかもしれない。

◇警察学校体練の愚

警察の試験に合格すると、十八歳から三十歳までの青年が六カ月間から一年間、警察学校に入校する。その者たちを初任科生と呼ぶ。通常の言葉で表現するなら学生である。大学卒業の者は六カ月間、高卒組は一年間入校する。外出は土・日のみだ。そこで行われている体練の愚かさについて説明しよう。

警察学校では早朝の六時に起床し、清掃の後の六時半から国旗掲揚。その後、地獄の体練に入る。体練とは何か。身体を鍛えるための訓練である。若い警察官が身体を鍛えることは必要であるが、そこで行われている体練は異常極まりない。ほとんどすべてと言っていいくらい長距離走のみだからだ。数十名の生徒が集団となり、全員が大声で号令をかけながら歩調を合わせてグラウンドを走り続ける。スピード調整は列の外でいっしょに走るマラソン得意の教官（先生）がする。結構なスピードだ。しかし、教官は声を出さなくてもいいからずいぶん楽だ。三十分以上グラウンドを何十周も走り続ける。

二十分も走り続けると一人また一人と苦しくなって集団について行けなくなる者が出てくる。脱落すると教官から「ボケ、カス！　何遅れとるんや。ついて行かんかい。もっと声を出せ！」などと怒鳴られ、頭をひっぱたかれたりしている。脱落した初任科生は早朝からもう地獄だ。それに比べて高校、大学時代に長距離の選手だった初任科生は大声を出すのは辛いところだが、総じて楽チンな訓練である。昼間の学科の授業が終わると夕方はまた長距離走である。まるで長距離ランナーを育てているみたいだ。本物の長距離ランナーは楽なものだが長距離走が苦手で脱落する者は毎日が地獄だ。

しかし、ここでよく考えてほしい。警察官に長距離が必要なのか。現場で必要なのは短距離である。私は今まで何度も走って逃げる覚せい剤、住居侵入、酒気帯び運転、車上狙いなどの犯人を走って追いかけ、追い付き、その場で取り押さえて逮捕したことがあるが、すべて百メートル以内で勝負はついた。だから、長距離に強い警察官を育てても何の意味もないのは明らかだ。誰が考えても分かるだろう。警察学校の学生は長距離ではなく、短距離を重点的に鍛えるべきである。それと共に必要なのは格闘技だ。現場では短距離が速くて格闘技に強い警察官がいちばん望まれる。

先日、「二十歳の女性警察官がわいせつ容疑の男を追いかけた。しかし、追い付いたところ、男に殴られて鼻骨を骨折した。さらに男は逃げたが女性警察官はひるむことなく男を追いかけて捕まえた」といった事例が美談として紹介されていた。誰もがその女性警察官を褒め称えるだろうが、私は違う意見を持つ。女性の足で追い付くのだから大した体力もない男であったことは容易に想像がつく。そんな男に殴られて大怪我をするとは情けない。逮捕術なり空手なりの打撃系の格闘技を少しでも身につけていたら、女性であってもそんな男の顔面攻撃など容易にかわせていたはずだ。

だから言いたい。警察学校の朝の体練、夕べの体練は長距離ばかり走らせるのではなく、格闘技を教えたらどうだ。それも打撃技のある格闘技をだ。しかし、体練をする教官は長距離は得意だが格闘技に関してはド素人ばかりだ。格闘技を教えることができる教官はほとんどいない。

もう一つ、別の観点から体練について述べよう。犯人を捕まえるために走力や格闘能力が必要な場合は極一部のケースのみである。私に職務質問の極意を教えてくれた大阪府警のS警部は小柄で体力など普通の人並みである。それでも覚せい剤や大麻を使用したり、所持していた犯人を千人も逮捕している。S警部は警察学校の生徒といっしょにグラウンドを走ったら二周もついて行けないだろう。かくいう私も今なら、せいぜい五周までだ。

犯人を捕まえるために必要なものは走力や格闘能力よりも、圧倒的に度胸（勇気）、眼力、対話力である。長距離走が苦手で毎日が地獄の初任科生はそれを苦にして警察を辞めようかと考える者もいる。現実にそれで辞めた者もいる。何ともったいない。長距離走など警察の仕事に何の関係もないのにだ。実に馬鹿げた伝統だ。自己保身ゆえに誰も変えようとはしない。

◇件数主義の愚

私が広域自動車警ら隊の小隊長として勤務していた頃、直属の上司であり地域課のトップであった中流貴族の地域課参事官（警視）が私たち武士階級の警察官に対してこう叫んだ。

「数字がすべてだ。結果がすべてだ。順位を上げろ。一番になれ」

全国の警察をまとめる警察庁では警視庁、大阪府警、京都府警、北海道警、神奈川県警の大都道府県から高知県警、徳島県警、島根県警、鳥取県警などの小規模県まで地域警察官の犯罪検挙件数の統計をとり、検挙件数で競わせている。件数だけでなく、暴力団の検挙とか銃刀法違反の検挙だったらポイントが加算されたりするようになっている。そして、検挙実績を全国一位から四十七位（最下位）まで、容赦なく順位を付ける。検挙実績が最下位とかブービー賞なら各県警の地域課幹部が警察庁に呼び出され、超上流貴族のキャリア警察官からお叱りを受ける。逆に銅メダル以上ならば超上流貴族からお褒めいただき、表彰される。

貴族たちは雑魚（武士）階級の地域警察官が、どんどん犯罪を検挙してくれて順位が上がれば自分の出世に有利になるが、順位が下がれば不利になる。だから、

「数がすべてだ！　検挙件数を伸ばせ！　ポイントの高い暴力団や銃刀法違反を捕まえろ！」

と叫ぶ。犯人を捕まえなくてもいい立場を得た貴族たちは武士階級の現場の地域警察官が犯人を捕まえれば褒めるが、その意識は犯人を捕まえることによって善良な市民を守ったことを褒めるのではなく、検挙件数（ポイント）を伸ばしたことを褒めるのである。

完全にずれている。善良な国民や県民が望んでいるのは何なのか。犯人を捕まえて数字を伸ばすことを望んでいるのか。そうではない。当たり前のことだが、善良な国民は犯罪のない平和な社会を望んでいる。貴族階級の警察官は口では「国家と国民に奉仕するんだ」と叫びながら、意識は全く別の所にある。

そして、初級貴族と中流貴族は雑魚警察官に向かって、「もっと捕まえろ。順位を上げろ。一番になれ」と叫び続ける。そうすることによって何が生まれてきたか。一番には警察官の意識の荒廃である。犯罪と向き合うということは人間の悲しみや痛みを目の当たりにし、その悲しみや痛みを背負い、何とかして差し上げたいという高貴な仕事であるにも拘わらず、まるで売上を気にして商売をしているような感覚に陥らせてしまったことである。数字を上げなければ貴族に叱られる。数字を上げたら褒められる。そうしたら、どんな意識が芽生えるか。ご紹介しよう。

・万引きを店員が捕まえて警察に引き渡してくれたらヤッター一件ゲットだ！
・手っ取り早くて危険でないから女・子供の自転車泥棒を捕まえよう！
・おいしい一一〇番にあやかりたい。
・あの人と組んだら捕まえてくれるからあの人と組みたい。
・ひったくり犯人が逃走したという一一〇番があれば一件ゲットのチャンス！
・他の警察官にひったくり犯人を捕まえられたら『クソーッやられたー！　あそこでこうしていたらワシが捕まえとったのに。残念！　羨ましいなー』

まあこんなところである。

逆に事件が発生したという一一〇番がなくても、ゼロからの職務質問で犯人を捕まえているサムライ魂を持った警察官がいると、『あいつは件数欲しさでやってるんだ。上司に気に入られようとしてやっているんだ。欲深い奴だ』と嫉妬心をむき出しにする。私は常にそう思われてきた。本当に情けない意識が蔓延している組織である。ますます、その傾向は強まるばかりだ。

この件数主義の悪癖に気付いたある程度まともな貴族は「悪しき件数主義」だと言った。珍しく大したものである。前述のように、警察庁の王族警察官が全国地域警察の検挙実績の順番を付けるので、地域警察の貴族階級の警察官は順位を上げるために必死になる。

現在行われている「悪しき件数主義」は大ざっぱに言えば、その都道府県の警察官の人数と検挙件数の割合で多く検挙している県が上位になるのである。例えば警察官の数が一千人のA県の検挙数が百件とする。それに対して警察官の数が一万人のB県の検挙数が一千件なら同点、一千一件ならB県が上位になるということである。

では「良き件数主義（本来あるべき姿）」について述べさせていただこう。最も評価されるべきは犯罪の発生が少ないのに多く検挙している都道府県。二番は犯罪の発生が少なくて、検挙も犯罪の少なさに応じて少ない都道府県。三番は犯罪の発生件数が多くて検挙も多い都道府県。四番は犯罪の発生が多いのに検挙が少ない都道府県である。

当たり前のことだが、国民がいちばん望んでいることは犯罪のない社会である。しかし、警察は犯罪を無くすことより検挙件数で競争させている。順位を上げたいから万引犯人を店員さんが捕まえているといった一一〇番が入れば大喜びだ。これも自己保身の現れの一つである。

もう一つ付け加えたいことが思い浮かんだ。件数主義が当たり前になっている世界ゆえにキャリアであり超上流貴族の警察本部長が絶対に言ってはならないことを言ってテレビのニュースで報道された。彼が何を言ったか。こうだ。

「昨年は交通死亡事故が一昨年の三十七件を大きく上回り四十九件になってしまいました。今年は何としても三十台後半以内にしなければなりません」

皆さんお分かりだろうか。私は怖ろしい表現だと思った。警察官しかも警察本部長が「交通事故で死ぬ人がいても当たり前だ。仕方がないのだ」と思っている。三十台後半以内というのであるから「県下で一年間に交通事故で死ぬ人が三十九人以内なら目標達成、万々歳だ」ということではないか。何を言っているのだ。交通事故で命を亡くす人の痛み、苦しみ、そのご家族、友人の悲しみなど一切思えないのか。マヒしているとしか言いようがない。しかも、警察本部長のその言葉に対して県民からもマスコミからも何の苦情もなければ怒りの声も一切ない。私以外の全警察官は本部長の言葉は当然だと思っている。警察ワールドだけではなく、全世界が数値の目標設定をすることはいいことだという思い込みがそうさせている。言っておくが、すべてはケースバイケースだ。このようなケースなら、警察本部長として言うべきことは、

「昨年は四十九人もの方が交通事故で命を亡くされています。本当に悲しいことです。交通事故で県民の皆様が命を亡くすようなことがあってはなりません。警察は交通死亡事故ゼロの世界を実現すべく全力を挙げて取り組みます。皆さん、ご協力お願いします」

であると思うが、どうだろうか。

◇「悪質交通違反多数検挙の功」の愚

平成二十年頃、本県警では本部長がこのような制度を作った。

「現場で働く地域警察官が一カ月に青切符（交通反則切符）を二十件切ったら『悪質交通違反多数

検挙の功』と称して交通部長賞を与える。一カ月も落とさず、一年間、月二十件以上青切符を切り続け、年間二百四十件以上切ったら賞誉を与える」

青切符を切るという表現は一般の方には分からないだろうから少し説明しよう。

青切符というのは信号無視、駐車違反、一方通行違反、一時不停止違反、携帯電話通話違反など誰でも知っている一般的な交通違反である。飲酒運転や無免許運転などの本当に危険で悪質な交通違反については逮捕するケースも多々あり、任意の検挙なら交通反則切符でなく交通切符といって赤切符になる。青切符の違反なら反則金が四千円から一万五千円程度が主流、赤切符となると罰金何十万円となる。

また、交通部長賞と賞誉という表彰であるが、単独の交通関係の検挙と仮定すると交通部長賞なら、ひき逃げ事件を逮捕した時、賞誉なら死亡ひき逃げ事故の犯人を逮捕した時にもらえるレベルの高い賞だ。それを青切符をたくさん切ったらもらえるのだ。

なぜ、このような制度を作ったか。一つは県の予算に貢献するためである。交通違反の反則金は初め国の予算となり、そこから各都道府県に配分される仕組みになっている。多く検挙すればそれだけ国、県の予算も増えるから国や県の高級官僚から感謝される。あらかじめ、国、県の予算として交通違反の反則金が設定されているという話も聞く。県民が交通違反をして反則金を取られることをあらかじめ想定しているのだ。よって、交通違反の検挙は各県警ごと、各警察署ごとにノルマが課せられている。もし、ノルマを達成することができなかったら警察本部長といえども王族のキャリアから受ける評価は低くなるし、初級貴族の交通課長ならば出世の道が閉ざされることになる。だから、ノルマ達成のために交番やパトカーの地域警察官に、たくさん交通違反を検挙してもらいたいのだ。業界用語だと、たくさん青切符を切ってもらいたいということになる。

もう一つの理由は、交通死亡事故の発生と取り締まりの整合性を保つためである。全国的にも本県においても、平成元年頃から交通死亡事故が減少してきた。本県でも昭和四十六年には百八十件の交通死亡事故が発生していたが、平成二十四年には三十二件と大幅に減少した。特に平成十八年頃から二十四年までの減少傾向は全国でもトップクラスだった。それは素晴らしいことだが、中流貴族（警視）以上の警察官は交通死亡事故を減少させた理由について、「これだけたくさんの交通違反を検挙したから死亡事故が減少したのです」と言いたいのだ。逆に考えると交通取り締まり件数が減ったのに交通死亡事故が減ったとなるとまずいのだ。そのために、表彰制度を設けて交通違反の取り締まり件数を上げようと画策したのだ。見え見えである。

この表彰制度をやったことによって何が起こったか。先にパトカーを運転したがる人々の話の中で紹介した「青切巡査部長」のように、犯人を捕まえるための職務質問はしないで、自分が表彰をもらって高い評価を得るために、標識が見えにくくて間違って右左折してしまうような所で待ち伏せをして、同僚や部下はそっちのけで自分だけが青切符を切り続けるといった警察官が出てきた。二十代の若手警察官の中にも交通課員ではなく刑事課員や警備課員になりたいがために自分の評価を高める必要があり、そのために青切巡査部長と同じことをする者が出てきた。

青切巡査部長は青切符を切り続けるが、違反者のほとんどは善良な人々であった。前述のように、猛スピードで逃走し、信号無視を繰り返す最も悪質な交通違反者は最初から追跡しない。追跡すれば危ないから最初からお見送りするのである。他にも、平成二十四年に金儲けのために警察手帳を偽造してネット販売していたことがバレて、大阪府警に逮捕され、全国的にも報道されたK警察署のT巡査部長は、職務質問をして犯人を捕まえようとはしないが青切符を切り続け、しょっちゅう交通部長賞をもらっていたので優秀な警察官とみなされていた。

一カ月に青切符を二十件切った警察官が交通部長賞を受賞する時、上流貴族の交通部長から「悪質交通違反多数検挙の功により」と前置きされてから表彰を受ける。私は『よう言うわ』と思った。彼らが捕まえたのは悪質ではなく良質の交通違反者がほとんどだからである。「良質交通違反多数検挙の功により」あるいは「国と県の予算に貢献した功により」と表現を変えるべきだ。ここにも自己保身の警察ワールドが展開されている。

◇昇任制度の愚

ここまで、さんざん貴族階級、武士階級、雑魚などと警察官の階級について書いてきたが、ここでもう一度整理したいと思う。

警察官の階級には、上から警察庁長官、警視総監、警視監、警視長、警視正、警視、警部、警部補、巡査部長、巡査長、巡査とある。どんなイメージか私なりに解釈すると、警察庁長官と警視総監は王、警視監は王族、警視長は超上流貴族、警視正は上流貴族、警視は中流貴族、警部は初級貴族もしくは下級貴族、警部補以下はよく言えば武士、悪く言えば雑魚。警部補は雑魚もしくは武士の親分、巡査部長と巡査長は雑魚の兄貴分、巡査はただの雑魚である。我ながら的を射た表現を考え出したものだなあと感心する。私の最終の階級は警部補であり、武士または雑魚の親分であった。

警察官は昇任を目指す。むしろ昇任することこそが警察官としての正当な生き方であり、あるべき姿、人生の目的だと公言する人が多くいる。それはまずいと思って公言しなくても、そう思い込んでいる輩がほとんどだと言ってもいいだろう。そんな皆さんは治安を守るために警察官になっているのではない。表向きは治安を守るために警察官になったと彼らは言うが、本音は出世して多くの恩恵にあやかりたいだけなのだ。

警察組織の裏金問題を告発して物議をかもしだしたS氏は著書の中でこう言っている。

《伯父さんに勧められて警察官になった。伯父さんからは「敏郎よ。警察官は実力次第で署長になれるんだ」と言われた。実力次第で署長になれると聞いて高卒の自分でも署長になれると思って警察官になった。しかし、自分は上司の命令に背いても裏金に手を染めなかったので出世することはできなかった。》

実に面白い話である。まさに、治安を守るために警察官になったのではないことの素直な表明ではないか。人間は本当に正直である。そして、ここからである。S氏の言う実力次第で署長になれるの「実力」とはいったい何なのか。ここで説明しよう。

①警察官Aは犯人を捕まえるために寝る間も惜しんで捜査している。そして、彼は危険な目にあいながらも数多くの犯人を検挙している。

②警察官Bは犯人を追い求める必要のない楽で安全で、しかも暇でしょうがない部署で仕事をしている。そういった部署の代表は警備公安課である。Bは時間が有り余っているから、仕事時

間中も帰宅してからも寝る間を惜しんで猛勉強している。しかも、元愛媛県警の巡査部長S氏が本の中で指摘しているように漏えいした試験問題も把握している。

どちらの警察官が出世するだろうか？　答えはBである。警察の昇任試験はペーパーテストに最大のウエイトを置いている。単純に言えば泥棒を捕まえる人より、ペーパーテストができる人が出世するのだ。S氏の言う実力とは犯人を捕まえる力ではなく、ペーパーテストで百点満点を取る力のことなのである。現に巡査から始めるノンキャリアで自転車泥棒も悪質交通違反も捕まえたこともないような警察官が、昇任試験をトントン拍子に突破して警視正という上流貴族にまで上り詰めたといったケースが本県警でもいくらでもあるし、全国でもいくらでもある。

さらに、ペーパーテスト最重視の公務員の一種試験などに合格したキャリアは、人格がいくらボンクラだろうと、最低でも一種試験に合格していないノンキャリア最高峰の警視正より上の警視長にはなれる。このような愚かな制度をなぜ作ったのか。答えは明々白々。キャリアは小学生の時から猛勉強し、テストの点は常に九十点以上。成績は常にトップクラス。先生や親からも将来の大物だと褒め称えられる。そして一流大学に合格。優秀な成績で卒業。期待に応えて超難関の公務員の一種試験に合格した。すべてペーパーテストだ。だから、彼らは勉強ができることが人間にとって最大の価値だと思い込んでいるのだ。

勉強で勝ち抜いてきたキャリアは自分らの価値観をノンキャリアに押し付ける。「勉強して昇任試験に合格して勝ち抜け」と言って。しかし、ノンキャリアは自分たちと違って勉強ができないために公務員の一種試験を受けられなかったり、すべった者たちで、自分たちより下なのだ。だから絶対に自分たちより上の階級には登れない仕組みにしている。そして、常に思っている。『私たちは雑魚とは違う。偉いんだ』本当に情けない意識だ。彼らはいったい何のために警察官になったのだ。治安を守るためではない。名声を勝ち得るため、そして高額の収入を得るためだ。ハッキリ言おう。警察の組織は偽りの警察官に牛耳られている。

ペーパーテスト最重視の昇任試験には問題があると指摘する人がベテラン警察官の中に、あるいは一般市民の中にも多少はいらっしゃる。王族、超上流貴族はその批判をかわすためにペーパーテストだけではなく、ノンキャリアの警察官でも実績を積み上げた人や部下の指導能力がある人なら、ペーパーテストで落ちても、あるいは昇任試験を受けなくても、面接試験だけで昇任することができるという制度を作った。しかし、その場合は雑魚の親分たる警部補か、非常にまれなケースではあるが、下級貴族の警部までしかなることはできない。面接のみの昇任試験の実態はこうである。

ある程度の実績を積み、人間性もよく、不祥事も起こしていない雑魚警察官を下級と中流の貴族が推薦する。推薦された警察官は警務課という管理部門に属する中流上流貴族から面接を受け、面接試験だけで合格すれば巡査から巡査部長へ、巡査部長から警部補へ、警部補から警部へ昇任する。しかし、推薦の際に、それまでに昇任試験をあまり受けていない、あるいは全く受けていない雑魚警察官はやる気がないとか、異端児扱いされて対象からは外れる。

ケースバイケースではあるが、ペーパーテストで昇任した警察官よりも、面接のみで昇任した警察官の方がよほど幹部としてふさわしい人物だと言えるだろう。ただ、この制度は王族が「ペーパーテストだけで昇任できるのはおかしい」という批判をかわすために作った制度であり、どれほど厳しい現場で前向きに戦ってきた警察官でも、ペーパーテストで合格しなければ、極まれなケースを除いては雑魚の親分である警部補までしかなれない。

ある日、ずっと現場で仕事をしてきて数々の犯罪を検挙してきた四十八歳のO巡査部長が推薦されて、面接のみの昇任試験を受けた。彼は面接の試験官である上流貴族、県警トップ2の警務部長から、

「君は今まで一次試験（ペーパーテスト）に合格して面接まで行ったことはあるか」

と聞かれた。O巡査部長は、

「ありません」

と答えた。そこで警務部長は、

「休みの日は何をしてるんだね」

と聞いた。O巡査部長は素直に、

「ゴルフとジョギングが趣味なのでよくやってます」

と答えた。すると警務部長は言った。

「そんな時間があるのだったら、なぜ勉強しないんだ。勉強することによって仕事もできるようになるんだ。仕事のための勉強だぞ」

そして、O巡査部長は面接試験に落ちた。彼は仕事中は厳しい現場で一生懸命にやる人物だ。休みの日にゴルフやジョギングをして何が悪いんだ。面接官の警務部長は、おそらくキャリアか準キャリアであり、犯人と向き合ったことなど全くないに等しい人物だ。ふざけるなと言いたい。

警務部長の最後の言葉、「勉強することによって仕事もできるようになる。仕事のための勉強だぞ」はお笑いである。警察官の仕事は必要な基本的な部分と専門分野の知識があれば、いくらでも仕事はできる。昇任試験には仕事と何の関係もない問題が多々ある。例えば「衆議院の解散権について述べよ」である。そんなこと知ろうが知るまいがどうでもいいことである。仕事に関係のない問題を猛勉強する時間があるなら、現場で仕事をすることの方が圧倒的に大事ではないのか。

例えば、家の中で包丁を持って暴れている犯人がいたとする。

・武士警察官Aは家の中に突入して犯人を取り押さえた。しかし彼は衆議院の解散権については何も知らない。

・貴族警察官をめざすBは犯人が怖いから遠くで見守っていた。しかし、彼は衆議院の解散権については熟知している。

どっちの警察官を国民は望むだろうか。当然、武士警察官Aに敬意を払うだろう。しかし、衆議院の解散権について熟知しているBが出世するのである。こういったケースはいくらでもある。勉強のできる警察官が仕事ができるのか？　お笑いである。勉強することによって仕事ができるようになるのではなく、勉強することによって貴族になれる。そうすると怖い犯人にぶつからなくてもいい立場になれるのだ。

面接官の警務部長は確かに猛勉強して、一種試験に合格してキャリアになり、犯人と接することのない安全な立場を勝ち得ている人なのだ。だから、彼は「勉強すれば仕事もできるようになるんだ」と言うのではなく、「勉強すれば危険なことはしなくてもいい仕事ができるようになるんだ」

と言うべきである。ご本人はまさにそうなのだから。さらに、「給料も高くなるぞ」「年金も多くもらえるぞ」「高給の取れるいい所に天下りができるぞ」と付け加えたらいい。

また、王族、貴族の連中は「警察官は国民の模範にならなければならない」と言うが、さて本来の仕事をほっぽり出して猛勉強して出世を目指した君たちは国民の模範なのか。お笑いである。

本当はどんな人物が昇任するべきか。最も重視すべきは人格である。二番は仕事ぶりである。ただ、人格が優れていれば当然仕事ぶりも優れている。しかし、この世界は警察ばかりではなく、頭脳＝ペーパーテストができれば人格も高いと見做される。ハッキリ言っておく。人格と頭脳は別物だ。昇任試験制度も自己保身の警察ワールドの一角を占めている。

もう一つ付け加えると、昇任試験の勉強とはどんな勉強なのか。何百何千もの問題と模範答案例を載せた問題集が警察関係の出版社から出されているが、その答案例を丸暗記することである。自分の考えや主張などもってのほかだ。そして、丸暗記した答案例をなるべく早く、なるべくきれいな字で書けるように訓練するのである。試験当日、バッチリ予想していたとおりの問題が出たら、丸暗記した答案例を時間内になるべく丁寧な字でそのままを書けばいいのだ。暗記していた答案例を書き漏らしなくペーパーに書けば百点か百点に近い点数がもらえる。

試験が終われば、試験官たる貴族警察官が勤務時間中に膨大な時間をかけて一つ一つ丁寧にチェックして点数を付ける。そして、一人ひとりの合計点を出し、点数がトップから何人目までを合格とし、昇任させるのである。ただ、警備公安課員ばかりが合格するのはまずいので刑事課から何名、交通課から何名とある程度割り振りはしている。私がこう書けば、警察の中流貴族以上の幹部は「点数だけで合格させているのではない」などとのたまうだろうが、ペーパーテストの点数がほぼ九〇パーセントのウエイトを占めていると言っていいだろう。

さらに、「昇任試験は受けません」などと言おうものなら、変わり者、あるいは反体制派の危険人物ではないかと疑いの目を向けられる可能性がある。また、昇任試験を受けなければ、いくら仕事をしても評価は低くなり、左遷の対象となる。惨憺たる現状だ。

五十代だった私は後輩の課長から「私の顔を立てて昇任試験を受けに行って下さい」と言われたので一切勉強することなく警部試験を受けに行った。

「警察官の不祥事をなくすための方策について述べよ」という問題が出たので、「幹部は恨まれるようなことはするなよ。倍返しでやり返されるぞ」と書いた。

「現場の警察官が誇りと使命感を持って仕事ができるようにするための方策について述べよ」と出たので、「天下りを禁止したらどうだ」「人の命がかかっている場合は供述拒否権を廃止したらどうだ」と書いた。

問題集の答案例にはどこにもない私の解答である。いい所に天下りしたい中流貴族（警視）が点数を付けるのだから、もちろん零点どころかマイナス百点だ。

猛勉強して若くして昇任試験に合格した貴族どもは交番の若手警察官が勤務日誌に、「午前零時から午前四時まで昇任試験の勉強した」と書いていたら、『よく頑張ってるなあ』と評価するんじゃないのか（皮肉）。

◇昇任試験問題「職務質問と所持品検査について述べよ」の愚

【問題集にあった昇任試験問題】

《一人の警察官が不審な男を発見したので呼び止めて職務質問を実施した。男は覚せい剤前歴者であることが判明した。警察官が所持品の提示を求めたところ、男はいきなり走って逃走した。警察官は追いかけて肩に手を掛けて停止させたところ、男はポケットから小さなビニール袋を取り出して口の中に入れ、飲み込もうとした。そのため、警察官はビニール袋を飲み込もうとした男の鼻をつまみ、吐き出させた。警察官の一連の行為の適否について述べよ。》

ほとんど同じ問題も現実の昇任試験の中に出ていることは間違いない。その問題の解答例を見たところ、法律はああだのこうだの、判例はああだのこうだのと難しい専門用語を並べたて、それらしい文言を長々と書き、ようやく最後に「よって警察官の行為は適法である」などと書いていた。その警察官の行為が適切か不適切か。法律用語でいえば適法か違法か。そんなもん誰が見ても適法だろう。感覚的に誰でも分かるはずだ。その警察官の行為が違法だなどという者は殊更人権派の人々の中でも極一部だろう。感覚的などと言おうものなら、勉強しまくった有能な人たちからは「そんな曖昧な言葉を使うな」と非難されそうだが、時に論理的よりも感覚的の方が正しい場合がある。こんな最終的な答えが誰でも分かる問題よりも、私が出すこの問題に答えてみろ。

【私が出す問題】

《パトカーの警察官が暴力団組員の運転するベンツを止めて職務質問を実施した。警察官はベンツを運転していた暴力団組員に対して「トランクの中を見せろ」と言った。暴力団組員は「それは見せられない。絶対に見せない。見たいなら裁判官の令状を持ってこい」と言った。警察官は『暴力団が頑なに見せないというのだから、これは何か違法な物をトランクの中に積んでいるに違いない』と思った。そこで、警察官は『何が何でもこの場でトランクの中を見てやる』と決意し、暴力団組員を車外に引きずり出し、羽交い締めにしてから車のキーを取り上げ、強制的にトランクを開けた。そうしたところ、トランクの中には猿ぐつわを噛まされ、縛られた女子中学生が閉じ込められていた。女子中学生は恐怖のあまりブルブル震えている。警察官は直ちに女子中学生の猿ぐつわを取り外して事情聴取したところ、「学校から歩いて帰宅中、この男の人（暴力団組員）に拉致され、縛られてトランクの中に放り込まれたのです」と言った。警察官は女子中学生を保護すると共に暴力団組員を誘拐と逮捕監禁の現行犯と認め、その場で手錠を入れ現行犯逮捕した。警察官の一連の行為の適否について述べよ。》

一般の善良な人なら適と答えるだろう。「警察官が拉致されていた女子中学生を救出し、暴力団組員を逮捕したのだから、素晴らしいはたらきだ。二階級特進だ」と褒めたたえることだろう。しかし、殊更人権派の法律学者、弁護士、裁判官、検察官、ジャーナリストなら何と答える。

「裁判官の令状がないのに暴力団組員を羽交い締めにしてキーを取り上げ、強制的にトランクを開けて中を見た行為は、明らかに令状主義の日本国憲法に違反する違法な行為だ。違法な行為によって女子中学生を発見したのだから女子中学生の身体に証拠能力はない。よって、暴力団組員を現行犯逮捕した行為は憲法違反であるから直ちに暴力団組員を釈放しなければならない。そして、違法に暴力団組員を逮捕した警察官は職権乱用罪で逮捕しなければならない」

なんて答えるのかなあ。さらに、

「令状主義に反する重大な違法行為によって女子中学生という証拠を収集したのだから、女子中学生は一旦暴力団に返還しなければならない」

なんて答えたりして……。

猛勉強して立場を得た法律学者、弁護士、裁判官、検察官、ジャーナリスト、さらに警察の貴族、王族の者たちが何と答えるのか実に興味がある。おそらく、「そんなことはあり得ません」なんて言って逃げるんじゃないの。自己保身ゆえに、面と向き合うことはしないだろうなあ。

◇誇りと使命感を持って国家と国民に奉仕することの愚

「誇りと使命感を持って国家と国民に奉仕すること」とは平成十二年頃、全国的に警察官の不祥事が多発し、警察改革をしなければならないと警察庁の王族、超上流貴族が叫び出した。それに応えなければならないと本県警察の貴族階級の連中が考え出したのが「職務倫理の基本」と称した五項目のカッコいい文言である。警察署では毎朝、朝礼を実施するが、その始まりに、全員で「職務倫理の基本」を唱和する。そのたびに、私はその言葉の文言と現実とのギャップが激しすぎるので『冗談でしょう』と、笑いをこらえるのに大変だった。

偽りの誇りと見せかけの使命感を持って、国家と国民には何の奉仕もしていない王族、貴族が「お前ら雑魚どもは誇りと使命感を持って国家と国民に奉仕するんだ」と叫んでいる。本気で誇りと使命感を持って国家と国民に奉仕したいと思っていたら、事件や事故の現場で悪戦苦闘しながら仕事をしていることだろう。現場で仕事をしていない人間、すなわち事件も事故も関係ない、被疑者も交通違反者も関係ない所で生きている王族、貴族階級の警察官がこの決意表明を推奨し、「この精神が大切なんだ！　警察官はこう生きなければならないのだ！」と叫び、武士（雑魚）階級の警察官に押し付けている。お笑いだ。

キャリアになろうとして国家公務員の一種試験に臨み、合格して現実にキャリアになった警察官は、最初から誇りと使命感を持って国家と国民に奉仕しようとして警察官になった人間ではない。地位名誉を獲得するという自己実現と、雑魚よりはるかに多くの収入を得るために警察官になったと言ってもいいだろう。まさに偽りの警察官が本物の警察官に対して「誇りと使命感を持って国家と国民に奉仕せよ」と叫んでいる。そこまでカッコよく叫ぶのであれば、いっそのこと「警察官は地位も名誉も財産もすべて捨てて、ただ国家と国民のために奉仕せよ」と叫んでみたらどうだ。そうすれば、あまりのギャップに皆さん目を覚ますかもしれない。ここにも自己保身の警察ワールドの一端がある。

本部長などのキャリア、ノンキャリトップの部長、警察署長などの管理職の皆さんの本来あるべき意識はこうだ。

『本当は、私も事件や事故の現場に駆け付けて早期に解決したり、犯人と直接向き合う仕事がしたいのです。でも、警察組織を守ること、組織を管理することが役割の管理職という立場も必要なのです。そのために、私はやむなく管理職を担っています。そこのところ、どうかご理解下さい。ですから、私は管理職という立場を利用して現場で働く皆さんをお支えし、お守りいたします』

これなら頷ける。しかし、こんな人いるかな？

私の後輩で直属の上司であった一人の初級貴族（警部）が言った。

「誇りと使命感をもって国家と国民に奉仕するなんて言っても所詮は生活のためなんだよな」

実感がこもっている。彼は人がいいから人前で本音を漏らしたが、計算高く出世を目指す人達は人前では絶対に言わないだろう。

◇「自転車検問はするな！」の愚

中堅警察署の署長が言った。

「自転車の検問はするな！　何の法的根拠があってやっているんだ。警察法二条では法的根拠にはならない。法的根拠がないのだからしてはならない」

署員に対してこの指示をした彼は中流貴族の警視だ。うまくいくと上流貴族の警視正になれるかもしれない立場にある。彼が「するな！」と言ったこの自転車検問は、私が提唱した自転車泥棒を捕まえるための手法だ。やり方は警察官が街角に立ち、通行してくる自転車をすべて止め、自転車が盗まれたものかどうかを確認するために、防犯登録番号、車体番号をチェックするという手法だ。詳細な手法は企業秘密なので言えないが、窃盗事件の中で最も多い自転車泥棒を捕まえるための最良の方法がこれだ。第三章に登場した「お上手巡査部長」が自転車泥棒に逃げられた時にやっていたのがこの自転車検問である。この手法は確かに、ただ買い物に行っている人や学校や会社から帰宅しているだけの善良な市民を止めるのだから失礼なことをすることになる。だから、その人たちに対しては十分な礼儀をわきまえなくてはならないし、気分を害されないような対話力も求められる。

この自転車検問を始めた初期の頃ならば、百人に一人くらいが盗んだ自転車に乗っていた。十年後には四百人に一人くらいと確率は悪くなったが、それでも、多くの警察官（それでも少数）が私の提唱したこの手法をやってくれ、十年の間に本県全域で一千人以上の自転車泥棒を検挙している。当然、一千人以上の被害者に盗まれた自転車を返してあげることができた。さらに自転車窃盗の被害が激減した。本県全域で自転車窃盗の被害届は一日平均何件だと思われるだろうか。他県の警察官が聞いたら間違いなくアッと驚く数値、約二件である。私がこの自転車検問を提唱する前は一日平均約十三件であった。ここまで被害を少なくすることにも大きく貢献している。

しかしだ。中堅署の中流貴族の署長が「するな」と言うのである。なぜなのか。ここまで読んで来られた皆さんならもうお分かりだろう。法的根拠のない、あるいは法的根拠の希薄な自転車検問という手法をやれば、トラブルになって、心ない市民から抗議を受けたり、苦情を言って来られるおそれがあるからだ。

「ただ、買い物帰りに自転車を運転していただけなのに強制的に止められ、自分の自転車なのに盗んでいると疑われた。越権行為だ。人権侵害だ。責任者の署長出てこい」

と言われるのが怖いのだ。実際にその署長はそう言われて怖い思いをしたのかもしれない。中流貴族の彼はうまくいけばもう一つ上の上流貴族になれる可能性がある署長だ。心ない者であっても国民と名のつく主権者から訴えられると自分の立場が危うくなるし、上流貴族に乗り遅れるおそれがある。彼は大過なく、約束の一年間だけ中堅署の署長を勤めて次なるステップを目指しているのだ。彼にとっては千人の自転車泥棒を捕まえることよりも、自分の身分を守ることの方が重要なのだ。間違いない。

一つ付け加えると、現場で犯人を捕まえる努力をしている武士警察官は百パーセント法的根拠に基づいて仕事をやっているわけではない。法的根拠なんぞ糞喰らえでやっていると言ってもいいだろう。では何の根拠でやっているか。意地と度胸とはったり、そして、使命感と正義感でやっている。うやむやな法的根拠など気にしていては犯人を捕まえることはできないし、自供させることもできない。拉致されている人を救出することもできないことになる。その理由は第六章の「自己保身の法律と殊更人権派の主張」の所で詳しく述べさせてもらうこととする。

◇「自転車の盗品《とうひん》番号表は持ちだすな！」の愚

窃盗犯罪の中で圧倒的に多いのは、誰でも分かると思うが自転車窃盗の被害である。全窃盗犯罪の内、自転車窃盗の被害は三〇～四〇パーセントを占めている。盗まれた人は自分の自転車が手元に帰って来てほしいと切に願っている。

盗まれた自転車を見つけてあげるために有効な手法がある。数十年前ならできなかったが、今から約三十年前に警察にもパソコンが導入され、盗まれた自転車の防犯登録番号と車体番号を数字なら一から順番に、アルファベットならAから順番に打ち出すことができるようになった。私の場合は二年分の盗まれた自転車の防犯登録番号、車体番号を打ち出し、それをはがきより少し小さく、厚さ五ミリくらいの小冊子様の盗品自転車番号表を作成してそれを持ち出し、仕事に活用していた。私一人でもどれくらいの自転車を見つけて被害者の方に返してあげただろうか。おそらく千台くらいにはなると思う。そのうち三百台くらいは自転車泥棒の犯人付きである。

その盗品自転車番号表を使って、パチンコ店やカラオケ店、駅などの駐輪場、歩道などに多数駐輪されている自転車の中から盗まれた自転車を探しだすのだ。それを自転車の盗品捜査と言っていたが、私は盗品番号表の番号と駐輪中の自転車の番号を照らし合わせるのに一台につき五秒とかからないほどに上達した。おそらく、そのスピードで私の右に出る者はいないだろう。また、前項で書いたが、自転車検問にも非常に有効に活用できるアイテムであり、自転車泥棒を捕まえるのに非常に役立った。

盗まれた自転車を被害者の方に返してあげた時、どれほど感謝していただいたことだろうか。そのたびに、こちらも善良な市民のためにお役に立てたことに『よかったなあ』と嬉しくなり、警察官として仕事をしていることに誇りと使命感を感じることができた。

しかしである。貴族階級の幹部警察官がこう言いだした。

「盗品自転車番号表は外に持ち出してはならない。それは警察情報だ。警察情報を幹部の許可も得ずに地域警察官が勝手に外に持ち出すのはご法度だ。そんなことをして、もし落として悪用されたらどうするんだ。そんなものを持ち出さなくても無線で聞くか、登録番号を手帳に書き写して交番に持ち帰って電話で問い合わせたら盗まれた自転車かどうか分かるではないか」

そうして、自己保身優先の雑魚警察官どもは自己保身ゆえに上様の言うとおりに従った。上様の言うことに素直に従う若き雑魚どもは将来貴族を目指している者どもだ。私が若手の雑魚どもに「そんな上司の指示など無視しろ」と言っても、彼らは雑魚の親分（私）の言い分よりも貴族の命令に従う。やがて、盗まれた自転車を見つけることは難しくなり、多くの雑魚どもは探そうともしなくなった。同時に、自転車泥棒を捕まえることが非常に難しくなってしまった。

どうして、貴族がそんな指示命令を下すのか。完全な自己保身である。警察情報の一部である盗品自転車番号表を、もし万が一、現場の雑魚警察官が落とすようなことがあれば、それを悪用され、大問題に発展し、自分が責任を取らなければならない羽目に陥る可能性があると判断しているのだ。前項で書いた自転車検問禁止令と同じ理屈だ。彼ら貴族どもは自分の所に火の粉が降りかかるのを極端に恐れている。「もし、万が一、ひょっとして」ばかりを考えている。

もし盗品自転車番号表を落としたところで、どうなるというのだ。どんな悪党が拾っても盗まれた自転車の番号を印刷しているだけの紙切れだから悪用などできるはずがない。誰かが拾ったとしてもゴミ箱に捨てるだけだ。貴族は悪用などできないことは知っているが、それよりも、拾って警察に届けられることを怖がっているのだ。そうなれば、誰が落としたか、原因は何だったかなど、厳格厳正に調査しなければ自分の立場が危うくなる。それのみである。彼らは自分で盗まれた自転車を見つけて被害者に返してあげた経験もない連中ばかりだ。本当に情けない話だ。盗品自転車番号表など逆に市民に配ってあげてもいいくらいだ。そして、

「市民の皆様。盗まれた自転車をこの番号表を使って見つけてあげて下さい。ご自身で見つけてあ

げて被害者の方に返してあげたら善行を積むことができますよ。助け合いの世の中を創っていきましょう」

と言ってあげればいいのだ。

警部以上の貴族になれば、そのほとんどは組織を守ると称して自分を守る仕事をし、治安を悪化させる作業をしている。治安を守ろうという警察官として当たり前の意識はどこかに飛んで行ってしまっている。そんな彼らが偉い（階級が上）ということで尊敬され、雑魚どもより多くの給料をもらっている。さらには、いい所に天下りすることができる。すごい世界だ。

◇「自動車検問は助手席側から止めなさい！」の愚

ここまで「交番内では着帽せよ」とか「教養ノートは丁寧な字で詳しく書け」とか「自転車検問はするな」とか「盗まれた自転車の番号表は持ちだすな」とか貴族どもが指示命令した対策の愚かさについて紹介してきたが、ここで貴族を超える王族ども（警視監以上の階級）が命じた「自動車検問は助手席側から止めよ！」について、その愚かさを述べさせていただこう。

私がこの本を書こうと思い立った最終の事件はこの自動車検問に関する出来事だった。第一章で述べた「自動車検問いいです事件」である。私がいっしょに自動車検問をしようと誘ったが、すげなく断った警備公安課を目指す二十代の若手地域警察官。「自動車検問という危ない仕事をして事故を起こしたらどう責任を取ってくれるのだ」と私に詰め寄ってきた交番のゴンゾウ巡査部長。彼らが自動車検問を嫌がった理由の一つは、私が王族どもの命じた「自動車検問は助手席側から止めよ」に逆らっていたことにある。それはどういうことか。私は深夜の警ら活動中に自動車検問を取り入れていたが、走ってくる自動車の運転席側から停止灯（停止棒）を差し出して止めていた。そうすれば停止させたら、すぐに運転手に職務質問することができる。

私は犯人を検挙するために、この自動車検問を若い時から取り入れていた。どれほどの犯罪をこの自動車検問で検挙してきたことだろうか。何百という飲酒運転、百件以上の凶器類の携帯違反、その他もろもろ、現行犯逮捕した事件も相当数ある。深夜に犯罪を敢行する者どもの大半は車を利用している。自動車検問は、その車を片っ端から止めて職務質問できるのだから犯罪を検挙するために非常に有効な手法である。犯罪を検挙すること、あるいは検挙するための最大の努力が治安を守るのである。

私は自動車検問で車を止める際、逃走されないようにするため、車をある程度引きつけてから道路の中央に出て、走ってくる自動車のほぼ正面に立ち、手にした赤色停止灯（長さ約七十センチのオレンジ色に輝く棒）を振りながら停止合図を示し、最終的には運転手の目の前に停止灯を差し出して止めていた。そして、直ちに運転席に接近して質問するのである。飲酒運転しているならば逃走されないように直ちに降車させるかエンジンを切った。また、運転手に薬物中毒の症状が出ていたり、明らかに動揺している場合なども同様の措置をとった。そうして、数え切れないほどの犯罪を検挙してきた。飲酒運転や無免許運転ばかりでなく、車の中に積載していた凶器や薬物、あるいは盗まれた物品などを発見しては検挙していった。それができたのは当たり前のことだが、運転席側から止めたからである。助手席側から止めたのでは逃走されたり、証拠を隠されて検挙できなく

なったであろうことは容易に想像できる。それを王族どもは、

「検問する時は道路の真ん中に出ては危ないから、走ってくる車両を止める時は歩道側（助手席側）から停止灯を差し出して停車させなさい。これが基本だ」

と言い出した。そして、警察学校の教官は素直に王族どもの指示に従い、生徒に対して自動車検問は危険だから道路の真ん中には絶対に出ないようにと口やかましく教えるようになった。実技指導でも道路の端（歩道側）から停止灯を差し出して助手席側から停止させるように教える。なおかつ、昇任試験の問題集の解答には助手席側から停止させたら助手席側から質問するように書いているが、教官もさすがに助手席側からの質問はあまりにも不合理だということが分かるので「助手席側から停車を求め、停車したら車の後ろから運転席側に回って運転手に対して質問せよ」と教える。

警察学校を卒業して交番勤務に就いた若手警察官といっしょに自動車検問をすると、警察学校で教わったとおりにやる。私が道路の真ん中に出て運転席側から止めろと言っても聞かない。彼らは私を基本を守らない危険人物のように見ているのだ。

先に説明したように、当たり前のことだが、助手席側から止めた場合、直ちに職務質問ができないではないか。飲酒運転を直ちに見破ることもできなければ、直ちにエンジンを切ることもできない。逃走されるおそれも非常に高まる。

彼らは警察学校で教わったとおり、助手席側から止めたら車の後ろに回り、車体の後方を横切って運転席に歩み寄る。その時私は『危ない！』と目を覆いたくなる。もし、止めた車の運転手が飲酒していたら、覚せい剤の中毒者ならば、一時的には停止したとしても次の瞬間、『やばい、逃げ

ろ!』となって、急発進して逃走するおそれも十分ある。教官は後ろから回ったら安全だと思っているのだろうが、急発進は前進ではなく、後退することも十分考えられる。止めた車の前後を横切るのが危険だという認識が全くない。最初から運転席側から質問すれば、万が一、前後どちらに急発進しても安全である。

そのことを王族、貴族どもは全く分かっていない。彼らは幼稚園や小学生の時に先生から「道路の真ん中に飛び出してはいけません」と言われ続けたので、雑魚警察官が事故を起こさないように「道路の真ん中に出てはいけません」と命令しているのだ。そうして、逆に検問をしている警察官を危険にさらし、犯人を捕まえにくくして、治安を悪化させる作業をしている。その上、匠の技を身もって犯人を検挙しているサムライ警察官の邪魔をしている。さらには、若手警察官が匠の技を身に付けることができないように指導しているのである。自分で犯人を捕まえたこともなく、自動車検問もしたことがない彼らは、現場で匠の技を持つ警察官の意見も聞かずに思い付きで指示命令している。お気軽なものだ。

そういえば、警察の裏金を告発した元北海道警方面本部長のH氏が講演の中で、「自動車検問は権力の乱用だ。違反もしていない市民を止めるとはけしからん」などとのたまっていた。自動車検問など、したこともない元本部長たる警察官がよくもまあ、そんなことが言えたものだ。自動車検問は犯人や悪質交通違反を捕まえるために非常に有効な手法であり、ひいては街の安全のためにものすごく役立っている。しかし、元だが超上流貴族は現場の警察官の味方はしない。いつでも市民の側に立っている。大したものだ。自動車検問を怖がって絶対にしない大半の雑魚警察官を「彼らは市民の味方だ」と褒めてあげて下さい。

言わんこっちゃない事件が発生した！　執筆活動中、ついに私が恐れていたことが大阪府警で発生してしまった。交通取り締まり中、五十代の巡査部長が違反車両にひき殺されてしまったのだ。そのシーンがネットの映像で流されていたが、巡査部長は違反車両の助手席側（道路の端）から表示付きの停止棒を差し出したところ、違反車両は手前で停止しようとしたので、早く運転席側に回るために車両の前を横切ろうとしたところ、違反車両は逃走するために急加速して突進してきた。巡査部長はかわすことができずにひき殺され、違反車両はそのまま逃走した。映像を見たところ、その場所の道路は結構広い中央分離帯があり、その場所なら対向車両にはねられるおそれはない。私が主張するとおり巡査部長が道路の中央、すなわち運転席側から停止合図を出していたら、違反車両の前を横切ることはないのだから、たとえ逃走されたとしてもひき殺されることはなかった。この痛ましい事件は「車両を停車させる時は道路の中央に出ることなく助手席側から止めなさい」と命令した貴族、王族階級の連中の責任じゃないのか。私がそう言えば、彼らは「私達は助手席側から質問しなさいと言っているでしょう。あるいは、停車したら車の後方から回り込んで運転席側に行きなさいと言っているでしょう。車の前を横切って運転席側に行こうとした巡査部長が悪いのですよ」等と責任逃れの答弁をするだろうな。亡くなられた巡査部長は上層部の幹部警察官の指示どおり助手席側から停車させようとしたが、正義感が強いから逃走されないように、証拠を隠滅されないようにと、なるべく早く運転手に近付き、声をかけたかったのだ。巡査部長のご冥福を祈る。

◇若手警察官の自宅を家宅捜索

どこの組織でもそうかもしれないが、警察という組織は「強い者（階級が上の者）には弱い、弱い者（階級が下の者）には強い」といった悪しき体育会系の思想がはびこっている。もちろん、すべてではなく、そんなアホな思想に染まっていない警察官も少しはいる。強い立場にある貴族階級の警察官の大半は犯罪と戦うことではなく、現場で働く雑魚警察官の不祥事をなくすことが仕事だ。不祥事とは警察官による窃盗、暴行、ストーカー行為などの犯罪や交通違反、交通事故、不倫、警察情報の流出などである。そして、貴族はこれらの不祥事は若手警察官がしでかす確率が非常に高いとみている。

そこで、一人の上流貴族（警視正）たる警察署長が、若手警察官が不祥事をしでかさないようにするためにはどうするべきかを考えた。そして、思いついたのが若手警察官の自宅の家宅捜索だ。上流貴族（警視正）たる警察署長は中流貴族（警視）の地域官と下級貴族（警部）の地域課長に「若手警察官の自宅を訪問して室内を確認せよ」と指示命令した。署長の部下である地域官、地域課長は「従いません」とは決して言わない。言えない。もし反逆したら、自分の立場が危うくなり、出世の道が閉ざされてしまうからだ。

そして、ついに、拝命五年以内の独身若手警察官の家宅捜索をしでかした。実行したのは下級貴族の地域課長だ。全若手警察官に自宅訪問の日時を知らせ、一応の了承を得てから訪問し、若手警察官が居住する官舎の一室に入り込み、室内を点検した。本当は家宅捜索なのに自宅訪問と表現を巧みにすり替えている。はたして、こんなことが許されていいのだろうか。

日本国憲法は住居の不可侵を謳っている。日本国憲法はあまり好きにはなれないが、その文言に照らし合わせると、不祥事が発生したわけでもないのに、不祥事をなくすためという名目で家宅捜索をするということが許されないのは疑問の余地がない。彼ら貴族連中は了承を得たのだから家宅捜索ではないと言うだろうが、悪しき体育会系の思想のもとで、巡査が自宅訪問と称する家宅捜索を断ると不利益を被ることは火を見るよりも明らかだ。ということは、実質的には強制力をともなう家宅捜索である。

家宅捜索を受けた元私の部下だったM巡査長も「こんなことまでされるのでしょうか。腹立ちます」と言って、不満げな表情を浮かべていた。よくもまあ、こんなことをして問題にならないのが不思議である。しかし、若手警察官もよく耐えているものだ。さすがは「四年は神様、三年は天皇、二年は人間、一年は奴隷」の悪しき体育会系がはびこっている組織である。これも自己保身ゆえにしでかした惨憺たる現実である。

◇蔓延する「ヒヤリ・ハットの法則」

警部になると東京にある警察大学に入学する。警部以上は管理職となることから治安を守ることよりも警察組織を守ることが主な仕事となる。その意識はこうなる。

『私たちは警察組織を守ることによって、結果的に治安を守るための重要な任務を果たすことになるのだ』

警察組織を守るとはどういうことか。それは警部補以下の雑魚階級にある者どもが公私にわたって不祥事や交通事故を起こさないように管理するということである。そのために警察大学では中流貴族以上、王族階級の教官から口が酸っぱくなるほど叩き込まれるのが「ヒヤリ・ハットの法則」だ。ヒヤリ・ハットというのは、例えば運転していて横から子供が飛び出してきたら誰でもヒヤリとしハッとする。これを合わせてヒヤリ・ハットとなる。

ヒヤリ・ハットの法則とは、一つの重大な事故（不祥事）が発生する前に二十九件の軽度な事故があり、その前には事故には至らなかったが三百件のヒヤリ・ハットした出来事がある。だから、ヒヤリ・ハットした初期の段階で手を打てば重大な事故は防げるのだという理論である。

素直な人々である警察幹部はこの理論を疑う余地もなく信じ込む。警察大学を卒業した彼らは地元に帰るとヒヤリ・ハットの法則を現場に持ち込むことになる。先日、こんな記事が新聞に載っていた。

《E県警の交番の巡査が午前六時二〇分頃、交番の掃除をするのに、装着していた拳銃が邪魔になるので休憩室の押し入れに入れていたことが分かって懲戒処分された。》

よくもまあこの程度のことが全国紙の新聞に掲載されるものだと感心するが、この一件はまさにヒヤリ・ハットの法則の実践なのだ。押し入れに拳銃を入れていたのを発見した交番の同僚（巡査）か上司（巡査部長か警部補）はハッとした。そして、『万が一、拳銃が盗まれたらどうするんだ！』とヒヤリとしたのだ。ハッとしてヒヤリとしたから管理職の課長に報告し、報告を受けた課長は副署長に、副署長は署長に、署長は本部警務課監察課長に、本部警務課監察課長は警務部長に、警務部長は本部長に、本部長は警察庁警務課長とマスコミに、それぞれが同じようにヒヤリ・ハットしたとして報告し、拳銃を押し入れに入れていた巡査を処分したのだ。これで、拳銃が悪党に盗まれて殺人事件に使われるかもしれないという大惨事を未然に防ぐことができた。メデタシメデタシだ。押し入れの拳銃を見つけて報告した巡査か巡査部長か警部補はさぞかしお褒めを頂いたことであろう。彼も将来は貴族になること間違いなしだ。

この一件、私に言わせれば、治安を守るという重大な任務を背負っている警察官のくせに、たったこれくらいのことで、いったいどれだけの時間と労力をかけているのだということだ。本当に情けない。国民の皆さんに申し訳ない。

警察ワールドはヒヤリ・ハットの法則がどんどん蔓延してきている。一つの事例としてこんなことがあった。一人の巡査が机の上にボールペン一本を置き忘れたままパトロールに出かけた。巡視に回ってきた警視（中流貴族）はそれを発見し、「放置物件警告書」と書いた紙をボールペンの横に置いて警告を発した。机の上のボールペン一本であっても見過ごせば大惨事に発展するおそれがあると彼はヒヤリ・ハットの法則に則り行動したのだ。流石だ。

究極のヒヤリ・ハットは、「雑魚どもを生かしておけば何を仕出かすか分からないから抹殺しろ！」となるのじゃないか。ヒットラーかスターリン、はたまた金正恩の世界だ。もう一つの究極は人間生きていればヒヤリ・ハットすることはいくらでもある。警察幹部の中には車の運転をすればヒヤリ・ハットするから私生活でも運転しない者どもがいくらでもいる。運転しなくてもヒヤリ・ハットすることはあるだろう。ヒヤリ・ハットを避けるためにはもう死ぬしかない。警察は究極のヒヤリ・ハットに突き進んでいる。（笑）

◇初動待機の愚（パトロールしないおまわりさん）

交番や駐在所の警察官が制服で街をパトロールするのは、私にとっては当たり前の話だが、現実はさほどパトロールしていない。特に悪質な犯罪が最も発生しやすい深夜から早朝にかけてはほとんどしていないと言ってもいいくらいだ。その時間帯にパトロールしているのは一部のパトカー勤務員と異端児の交番勤務員だけだ。なぜだろうか。ここまで読んでこられた皆さんならもうお分かりだろうが、危険だからである。そのため、交番の警察官は「初動待機」という真剣に仕事に取り組んでいるような表現を使って、交番でじっと待機している。「初動」というのは事件や事故の一一〇番が入ったときに早期に現場に駆け付け、的確に事故処理、事件処理をすること。よって、「初動待機」とは事件や事故の発生に備えて交番の事務室で待機するということである。待機と言えば聞こえはいいが結局何もしていないということだ。

交番の警察官は、昼間は警察署の行事や事務連絡、一軒一軒家庭を訪問する巡回連絡、交通取締まりなどがあり、外に出ることが多いが、フリーな状態でのパトロール（専門用語では「警ら」）はほとんどせず、特に夜間にあっては事件や事故が発生した時だけしか外に出ない。深夜に事件や事故の一一〇番がないのに、目を光らせてオートバイや自転車あるいは徒歩でパトロールしている制服の地域警察官（おまわりさん）はまさに異端児である。

最近はパトカー勤務のサムライ警察官と使命感をもって仕事をしている一部の警察官の活動によって事件や事故が激減していることから、受持区域では何の事件も事故も発生せず、よって交番内で初動待機だけして、午前二時か三時になると寝るといった勤務ぶりの者が多い。

第一章に登場したゴンゾウのA巡査部長は初動待機と称して、ブロックの交番員を全員交番に集めて待機している。そこに、「いっしょに自動車検問をしないか」と言って来た私が目障りで仕方がなかったのだ。ゴンゾウは自分の手元に若い警察官を置いて交番で待機していたいのだ。若手警察官が外に出て行ったら交番で一人になってしまうから嫌でしょうがない。

かくして、深夜から早朝にかけてパトロールしているのはサムライ魂を持ったパトカー乗務員と一部の異端児だけである。サムライ勤務員は交番勤務員が深夜に安眠できるように街をパトロールしているとも言える。だから、ゴンゾウ巡査部長はサムライ勤務員には「深夜から早朝にかけて、いつも私達を安眠させて下さってありがとうございます」と感謝しなければならないのに噛み付いてくるとはすごい話だ。

交番や駐在所の制服警察官のことを善良な市民は親しみを込めて「おまわりさん（お巡りさん）」と呼ぶ。「おまわりさん」の意味は街の安全を願って回る、巡回する、パトロールする人のことであるが、実態はほとんどパトロールしていない。交番内で待機しているだけである。彼らは「おまわりさん」ではなく「おたいきさん」だ。しかし、一部には異端児扱いされている本物の「おまわりさん」もいる。彼らには私も感謝するが、読者の皆さんも本物のおまわりさんには感謝していただきたい。

◇初動にガッツック警察官

初動にガッツック警察官の姿はここまで結構紹介させていただいたが、この項では一つの事例を交えて、まとめとして記させて頂きたい。

地域警察の世界では誰がどれだけ犯人を捕まえたか、すべてデータ化される。そして、犯人を多く捕まえた警察官が大きく評価される。また、犯人を捕まえると表彰され、凶悪度の高い犯人を捕まえると、より高いレベルの表彰がもらえる。だから多くの地域警察官は犯人を捕まえたいのだ。全てとは言わないが、正義感や使命感があって犯人を捕まえたいのではない。

では、犯人を捕まえるにはどうすればいいかということだが、彼らは、おいしい初動事案を欲しがる。それは事件発生の一一〇番指令の中身のことで、おいしい順に列挙すると、

①殺人事件の犯人が逃げた　②強盗犯人が逃げた　③強姦の犯人が逃げた　④侵入警報が発令された　⑤自動車ドロボウが逃げた　⑥強制わいせつの犯人が逃げた　⑦盗難自動車が通過した　⑧ひったくり犯人が逃げた　⑨下着ドロボウが逃げた　⑩オートバイドロボウの犯人が逃げた　⑪自転車ドロボウの犯人が逃げた　⑫万引犯人が逃げた　⑬のぞきの犯人が逃げた　⑭万引きの犯人を捕まえている

といった事案である。

これらの初動事案が本部の通信指令室から無線で送られてくると、ガッツキ警察官は、

『よっしゃー！　チャンス。わしが捕まえたる』

となる。犯人の人相、特徴や車のナンバー、車の特徴、逃走方向が分かればなおのことガッツク。

これら初動事案にガッツクもう一つの理由は、多数の警察官が現場に集中するから、自分が犯人と最初に接触しても応援がすぐに駆け付けてくれるから安全・安心だからだ。さらに自分がパト

カーを運転していたら助手席の相勤者が先に行ってくれるので、さらに安心だ。先に登場した五人の運転したがる巡査部長のうち、青切巡査部長以外はガッツキ警察官だった。青切巡査部長だけは、月に二十件の青切符を切って、毎月交通部長賞をもらっていたから、さほど初動にガックことはなかった。欲のない人である。

彼らガッツキ警察官は、何もないところから不審者（車）を止めて職務質問するのは危ないから自ら進んではしないが、「犯人が逃げた」「犯人がそこにいる」といった、おいしい一一〇番（初動）を首を長くして待っている。いよいよ、そのような一一〇番があれば現場に急行し、あるいは捜索して必死で犯人を捕まえようとする。そして、自分が最初に犯人を見つけて身柄を確保したら、

『ヤッター！　一件ゲットだ。これで表彰もらえるぞ』

となり、他の警察官に捕まえられたら、

『クッソー、やられた。悔しいなあ』

となる。なんとも情けない意識だ。

二十年も昔のことだが、こんなことがあった。深夜、駅前近くにあった小さな弁当店で浮浪者風の男が女性店員に包丁を見せつけて「金を出せ」と脅し、数千円を奪い取って徒歩で立ち去るという強盗事件が発生した。店員の女性はすぐに一一〇番したことから即時、通信指令室から緊急指令が発令された。一人で駅前交番で待機していた中堅のS巡査部長がオートバイで現場に急行した。約三十秒で到着し、弁当店から数十メートル北方を歩いていた浮浪者を発見し、呼び止めて職務質問した。当然、現場にはパトロール中、待機中の警察官が必死で現場に駆け付け、あっという間に

十数名の地域警察官と刑事が臨場し、現場は騒然となった。パトロール中だった私も相勤者と共にパトカーで現場に駆け付け、二番目に到着した。浮浪者は包丁を所持しており、犯行を認めたことから先着した駅前交番員が現行犯逮捕したが、さてここからである。

後から相勤者のY巡査長といっしょにパトカーで現場到着したベテランのM巡査部長は「Y巡査長が二番目、わしが三番目に到着したんだ」と言い張った。騒然としている現場で大声で「Yが二番、わしが三番目」と叫んでいる。犯人を取り押さえたわけでも包丁を取りあげたわけでも自供させたわけでもない。私はM巡査部長は何故そこまで到着順にこだわるのかと不思議に思ったが、結局Y巡査長が二番目、M巡査部長が三番目に到着して駅前交番のS巡査部長といっしょに強盗犯人を逮捕したことになって、賞誉という滅多にもらうことのできないレベルの高い表彰を受けた。なんと見苦しいことか。

それから二十年経過したが、私は彼ら初動にガッツク警察官からは迷惑がられるようになった。なぜなら初動（事件）を激減させた中心人物だからだ。「初動が無くなったから俺たちが犯人を捕まえるチャンスが激減したではないか。どう責任を取ってくれるのだ」ということだ。

もう一つの事例も紹介したくなった。数年前のことである。深夜に中年の男から通信指令室にこのような一一〇番があった。

「今、自宅で妻を刺し殺しました。今から自転車でN警察署に出頭します。私の住所は〇〇町二丁目〇〇番地で名前はKと言います」

そしてKは電話を切った。一一〇番を受けた通信指令室はすぐさま無線で緊急指令を発令した。

それこそチャンスだ。勤務中の多数の警察官が同男とN署との間の道路に急行したが、たまたま現場近くにいたパトカー勤務員が自転車で出頭中のKを発見し、呼び止めて職務質問した。Kは素直に妻を刺し殺して出頭しているところであることを自供したので、最終的にはKは殺人事件の被疑者として緊急逮捕された。Kを最初に発見したパトカー勤務員は殺人事件の犯人を職務質問で逮捕したということで幹部からメッチャ大きな評価を受けて表彰された。そのパトカー勤務員は、まさに最もおいしい初動（一一〇番）をものにしたということになる。こんな初動にありつきたい現場の警察官がいっぱいいる。

この事例と比較してもらいたいが、私が体験した事件でこんなことがあった。深夜に歓楽街周辺をパトカーでパトロールしていたところ、ギラついた目付き、憎しみの表情をして歩いていた作業員風の男を発見した。その様子から不審だと感じた私はすぐさまパトカーから降車し、呼び止めて職務質問を開始した。そして、「危険な物はもってない？　確認させてね」と言って、上着の上から触ってみたところ、何か固いものが内ポケットに入っている。そこで、「内ポケットに入っている物を出してよ」と男に言ったところ、男は案外素直に従い、内ポケットから刃渡り二十センチくらいの包丁を出してきた。「なぜ、そんな物を持っているんだ？」と質問したところ、男は「スナックAに腹立つ奴がいるので殺しに行っているんだ」と言った。私は男を銃刀法違反の現行犯人としてその場で逮捕した。私がその男を職務質問していなければ、殺人事件が発生していた可能性大である。しかし、私は自転車泥棒を捕まえたのに毛が生えた程度の評価しか受けなかった。

善良な一般市民なら、発生した殺人事件の犯人を捕まえた警察官よりも殺人事件が発生する前に未然に防止した警察官を評価するのではないだろうか。しかし現実は違う。実に不思議な世界だ。

◇透明性の確保の愚

警察の地域課の事務室にあるパソコンを開くと、警察改革の精神と称して三項目のカッコいい文言が画面に出てくるようになっていた。その中でいちばん最初に出てくるのが「透明性の確保」である。国民の公僕として税金で食べている警察は国民に対して常に透明でなければならないという意味である。もっともらしい表現だ。そして、「灯台下暗し」と題して、やれ「警察官が盗撮をして捕まった」「飲酒運転をして捕まった」「万引きをして捕まった」「青少年健全育成条例違反の淫行をして捕まった」「書類を落とした」「追跡中、事故を起こした」「取調べ中に暴言を吐いた」「拳銃をトイレに置き忘れた」等々、次から次と発生する全国の警察官の不祥事を備え付けのパソコンの画面に映し出す。この意味について王族、貴族はこう説明する。

「警察は不祥事を隠ぺいしてはいけない。国民の皆様には透明性を確保し、あらゆる不祥事をきちっとマスコミを通じてお知らせいたします。そして、全国の警察官の不祥事を全警察職員が共有し、他山の石として受け止め、不祥事を根絶します」

いかにももっともである。

しかし、私はいつもパソコンの画面に表示される「透明性の確保」という文字を見て苦笑した。まずいことは隠ぺいしまくっている組織が、透明性を確保することは大切なことなんだなんて叫んでいるからである。「灯台下暗し」で共有している全国の警察の不祥事は、すべてどこかの新聞で報道されたものばかりで、そのままの文言を載せているだけである。なぜなら、新聞に載っていたものだけを載せておけば『だって、新聞に載っていたんだもーん』と言い訳ができて、自分に火の粉が降りかかってくることはないからだ。しかし、本当に載せるべきは「灯台下暗し」に載っていない、すなわち警察がマスコミにリークしていない不祥事だ。それこそ、たちが悪い。

警察は「これはまずい」と判断すればマスコミにはリークしない。おそらくどこの県警でも相当数の不祥事を隠ぺいしていることだろう。情報通ではない私でも相当数知っている。県警は透明性の確保を謳ってくれているから有り難い。主権者である私がほんのチョッピリだが透明性を確保して差し上げよう。

◇警視、警視長の自殺

警視というのは中小規模の警察署の署長、警視長というのは中小規模の県警の本部長クラスの階級である。二〇一五年八月、和歌山県警の警視が自殺したと新聞で報じられていた。自殺の原因は九月二六日開催される紀の国わかやま国体の「交通対策官」という重要な役職についていたことから、六、七月の超過勤務が二〇〇時間を超えていたとのことである。和歌山県警警務課の次席は「亡くなった方の冥福を祈ると共に今後の健康管理を徹底していく」と述べている。自殺の原因が超過勤務であったとしているところがすごい。警視の自殺などやんわりと蓋をすればマスコミも国民もさほど関心は示さない。自殺の原因が超過勤務にあったで済まされる。そんなもんが原因のはずがない。もっとオゾマシイ原因があったことが私には容易に想像できる。

また、少し昔の話になるが一九八五年、かの有名なグリコ森永事件で滋賀県警の本部長が焼身自殺している。犯人を逮捕すべく大都府県の捜査員が張り込みをかけていたところ、そんな大規模捜査をしていることなど知らされていなかった小規模県の滋賀県警のパトカー乗務員が、駐車場に止まっていた不審車両の乗車員に職務質問しようとしたところ、急発進して逃走されてしまった。実は逃走されたその車に乗っていたのが犯人だった。そのことで犯人逮捕の千載一遇のチャンスを逃してしまい、迷宮入りとなってしまった。その責任をとって本部長は焼身自殺した。グリコ森永事件では誰も死んでないのに滋賀県警の本部長だけが死んだのだ。凄まじい事件であるが、やんわりと蓋をすれば、国民は本部長の自殺など誰も関心を持たない。その本部長はノンキャリの本部長であったことを考えればキャリアから凄まじいほどの追及をくらったことは容易に想像できる。亡くなった本部長は家族や警察に三通の手紙を書いていたということだが、その内容は完全に隠ぺいされている。

実は本県警でも二〇〇九年九月、定年退職前のK警察署長が自殺している。県警のある程度のベテランなら詳細か大まかかは別にして何故自殺したか、その原因は知っている。しかし、県警の幹部連中は「これが公になれば大惨事になる。何とか隠ぺいしなければ」とあっちこっち駆けずりまわって交渉したり工作したり、隠ぺい工作をしている。新聞にはK警察署長の自殺について記事が載せられているが「原因はわからない。現在調査中」で済ませている。また、県議会でも追及されたがすべて予定通り、原因は分からないで終わらせている。大したものだ。

前項で説明したパソコンの「灯台下暗し」の画面で警察官の不祥事の記事を見ていたところ、たまたま、私の後ろを後輩の地域官（警視）が通りかかったので、私は地域官に「透明性の確保が大切だなんて言って、パソコンにこの程度の不祥事の記事を載せるんだったら、K警察署長の件こそ載せないかんでえ」と地方弁で言ったところ地域官はその場でカッチカッチに硬直した。

和歌山県の警視、警視長であった滋賀県の本部長の場合は充分同情できるが、本県の警視の場合は同情の余地はない。この件について主権者である私は透明性を確保しようかと考えたが、これを書けば読者の皆さんはここばかりに注目して、全て重要なことを書いているのに他の部分は読んでくれなくなるおそれがあると思ったので、不本意ながら記載しないこととした。透明性を確保すると言いながら中途半端に終わってしまった。お許し願いたい。

しかし、ノンキャリの警察官は毎年、巡査から警視長まで相当数自殺しているが、自殺した事案こそグロテスクなものが渦巻いている。よって、警察改革の精神からすれば最も透明性を確保しなければならない事案（事件）であるが、本人の名誉に傷が付くとか、ご家族や被害にあわれた方に迷惑がかかるとかいう理由で具体的かつ詳細な事実はほとんど隠ぺいしているのが現実である。階級が上であればあるほどその傾向は強くなる。

◇現行犯逮捕したのに新聞に載らなかった銀行員の痴漢行為

深夜の歓楽街で「男が女の子に突然抱きついて胸を触った」という内容の一一〇番が入った。パトカーの助手席に乗ってパトロールしていた私と運転していた相勤者は急いで現場に駆け付けた。現場では数人の男女がもみあっていた。酒に酔っている三十五歳くらいのサラリーマン風の男とその後輩と思われる二十五歳くらいの男、そして全員二十五歳くらいの三人の女性がもめていた。

交番員も駆けつけてきたので男女を分け、手分けして事情聴取したところ、一人の女性が三十五歳くらいの男を指差して「この人に急に後ろから抱きつかれて胸を触られたのです」と訴えた。その友達であった二人の女性もその状況をそばで見たと話した。二十五歳くらいの男は三十五歳くらいの男の会社の後輩であることが判明し、事情聴取したところ、先輩をかばおうとして「あのー。そのー」と苦しそうな態度を示したが、最後は「先輩が見知らぬ女の人に後ろから抱きつきました」と正直に認めた。しかし、当の本人は「何をしたか覚えていない」の一点張りだった。だが、ちゃんと目撃者がいるし、女の子の服から男のＤＮＡも採取できると踏んだので、私はその場で男を迷惑行為防止条例違反の現行犯人として逮捕した。それは警察官として当然の行為である。

しかし、ここからである。犯罪が頻繁に発生する大阪や東京では、この程度の事件なら報道されない可能性はあるが、本県のような小さな県ではこんな事件もたまにしか発生せず、ましてや逮捕した事件であるから、必ず地元の新聞に載るはずだ。しかし、翌日の朝刊にも夕刊にも載らなかった。

なぜだと思われるだろうか。私は読みとった。犯人は地元の大手Ａ銀行の銀行員だったからである。Ａ銀行には本県警のノンキャリ最高ポストの上流貴族、警視正に上り詰めた御人が天下って重役になっている。さらにＡ銀行の会長は本県の公安委員長になっている。もし新聞にこの事件の記事が載ればＡ銀行は大打撃である。そこで、天下った元上流貴族がはたらきかけて新聞に載せないようにしたとしか考えようがない。天下った県警ＯＢの腕の見せ所であったと推測される。はたらきかけていないとしても暗黙の了解があったことは間違いない。A銀行の頭取は「さすがは元上流貴族」と褒めたたえ、感謝したことだろう。こうして、持ちつ持たれつの天下りは引き継がれる。

もう一つ考えられるのがA銀行と地元新聞の癒着である。両社とも地元の有力企業であり、持ちつ持たれつの関係があった可能性は十分である。おそらく、その両方の要素が絡んでいると思われる。最後に念を押しておこう。被疑者が公務員あるいは警察官が天下っていない企業の社員なら、この迷惑行為防止条例違反の現行犯逮捕が地元の新聞に載らないということはあり得ない。

私の後輩だったK巡査の場合は名前は出されなかったものの、内部規律違反をしたということで地元の新聞にデカデカと載せられ、しかも辞職に追い込まれた。しかし、見知らぬ女の子に突然後ろから抱きつき、胸を触るという悪質な犯罪を犯し、逮捕された銀行員の記事は載せなかった。しかも彼はクビにはならず仕事を続けている。こんな理不尽な話はない。強い憤りを覚えたので、この一件も皆さんに紹介させてもらった。なにせ、透明性は確保しなければならないのだから。

◇取調べ監督制度の愚

平成十五年頃、相次ぐ冤罪事件といわれる事件が発生した。冤罪になった理由は、警察官（刑事）が被疑者の取調べで犯行を認めさせるために、高圧的に強迫、暴行などを加えて、無理やり、やっていないことを「やりました」と言わせて犯人に仕立て上げたからだとされる。弁護士や評論家、大学の教授などの殊更人権派の有識者から痛烈な批判をあび、マスメディアも同様に力説し、全国に報道された。

それじゃあどうするかということで、超難関の司法試験に合格した弁護士等を中心として、「取調べを全面可視化せよ」という議論が巻き起こった。取調べを可視化するということは、警察官、特に刑事が被疑者を取調室という個室で取調べをしている様子の一部始終を録音録画して、弁護士や裁判官、裁判員に見てもらおうじゃないかということである。

現場の警察官の意見など一切聞かない。よって、彼らの声は一切表に出ない。しかし、現場で実際に犯人と向き合い、取調べをしている警察官の声は、万が一間違っていたとしても、ものすごく重要ではないのか。だが、現実は完全に無視されている。有識者も市民も現場の警察官のことをまさに雑魚かロボットとしか思っていない。それでは雑魚の親分だった私が意見を述べよう。親分といっても雑魚の身分だった私の意見なんか無視するのだろうけど。

第三章で少し触れたが、警察官の中で何をしている人が平和を守っているのか。一つは見せたくない物を見ている人、もう一つは言いたくないことを言わせている人である。しかし、お綺麗な立場に立つ日本国憲法は国家権力の回し者（警察官）に国家権力を乱用させないようにするために、逆のことを書いている。「国民は見せたくない物は見せなくてもいい。言いたくないことは言わなくてもいい」という意味のことを。

平和を守る、治安を守るという崇高な目的を実現するためには、言いたくないこと、すなわち、やったことを言わせなければならない。そのための取調べである。やったことを言わせるためには犯人をビビらせることも時には必要である。日本国憲法を作った者どもは殺人でも、強盗でも、強姦でも、窃盗でも、詐欺でも、逮捕監禁罪であっても、被疑者（犯人）を取り調べるのに太陽のごとく暖かく、穏やかに、思いやりをもって、優しく語りかけたらすべて真実を語るとでも思っているのか。時に睨みつけ、牙をむいて激しく怒り、ビビらせることも必要ではないのか。特に凶悪事件を犯しながら黙秘したり、否認したりする犯人を目の前にして、怒りの感情を表に出すことは、警察官として、というよりも人間として当然のことではないのか。誰も考えたこともないだろうし、気が付いていないが、そんな厳しい取調べをしている強面の刑事がいるから国民の命と生活は守られているのだ。しかし、そのように厳しく取調べをしている警察官に感謝している人などどこにもいない。想像できないから誰も分からないのだ。

しかし、弁護士など殊更人権派の人々は日本国憲法をバックに付け、

「憲法には取調べで強制してはならない、拷問してはならないと書いているではないか。強制や拷問の取調べをしているから冤罪が発生するのだ。だから、警察官が被疑者の取調べをする時に強制や拷問をさせないように我々市民の代表が監視をしなければならない。そのために警察官の取調べをすべて録音録画する必要がある」

と主張する。

可視化すれば、弁護士が雑魚刑事の取調べの一部始終を映像で見て、ちょっとでも強制や拷問と看做される言動、あるいは不当な取引や便宜供与をして自供させようとしていることが見てとれた場合には、取調べをしている刑事を特別公務員暴行陵虐罪などで告発する。強制・拷問をした上での自供や取引をしたり利益を供与した後の自供は証拠にはならないから無罪を勝ち取ることができる。なにせ、映像に残っているから証拠は歴然としている。弁護士など殊更人権派の人々は一つや

二つの不適切と見える取調べを発見しては、どこでも当り前のようにやっていると主張し、止めさせるための方策（取調べの可視化）を声高に主張する。

しかし、自分らに与えられた権利である被疑者との接見は可視化するとは言わない。被疑者と密室で二人だけで話し合いができることは当然の権利だとのたまう。自分らの接見も可視化するというのなら、まだ筋は通っていると思うが、防衛権は絶対だとして自分らが不利になるようなことは絶対にしようとはしない。卑怯千万である。

私は発達障害を抱え、しかも罪を認めて反省しているような被疑者に対して、罵倒し、脅し上げるような取調べをしている者がいれば当然許さない。しかし、私が何度も言っているように、すべてはケースバイケースだ。人間、時には悪いことをしている者に対して、猛烈に怒ることも必要である。しなければならない時もある。それなのに、彼ら殊更人権派の人々はお綺麗な日本国憲法側の立場に立って、「強制してはいけない、拷問してはいけない、取引してはいけない、利益を供与してはならない」とのたまい、犯人と面と向かって戦っている警察官を凶悪な国家権力機関の犬と看做して糾弾している。彼らは自分が何をやっているのか全く気付いていない。正しいことをやっていると思い込んでいる。ハッキリ言おう。取調べを可視化せよなどと声高に叫んでいる連中は平和を守るために悪と戦っている警察官の邪魔をしている。すなわち平和を壊そうとしているのである。

ここからようやく取調べ監督制度について述べるが、警察の超上流貴族階級以上の連中もさすがに取調べの可視化はまずいだろうというのは分かっているようで、何とか阻止しなければと考え出したのが取調べ監督制度である。平成二十年から施行された。そこには何が書かれているかお示ししよう。取調べにおける監督対象行為として六つ挙げている。

①やむを得ない場合を除き、身体に接触すること

〈説明〉被疑者を殴打する行為が該当することはもとより、例えば、被疑者の肩を掴む行為もこれに該当する。

②直接又は間接に有形力を行使すること

〈説明〉被疑者に対してノート類を投げつける行為や、誰も座っていない椅子を蹴り上げる行為などがこれに該当する。

③殊更に不安を覚えさせ、又は困惑させるような言動をすること

〈説明〉被疑者に対して「自白をしないと家族を逮捕する」などと申し向ける行為などがこれに該当する。

④一定の姿勢又は動作をとるよう不当に要求すること

〈説明〉被疑者に対して、取調べ中に床に正座をするよう要求することなどがこれに該当する。

⑤便宜を供与し、又は供与することを申し出、若しくは約束すること

〈説明〉接見禁止中の被疑者に取調べ室内で携帯電話で外部と連絡させたりする行為などがこれに該当する。

⑥人の尊厳を著しく害するような言動をすること

〈説明〉被疑者やその家族などの身体的特徴をあげつらったり、その信条や思想を侮辱したりす

る行為などがこれに該当する。

そして、取調べをしている雑魚警察官がこれらの監督対象行為をしないようにするために、初級貴族（警部）と中流貴族（警視）が、雑魚警察官が取調べをしている最中にのぞき窓から監視するという制度である。取調べを監視する初級貴族と中流貴族の大半は、犯人と接するのが嫌だから勉強しまくって管理職になった連中である。本当にバカバカしくてやってられない制度だ。

この制度ができたおかげで、取調べをしている武士たちが貴族に売られて処分を受けるという事態が全国で相次いで発生している。どんなことで処分を受けているのか、少し紹介させていただこう。

・被疑者が犯行を全面自供し、心から反省して人生をやり直そう決意したことから、刑事が励まそうとして「頑張れよ」と言って握手したのが監督対象行為だとして処分された。

・凶悪事件の被疑者が否認するので、怒った刑事が肩を掴んで「正直に言わんかい」と言って揺すったことが監督対象行為だとして処分された。この一件にあっては犯人が自白はしたが刑事が暴行しているということで自白に信用性はないとして無罪判決が下っている。

・黙秘する被疑者が机の上で右腕を枕にして眠りだした。取調べをしている刑事が「起きろよ」と言って腕を二回突いた。のぞき窓から見ていた貴族が、取調べ中に被疑者の身体に触れたということは監督対象行為だとして処分した。

・本県では刑事が被疑者と取調室で将棋をして便宜をはかったということで、監察課の中流貴族が「本県警でもついに監督対象行為が発生してしまった」と大騒ぎして全警察職員に講習した。

この中流貴族（警視）は将棋をしているのを発見して売った（報告した）初級貴族（警部）に対して「よくぞ、大惨事になる前に阻止してくれた」と褒めたたえ、将棋をしたN刑事は処分された。

N刑事は私のかわいい後輩だ。そして、人情家でありながら悪には毅然と立ち向かう刑事だ。彼は、あの東日本大震災の折、検視係として一カ月間、岩手県に派遣された。検視というのは死体を見分して死因を特定したり、人物を特定するという重要な役割だ。彼は寝る間もなく運ばれてきた百を超える死体を見分した。その中に一人の女性の遺体が運ばれてきたが、持ち物からその女性は岩手県警の駐在所勤務の警察官の奥さんであることが分かった。その警察官は奥さんが行方不明なのに、寝る間もなく、必死で住民のために捜索活動をされていた方だった。N刑事はそのご遺体が間違いなく奥さんかどうかを確認してもらうために、その場に夫である駐在所の警察官に来てもらった。駐在所の警察官は遺体を見て「私の妻です」と一言。そして奥さんの顔をじっと見つめながら、「ありがとう」と言って、じっと立ちすくまれていたそうだ。N刑事はその時の情景を声を詰まらせ、慟哭しながら語ってくれた。

そんな人情家のN刑事。取調室で二十代の被疑者から、

「刑事さん。僕は将棋が得意なんです。気分が滅入るのでお手合わせ願えませんか」

と言ってこられたので「そうか。わしも得意なんだ。いっちょやるか」と言って、紙に線を引いて将棋の板にし、小さく切った紙に王、飛車などと書いて駒にして取調室で将棋をした。それを雑魚警察官を取り締まる警務課初級貴族の警部がのぞき窓から見て発見した。監督対象行為発見。して

やったり。これを上司に報告してN巡査部長を処分すれば自分は評価される。彼は原理原則どおり、上司に報告してN刑事は処分された。N刑事が取り調べた被疑者は全面自供している。N刑事には将棋をしてもらったことに感謝し、N刑事を売ったりはしていない。N刑事をこうして売った警務課の警部。部下のN刑事が被疑者と将棋をしていることが問題だと思えば、「止めとけよ」と一言いえばいいだけの話だ。人間としての情のひとかけらもない。N刑事のこの行為を大問題だと叫ぶ人は弁護士さんでもそうはいないだろう。私が信頼している後輩をこうして売った行為、私は許すことができない気持ちになる。

これら監督対象行為の事例の中で、長期間の取調べを終了し、すべてを自供し、心から反省し、「刑事さん、ありがとうございました。私はこれから刑務所に行きますが、出所したらもう一度人生をやり直します」と言った被疑者に「頑張れ」と言って握手した刑事の行為は、前述した〝大学四年生〟の神様ではなく本物の神様が賞賛する行為だ。それを人間の貴族、王族が作った他愛もない制度を優先し、「被疑者と握手した行為は、やむを得ない事情があったわけでもないのに被疑者の身体に接触しているのだから監督対象行為に該当する」と看做して処分するのだ。そして、彼らは言った。

「取調べ監督制度に情を差し挟む余地はない。あったかなかったか、それだけが問題だ」

悪と戦うことをせず、ただ殊更人権派の糾弾をかわすために超上流貴族と王族が作った取調べ監督制度。そして、自己保身ゆえ、ただひたすら制度に従っている都道府県警察の貴族どもが、厳しい現場で犯人と向き合いながら仕事をしている武士たちをこうして売っているのである。

もう武士たちも立ち上がればいい。そして、警察の貴族、王族、人権派弁護士、裁判官、評論家、社会学者、マスメディア、洗脳されている一般市民に対してこう言えばいい。

「どうぞ、取調べを可視化して下さい。私たちも日本国憲法に従って、たとえ殺人犯人であっても、拉致した女子高生を監禁している犯人であっても、笑顔で優しく明るく温厚に『言いたくないことは言わなくてもいいですよ。皆様は日本国憲法によって自己に不利益な供述は強要されないと黙秘権（供述拒否権）が認められています』と丁寧にご説明した上で、『後はご自由に語って下さい』としか言いません。裁判官の皆様は日本国憲法の理念に従って、被疑者が何の圧迫も感じることなく、伸び伸びと自由に語った供述であれば信用されますが、私たちが怒ったり脅したりして犯人が恐怖を感じた後の供述は信用されませんから、決して無理やり語らせるようなことは致しません。もちろん取引もしません。利益供与もしません。そうすることによって冤罪も確実に防げます。私たちも皆様に倣って、崇高な日本国憲法の理念に従って取調べします」

と。これで武士の安全も確保される。その結果、凶悪事件が横行して被害者が続出し、事件が解決できなくなっても、拉致された女子高生を救出できなくなってもいいじゃないですか。そうならなければ武士の皆さんのはたらきの重要さが分からないのだから。思い知らせてやればいいのだ。

こう言えば、殊更人権派の人々は「警察官が犯罪を取り締まることを拒否するとは何ということだ。職務放棄だ！　大問題だー！」と叫ぶのだろうなあ。日本国憲法を遵守しているのにね。お気軽なものだ。

この項の最後にもう一言。取調べ監督制度が発令された後も取調べ監督対象行為（違反する行為）は収まることなく次々と発生した。取調べ監督制度側に立ち、取調べなどしたことのない官僚・キャリア連中は全国で取調べ監督対象行為が次々に発生することから苛立ち、こう述べた。

「君たち（現場で働く警察官）は取調べ監督制度がどうしてつくられたのか。その理由が全くわかってない」

　理由とは何か。それは、

『せっかく自分たちの立場を守るためにつくったのに、てめえら雑魚どもが監督対象行為を繰り返せば、せっかく猛勉強して公務員第一種試験に合格してキャリアになった私達がマスコミや殊更人権派の弁護士や憲法学者から批判され、立場が脅かされる。ひいては高額の収入を得ることができるいい会社に天下りができなくなるではないか』

ということじゃないの。

　そして、最終的には取調べは全面可視化されることとなり、取調べ監督制度は鬼に金棒となるだろう。それでも、サムライ魂を持った少数の警察官は、取調べ全面可視化と取調べ監督制度によって、自分たちが窮地に追い込まれるおそれが格段に増したとしても悪と戦い続けるだろう。それは悲しいことだ。

　この項の最後にこういうことを言いたい。殊更人権派の人々は、まずは「言いたくないことは言わなくてもいいですよ」と笑顔で語りかけてから、愛情をこめて、優しく、穏やかに、思いやりをもって取調べたら、どんな極悪人でも涙を流して「申し訳ありません。私がやりました」と全面自供することを自分たちで証明してから批判したらどうだ。私がそう言えば、おそらくこう返してくるだろう。「私達には取調べをする権限がないのでできません。自白しないのであれば、物的証拠や目撃者の証言で事実を明らかにしたらいいじゃないですか」と。お気軽な立場ですね。

◇冤罪を防ぐための最大の方策とは

冤罪を防ぐための最大の方策は何か。殊更人権派の弁護士、評論家、大学の教授などは「十人の真犯人を逃したとしても一人の無辜の民を罰してはならない」というカッコいい立場に立ち、「冤罪を防ぐためには警察、検察の取調べを全面可視化せよ！」と声高に叫ぶ。どこかの大学の教授は、「自白中心の捜査はすでに行き詰っている（意味不明）。冤罪を防ぐには取調べのすべてを録音・録画し、後々検証できる可視化を導入するしかない。取調べの段階から、弁護士が証拠開示を受け、適正な捜査が行われているかどうかをチェックすることも重要だ。誰でも容疑者に仕立て上げられてしまう時代だということを忘れてはいけない」とカッコよくコメントしている。そして、時代は徐々に加速しながら全取調べ全面可視化の方向へ進んでいる。警察の刑事部長（上流貴族）もその流れに抗えば自分の立場が危うくなると踏んで、「治安の悪化につながらない限りにおいて可視化は拡大すべきである」などと政治家のような曖昧な答弁をしている。決して「治安の悪化につながるから可視化はすべきでない」とは言わない。自己保身そのものだ。

冤罪を防ぐための最大の方策は何か。それは犯罪者を検挙しないこと。そうすれば、可視化しなくても絶対的に冤罪が防げるではないか。ほとんどの人々は気付けないだろうが実はすでにそうなってきている。取調べの全面可視化の方向に進むのと同時進行でそれは進んでいる。やがて、捕まらないから犯罪、特に計算づくの凶悪事件、多額詐欺事件、多額窃盗事件、死亡ひき逃げ事故などの悪質極まりない犯罪は増加の一途をたどることになるであろう。ということは、殺される人、強奪される人、強姦される人、騙される人、盗まれる人が増加するということだ。それでいて捕まらないから刑務所はガラガラになっていくだろう。いや、介護疲れによる殺人など正直者の殺人が増えるからガラガラにはならないか。

殊更人権派の憲法学者等は「冤罪を防ぐために全取調べの全面可視化をしなければならない」ではなく、「冤罪を防ぐためには警察は犯人を逮捕するべきではない、あるいは捜査するべきではない」と叫ぶべきだ。それこそが「十人の真犯人を逃したとしても一人の無辜の民を罰してはならない」の理念そのものだから。

◇検察の体質

多くの国民の皆さんは検察と聞けばどのような印象をお持ちであろうか。おそらく、検察とは警察の上の組織で警察を監督する立場にある、警察よりも強い権限を有する強力な国家権力機関だとお思いではないだろうか。しかし、私に言わせればひ弱な組織だ。正義感は希薄だ。悪いことをする者たちに対する怒りも希薄だ。ただ単に憲法と憲法から派生した刑事訴訟法などの法律に記載されているとおり、ロボットのように動くだけだ。どこかの法務大臣が言っていた。「法と証拠に基づいて適切に処理しますと言っておけば安泰だ」まさに検察は法と証拠に基づいて適切に処理するだけ。情もない。怒りもない。ロボットか氷のような存在だ。しかし、下部組織の警察にだけは強い。そこまで言うと言いすぎかもしれない。警察と同じように極一部には、正義感があって情のある異端児の検察官もいるにはいる。

検察の仕事とはどういうものか。警察は犯人を捕まえて、証拠を固めて、検察に送致する。送致された事件を検察は証左（詳しく点検）し、起訴（公判請求）するか不起訴にするかを決定することが仕事である。起訴とは裁判所に対して、「証拠がこれだけ集まっていますので、この者（被疑者）が真犯人に間違いありません。よって、刑をハッキリさせるため裁判をして下さい」と依頼することである。不起訴とは裁判所に送らず、もしくは送ることができず、検察止まりで事件を終結することである。よって不起訴になった場合、刑は科せられることなく、実質無罪放免となる。

不起訴についてもう少し説明しよう。警察が送ってきた（送致してきた）事件について、裁判官が有罪だと判決を下すには証拠が足りないと判断した場合は不起訴にする。あるいは証拠が固まっていることからその者（被疑者）が真犯人であることが明らかであっても、初めての犯行だとか、十分反省しているとか、弁償しているとか、被害者の処罰意思がないとか、被害が軽微だったとかいう理由を付けて不起訴にすることもある。この場合の不起訴は正確には起訴猶予という。

私がここで問題とするのは不起訴率である。検察が裁判所に裁判を求めない不起訴のパーセンテージが毎年毎年、どんどん上がっている。これはどういうことかと言えば、検察が勝負を避け、裁判をする前に実質無罪放免する事件がどんどん増えていることを意味する。

殊更人権派の人々は、

「日本の刑事裁判は有罪率九九・九パーセントだ。これは異常な数字だ。こんなに無罪が少ないのは世界で日本だけだ。いかに国家権力機関が強大な権力を握っているかを示すものだ。裁判所は検察の言いなりになっている。有罪になった事件の中にも冤罪はいくらでもある」

などとカッコよくのたまっている。この主張をする殊更人権派の人々は、本当はどれだけの被疑者が不起訴という曖昧な処分で無罪放免になっているか知っていても、自分が国家権力に立ち向かう正義の使者だというカッコよくて、しかも賞賛される立場を確保したいがために、不起訴のことなど一言も口に出さない。司法のことを詳しく知らない素人の人々なら、あっさり殊更人権派の人々の主張を正しいものだと思い込んでしまうだろう。

どれだけ、起訴が減って不起訴が増えているか。こんなデータがある。

《殺人罪》

二〇〇六年　送致（警察が検察に送った事件）＝一七六九件
　　　内起訴＝七四三件、不起訴＝一〇二六件　起訴率四一％、不起訴率五九％

二〇一〇年　送致（警察が検察に送った事件）＝一六一九件
　　　内起訴＝四二一件、不起訴＝一一九八件　起訴率二六％、不起訴率七四％

なんと、殺人罪という最も悪辣な犯罪なのに検察は二〇〇六年でも四一％しか起訴していない。それでも起訴率が低いのに、たった四年後の二〇一〇年には、なんと二六％しか起訴していない。

殺人以外の凶悪犯罪でも同様に、強盗致死傷罪の起訴率が三九％から二七％に、強姦罪が五六％から四〇％に大幅に減少している。二〇〇六年から二〇一〇年でこれなのだから現在はもっと減少していることは間違いないだろう。

内情について少し説明すると、警察が殺人罪で犯人を逮捕し、取調べをし、証拠を集めて検察に送致しても、検察は殺意（殺そうとする意思）が認められない、若しくは立証できないから、この事件は殺人罪ではなく、「確かに暴力をふるったが殺すつもりはなかった。たまたま、当たり所が悪くて死んでしまったのだ」という殺人罪より軽い傷害致死罪に落とすケースがどんどん増えてきているということである。さらに、この者は殺人の真犯人ではない可能性があるから不起訴という場合もある。

また、二番目の強盗致死傷罪について、分かりづらいと思うのでちょっと説明しよう。凶器を使って相手に暴力を振るい、金を脅し取ろうと計画した。そして、実際に相手に暴力を振るい、抵抗不能にしてから金品を強奪した。相手を殺すつもりはなかったが暴力が激しすぎたのか、あるいは当たり所が悪かったので死んでしまった。これが強盗致死罪。同じようにして相手（被害者）が怪我だけで済んだ場合は強盗致傷罪である。

これを検察がそのままの強盗致死傷罪で起訴しないことにする理由は、「被疑者が最初から金品を取るつもりで暴力を振るったということが証明できないから傷害罪と窃盗罪に当たる」とか、「被害者が自分で転倒して怪我をしたのだからただの強盗罪だ」などと理由を付け、軽い罪に落とすのである。

さらに、強姦罪なら「被害女性が告訴を取り下げた」とか「男が無理やり姦淫したのではない。合意があったのだ」とかいう理由を付けて落とす。強姦罪の場合なら殺人罪や強盗致死傷罪のように罪を落として起訴するというのではなく、完全に無罪放免の不起訴にするケースが大半だ。

余談になるが、検察ばかりでなく家庭裁判所の裁判官が罪名を変更して検察に逆送致した事例が報道された。女子中学生が殺害され現金入りの財布が無くなっていたという事件である。六カ月後に現場近くに居住する卒業式を終えたばかりの男子高校三年生が強盗殺人の犯人として逮捕された。警察は強盗殺人の罪で検察に送致した。検察も強盗殺人の罪で家庭裁判所に起訴した。そうしたところ、家庭裁判所の裁判官はキッパシと、「女子中学生の命を奪うという許されない犯行だ。情状酌量の余地はない」と言いながら、「これは強盗殺人には当たらない。強制わいせつ致死と窃盗罪である」として検察に逆送致した。

最初から金品を奪う目的で殺したのではない。殺すつもりはなく、わいせつ行為をしようとして口を塞いだら、たまたま死んでしまったのだ。死んだから、せっかくの機会だと思って財布を盗んだのだと判断し、被疑者、弁護士の言い分に従った。検察は「何クソーッ、これは強盗殺人じゃないか」とは思わずに上様（裁判官様）の判断に従って、強制わいせつ致死と窃盗で地方裁判所に起訴した。強制わいせつ致死と窃盗の罪なら凶悪事件とは看做されない。一審では懲役五年から九年の不定期刑という判決が下された。これが強盗殺人の罪で裁かれていたとしたらそんな甘い判決にはなっていなかっただろう。殺された女の子のお父さんは「こんな甘い判決は許せない」と叫んで控訴すると言っている。読者の皆さんはどう思われるだろうか。いろいろ意見はあるだろうが、私はこんなことが行われているということを多くの人々に知っていただき、深く考えてもらいたいと思っている。

また、交通違反の不起訴率もどんどん増えてきている。信号無視、一時不停止、スピード違反、通行禁止違反などの青切符の交通違反なら違反者が「青信号だった」とか「止まっていた」とか「速度はそんなに出してなかった」とか言い張って違反を認めず、切符に署名、押印しなかったら検察はまさに九九・九パーセント不起訴にする。無免許運転や飲酒運転でも様々言い訳をして認めず、署名、押印しなかったら相当数不起訴にしている。検察は裁判官が有罪を言い渡すであろう事件も不起訴にしているケースがいくらでもある。

警察より上位の国家権力機関である検察の実態はこれである。これでも司法の世界は九九・九パーセントが有罪になっているのだから警察、検察は強大な国家権力機関だと言うのか。犯行を否認する、黙秘する犯人をサムライ魂を持った警察官は「こんな卑怯な奴らは許せない。何とかしなければ」と頑張るが、検察は、

「否認するから仕方ないなあ。黙秘するから立証できないもーん。証拠が足りないのは警察の責任じゃん」

と、いわば最も悪辣な犯人を何とか処罰しなくてはいけないとも思わず、法律に則って淡々とオマケしているのである。昇任試験の模範解答例には「警察や検察は国家から強力な権限を与えられている」などと書いているが、現実は全く逆である。警察には犯罪者をおこらえする（無罪放免にする）権限は与えられていないが、検察にはその権限が与えられているのだ。まさに検察は警察よりも強力な権限が与えられており（実はマイナスの意味で）、その傾向はますます強くなってきている。

検察官が逮捕されたこんな事件があった。大阪地検特捜部が厚生労働省の職員が絡む障害者郵便制度悪用事件の捜査中、大阪地検の前田検事が証拠として押収していたフロッピーディスクを改ざんしていたことがバレて逮捕された。上司の大坪検事と同僚の佐賀検事が証拠を改ざんした前田検事をかばったということで、お二人は犯人隠避の罪で最高検察庁に逮捕され、刑事被告人となった。大坪さんと佐賀さんは検察官の中ではめずらしく正義感と責任感が強く親分肌の人物であり、どれほど社会貢献し、検察という組織にも貢献してきた人物であろうか。

しかし、最高検察庁は組織防衛のために二人を逮捕した。血も涙もない組織である。大坪さんと佐賀さんは無罪を主張して争っているが、私はお二人が無罪になることを祈っている。この本が世に出る頃には結審しているだろうが、裁判官は自己保身ゆえ、たとえ証拠が不十分であっても国家権力の中枢にいたお二人に無罪を言い渡すことはないだろう。なぜなら無罪判決を出そうものなら自分が批判の対象になるからである（やはり、私の予測は的中し、お二人は有罪判決を受けた。お二人は勇気ある撤退と称して控訴を断念した）。

この事件、逮捕・拘留された厚生労働省の元局長・村木厚子氏は無罪となった。村木氏は一躍時の人、ヒーローとなり、主要ポストに返り咲き、最終的には厚生労働省のトップである事務次官にまで上り詰め、退職後は大企業に天下りしている。国からも多額の賠償金を得ていることだろう。有名な評論家で彼女を東京都知事に推薦すると言った人もいる。弁護士や支援団体も大喜びで村木氏を讃え、検察批判をしている。村木氏も含めて弁護士は取調べの可視化も叫んでいる。

しかし、皆さんよく考えてほしい。村木氏はたとえ無実だったとしても、直属の部下であった上村係長は有罪となり、免職処分を受けているのである。彼女は部下の監督責任を問われるべきだ。彼女がもし、逮捕・拘留されていなかったら、彼女は間違いなく更迭され、局長の座からも降ろされていたことだろう。彼女は直属の部下が立場を利用して障害者郵便制度悪用事件に関与していたことの責任は取ったのか。申し訳なかったという気持ちはあるのか。謝罪しているのか。そのあたりを私は痛切に感じるが、こんなことを感じるのは私だけなのか。誰も自己保身ゆえに気付かないし、たとえ気付いたとしても言わないのじゃあないか。こうして、検察はますます弱体化していくことになるだろう。

もう一つ追加すべき事件が発生した。面白いことに執筆活動中、身近な所で私の主張どおりのことを検察はしでかしてくれた。居酒屋を経営している夫婦が営業中に炊事場で喧嘩となり、その際に包丁が夫の背中に刺さり、肝臓まで達するほどの深い傷を負った。炊事場から客室に出てきた妻は客に「私が悪いんです」と言った。夫は救急車で病院に搬送されたが、救急治療のかいなく出血多量で亡くなってしまった。所轄署と県警の捜査一課は殺人事件として立件したかったが、逮捕前の取調べで妻が「夫ともみ合いになった時に刺してしまったが、殺すつもりはなかった」と供述したことから、やむなく傷害致死罪で通常逮捕した。しかし、逮捕後、弁護士が入ってから妻の供述は変わった。

「包丁の取り合いになり、夫に包丁を取り上げられたので怖くなって逃げようとしたところ、ウーッという唸り声が聞こえた。振り返ったところ、夫の脇腹に包丁が刺さっていて、夫はもだえ苦しんでいた」と変わったのだ。ベテランの刑事がいくら追及しても供述を変えることはなかった。

しかし、刑事課長は妻が夫の背中を包丁で刺したことは間違いのない事実だと判断し、傷害致死事件として検察に送致した。

しかし、検察は、

「目撃者がいないじゃないか。妻は『刺していない』と言っている。『包丁を持った夫から逃げようとしたところ、ウーッという唸り声が聞こえたので振り返ったところ、夫の脇腹に包丁が刺さっていた』と言っている。妻が刺したのではないのかもしれない。夫が自分で刺したかもしれないし、倒れた時に運悪く包丁が刺さったのかもしれない。傷害致死事件とするには嫌疑不十分だ。不起訴とする」

と主張し、不起訴にした。妻は釈放され、事実上無罪放免となった。夫婦間にトラブルがあって夫にも原因があったことは推測されるが、人が包丁で刺し殺されたことが容易に推測されるこの事件が裁判に持ち込まれることもなく無罪放免である。よく、こんなことがまかり通っているものだ。信じられない思いになった。

不思議なことに同時期、本県ではＩ町の町長が飲食店でフィリピン人の女性従業員の頬を拳固で殴ったということで、女性から被害届を受けた警察は目撃者の証言もとり、軽度の負傷も認められたことから検察に対して町長を傷害罪で送致した。しかし、検察は例によって、傷害罪を暴行罪に落とし、不起訴（起訴猶予）とした。女性従業員と女性従業員を支援する人々は、許せないと思って検察審査会に不服申し立てをして審査してもらったところ、強制起訴すべしとの結論が出され、町長は強制起訴されることとなった。

検察審査会とは、国民の中からくじで選ばれた十一人の方達により構成する組織で、検察が不起訴処分とした事件について不起訴が正当かどうかを判断する。そして、検察審査会が起訴すべきと判断した時は強制的に起訴されることになる。強制起訴されれば指定された弁護士が検察官役になって裁判が行われるが、町長の暴行事件は一審で有罪となり、科料九千円の罰則が科せられることとなった。しかし、町長は自分はやっていないと言い張って、控訴し、高等裁判所で審判されることとなった。最高裁まで行く可能性もある。

人が包丁で刺されて死んだ可能性が非常に高い事件が不起訴で被疑者は無罪放免となり、強制起訴のキョの字もない。しかし、拳固で頬を軽く殴ったか押したかという程度の暴行事件が強制起訴され、高裁を越えて最高裁まで行く可能性がある。皆さんどう思われるだろうか。本当に奇妙奇天烈な司法の世界だ。

もう一つ言いたいのは、不起訴にした検察官は強制起訴されても何の責任も問われず、なおかつ強制起訴で有罪になっても何のお咎めもなく、検察官役も弁護士さんが引き受けてくれるという仕組みである。さすがは超難関の司法試験に合格して超強力な国家権力機関にいる方達だ。身分は保障されている。すごい。

さらに、警察の幹部連中の天下りと同じように検察官にも天下り先がある。それは弁護士だ。検察官を辞めて弁護士になった者をヤメ検という。資格があるからといって、犯人を有罪にする側から無罪にする側になる。そんなことをして恥ずかしくないのかと言いたい。やはり、検察官には正義感も使命感もないということの証だ。しかも、多くの検察官は定年退職を迎える前にヤメ検になるらしい。検察官の皆さんは失敗すれば身分が脅かされるという意味で、本当は危険な検察官より弁護士になりたいのだ。そして、ヤメ検は定年がないときている。検察官から弁護士になる者はいくらでもいるが弁護士から検察官になった者などどこにもいない。そういう制度がないからだと言う人もいるだろうが、弁護士から検察官になりたいと願う者はいるのか。いれば名乗りを挙げてほしいものだ。

まとめとして、この司法の世界の実情について思うところを述べさせていただこう。警察の貴族階級の課長どもは「自分の所には犯人連れて来ないでー」と願い、検察官は「否認したり黙秘する犯人を自分の所に送致して来ないでー」と願い、裁判官は「難しくてややこしい事件を自分の所に起訴して来ないでー」と願っている。『よっしゃ。こんな悪い犯人を連れて来てくれてありがとう。後は私に任せなさい』と引き受ける貴族警察官、検察官、裁判官は一人もいない。裁判官なら検察官が不起訴にしてくれたら「よくやってくれた。ありがとう」と思っているだろう。間違いない。

◇命がけで逮捕した自動車泥棒を不起訴にしてくださった検察

前項で不起訴にしたがる検察の体質について述べさせてもらったので、ここで主権者である私が命がけで逮捕した自動車泥棒を検察が不起訴にした事例を紹介しよう。

本県最大のH署のパトカー勤務だった時のことである。その日は研修生を乗せての勤務だった。研修生とは警察学校を卒業して二年未満の新米の交番勤務の警察官だ。その日の研修生は不思議なことに、第一章で登場した人物で私に「自動車検問教えて下さい」と言ってきたH巡査だった。めずらしく骨のある若手警察官だ。研修生なので運転させることができないため、めずらしく私が運転し、H巡査を助手席に乗せてパトロールした。深夜の午前一時頃のことであった。

「上半身裸の男が大声で叫びながら、おぼつかない足取りで歩いている」

との一一〇番通報が入った。私は『ひょっとしたら覚せい剤などの薬物中毒者かもしれない。このまま放置していては危ない』と判断し、現場方面に向かった。しかし、そんな男は見当たらない。そこで、男がやって来る可能性の高い方向の道路際の駐車場にパトカーを止めて待つことにした。

待機して十分ほど経った時だった。北方から前照灯を消したまま、荒っぽい運転で走行してくる黒色のワゴン車を発見した。そのワゴン車は走りながら前照灯を点けて南に走って行ったが、どうも様子がおかしいと直感した私は、そのワゴン車を止めて職務質問すべく、パトカーを発進して追跡した。追い付いた所で赤色回転灯を点け、ワゴン車に対してマイクで「止まりなさい」と言った。するとワゴン車は止まるどころかスピードを上げて逃走し始めた。ややふらつきも見える。私とH巡査はパトカーのサイレンを鳴らし、何度も止まるように呼びかけながら必死の思いで追跡した。

その道路は片側一車線の狭い道路だ。そのまま行くと交通量の頻繁な国道に出ることとなる。そうなれば国道を走る車と衝突し、大惨事になることは間違いない。国道に出るまでに何とか停止しなければならない。しかし、ワゴン車は止まることなく国道に近付いてきた。国道に出る所の交差点では幸い赤信号で数台の車が信号に従って停車してくれていた。逃走しているワゴン車も少しスピードをゆるめた。『そのまま止まってくれー』祈るような気持ちになったが、ワゴン車はスピードをいったんゆるめたものの、停止している数台の車の右側に出て国道の方に向かった。赤信号を突っ切るつもりだ。『危ない！』と思ったその瞬間、国道から大型トラックが左折して入って来てくれた。お陰でワゴン車は大型トラックに道を塞がれた恰好になり、停止せざるを得なくなった。何というタイミングだ。大型トラックが一秒遅ければワゴン車は大型トラックと衝突していただろうし、三秒遅ければワゴン車は国道に飛び出し、猛スピードで走行している他の車両と衝突し、大惨事になっていたであろう。

日頃の行いがよかったせいだろうか？　神様が助けてくれた。私とH巡査は急いでパトカーから降りて、停車したワゴン車の運転席側に駆け寄った。運転席にはなんと上半身裸の男が乗っていた。私はドアを開け、無理やりエンジンキーを切った。車内からは酒の臭いがプンプンしている。飲酒運転だ。「降りなさい」と言って半ば強制的に降車させた。お綺麗でお気軽な立場の殊更人権派の弁護士や上流貴族の警察官には「同意を得ずにエンジンを切ってもいいのか。強制的に降ろしてもいいのか」と言われそうだが、治安を守るために働いている私はそうした。

パトカー内でアルコール検査をしたところ、基準値を大幅に超えるアルコール分が検出されたので私は男を飲酒運転で現行犯逮捕した。男に対して、「運転してきたワゴン車は誰の車なのだ」と質問したところ、「そんなの知るか。気が付いたら乗っていた」と答えた。どうもおかしい。

そうしていたところ、

「ファミリーマートの駐車場にエンジンキーを付けっ放しでワゴン車を止めていたところ盗まれた」

との一一〇番通報があり、まさに男が運転していたそのワゴン車は、盗まれたばかりの車だったことが判明した。刑事さんの協力も得て、飲酒運転で逮捕した男を窃盗（自動車泥棒）でも通常逮捕した。

しかしだ。まさに命がけの逮捕劇であった。

この逮捕事件に対して、送致を受けた検察官は飲酒運転は起訴したものの窃盗に関しては不起訴とした。なぜでしょうか。検察官はこう判断したのだ。

『自動車を盗んだかもしれないけど、お酒を多量に飲んで前後不覚の状態だったじゃん。ということは意識が朦朧《もうろう》とした状態でやったことだから悪質性が弱いじゃん。車も壊れずに持主に返したことだしー。だから不起訴だよーん』

である。まさに、法と証拠に基づいて適切に不起訴にしてくださったのだ。

飲酒運転も悪いけど、自動車泥棒の方がもっと悪いではないか。しかも、逃走中に大事故を起こしてしまう可能性も十分にあった。そうなれば、車は大破するだろうし、他の人を巻き添えにした死亡事故につながるおそれも十分にあった。そんな犯人に対する怒りなど全くなく、命がけで逮捕した我々の苦労など意にも介さず、『警察官だから当然のことじゃーん』と感謝もしなければ、敬意も表さないのだ。

他にも不起訴にされた逮捕事案はいくつもあるが、不起訴率を高めている検察の実態を知っていただきたく一つの事例を紹介した。

◇弁護士の体質

検察のみ批判しては不公平なので、弁護士の体質についても触れておくことにしよう。弁護士は被告人の利益のためにはたらくのが当然だと言ってはばからない。弁護士の言う被告人の利益とはどういうことか。犯罪を犯した者でもやっていないと主張すれば、同調してやってないと主張し、証拠が足りなければ、そこにつけ込み無罪にすることである。ある弁護士の解説書にはこう書かれていた。

《弁護士は自分が担当している被告人と接見（面接）した際、被告人から「本当は自分が犯罪を犯した。しかし、無罪を主張するから協力してくれ」と頼まれたら、被告人の利益のために無罪を主張しなければならない。もし、被告人が犯行を自供したことを検察や警察に告げようものなら弁護士法違反で処分される。》

私は心の中で『まさか嘘やろ』とつぶやいた。彼らはそんなバカげた論理をまことしやかに信じているのか。どうして信じているのか。そう書いたら百点くれるからである。だから、人間としての感覚を失い、麻痺している。私がそう言えば、「お前の方が麻痺しているのだ」と非難されるかもしれない。もう一つ、巨大な弁護士会という組織の中で、一人だけ「それは違う」と叫んだら自分が干されるからだろう。まさに自己保身だ。

確かに弁護士は被告人の利益のためにはたらくべきである。ただし、被告人の利益とはやっている人間を無罪にすることではない。こういうことを考えてみてはどうだろうか。もし、あの世があって人間は死んでも生きている。そして、死んだら、自分の一生をふり返り、反省しなければならないようになっている。そうであれば、本当はやっていたのにやってないと嘘を言って無罪を勝ち得た者は、とてつもない不利益を被ることになるかもしれない。あの世がないとするならば、嘘をつき通して無罪になることは被告人の利益になるだろう。しかし、あの世があって、人間が死んでも生きているとするならば、やっているのに無罪を勝ち得た者は最大の不利益を被ることになるのではないだろうか。その者を無罪に導いた弁護士も、とてつもない反省を強いられることになるかもしれない。

あの世があるかないか。人間は死んだらどうなるか。この人間にとっての最大の命題について触れることはタブーとされている。これだけ科学が発達しても解明されていない。結局、分からないものはないものとされている。しかし、私は感覚的ではあるが、「あの世はある。人間は死んでも生きている」と思っている。

そうであるならば、弁護士が本当に被告人の利益のためにはたらくということは、真実を追及し、罪を犯した者には悔い改めて罪を償うことを勧め、罪を犯していないのに疑われている人がいれば無罪に導くことだ。当たり前のことを書かせてもらったが、催眠術にかかり、被告人の利益とは推定無罪とか疑わしきは罰せず原理を絶対として、灰色は無罪にすることだと信じ込んでいる弁護士には通用しないかもしれない。

もう一つ言いたいことがある。弁護士は自分たちが無罪を主張した事件が裁判で負けて有罪となった場合でも、何の責任も取らなくてもいいし、非難されることもほとんどないということだ。検察や警察なら自分たちがこの者が真犯人だとして有罪を主張したが、裁判で負けて無罪になった場合、ボロクソにたたかれ、責任を追及されることになる。この点から考えても、弁護士とは何とお綺麗かつお気軽な立場の方達なんだろうなと思う。さすがは超難関の司法試験に合格した方達だ。

面白いことに、執筆活動中にこの項のテーマにぴったりの事件が発生した。「パソコン遠隔操作事件」である。片山被告は他人のパソコンを遠隔操作して他人のパソコンから脅迫文を公共施設のパソコンに送り、四人の無実の人たちが誤認逮捕された。捜査中に四人の方は無実であることが分かり釈放された。当然、弁護士や殊更人権派の人々は警察を非難しまくった。しかし、警察の懸命な捜査により、四人の方のパソコンを遠隔操作した片山被告を割り出し通常逮捕した。

だが、片山被告は否認した。「私はやっていない。私も誰かに遠隔操作されたのだ」と言い張った。弁護士は被告を追及することもなく、当然のように被告の言い分を信じた。被告が真犯人であるという証拠も不十分だ。これは無罪を勝ち取れる。裁判所も片山被告は証拠を隠滅するおそれはないとして保釈を決定し、被告は釈放された。警察は片山被告の行動を監視した。時に尾行し、遠くから望遠鏡で動きを監視したことだろう。片山被告がある日、自分が真犯人ではないことを装うために、マスコミなどに真犯人と名乗る者からメールが送られるように発信時間を設定したスマホを荒川の河川敷に埋めた。スマホは設定したとおりに作動し、被告の裁判中にそのスマホから真犯人と名乗る者からメールが送られてきた。しかし、刑事は被告がスマホを埋めたところを目撃していた。そして、そのスマホを掘り出したところスマホから片山被告のＤＮＡが検出された。被告は警察から追及され万事休す。一時行方をくらませたが、弁護士に電話して自ら出頭。自分が真犯人であることを認め、保釈は取り消され再び収監された。被告の担当弁護士は警察が発表した当初、「片山さんは無実です。決定的な証拠もないし、無罪になることは間違いないのに……片山さんがそんなことをするはずがありません」

などと言っていたが、片山被告が全面自供すると慌てふためいた。涙を流しながら検察に謝罪し、埋めたスマホを発見した警察を褒め称えた。

この事件に象徴されるように、弁護士は被疑者がやっていないと言えば追及することもなく素直に信じる人たちである。そして被疑者、被告人に対して全面的に味方して国家権力機関である警察、検察と戦う。それが正義だ、私たちの使命だと思い込んでいる。裁判で無罪を勝ち取れば冤罪だと叫んで鼻高々になり、超有名になれる。

片山被告が埋めたスマホを発見した警察官は大したものだ。これで、片山被告も無実を主張した弁護士さんも救うことができた。片山被告の「多くの人たちを騙してしまった。申し訳ありませんでした」と言って謝る姿勢は非常に買えた。彼は本気で反省している。これを機会に生き直しをすれば彼の罪は許される。弁護士さんも同じだ。

今度は裁判でやっているのに無罪になった人たちが良心の呵責に耐えかねて、

「実は私は殺していたんです。私は真犯人なのです。申し訳ありませんでした。何億という賠償金も国からもらっていますが、そのお金で人助けをさせて下さい。神様、国民の皆様、私が騙した警察官、検察官、弁護士さん、ごめんなさい。どうぞ私の罪をお許し下さい」

と、涙を流しながら申し出て来てほしいものである。司法の世界はひっくり返るだろうなあ。

この項の最後にこんなことを言いたくなった。検察が不起訴にした不起訴率のデータはある。ならば、弁護士と接見（面接）する前に犯行を認めていた被疑者が、弁護士と接見（面接）した後に否認あるいは黙秘に転じた率はどれくらいなのかデータを出してほしいところだ。弁護士会は絶対にさせないだろうな。

◇裁判官の立ち位置とは

裁判官は判決を下す時、有罪であろうが無罪であろうが、お高い所から自信たっぷりの毅然とした態度で、かくかくしかじかの理由で「有罪」「無罪」を言い渡す。しかし、その毅然たる態度は威厳を保たせるための演技にすぎない。当たり前の話だが裁判官の判決は絶対に正しいものではない。裁判官は神様ではない。閻魔大王でもない。ただの人間だ。裁判官の判決、特に最高裁判所の判決というものはどういう意味があるのか説明しよう。

それは、どこかで誰かが最終結論を出さなければ収拾がつかなくなるから必要だということ、それだけのことだ。裁判官はただの人間だ。犯罪を犯している者に無罪を言い渡したり、逆に罪なき人に有罪を言い渡す可能性も無きにしも非ずである。これも当然のことだ。まあ、素人の裁判員よりよほどましではあるが……。どうしても、最終結論を出す人が必要だという意味から裁判官の判決は尊重しなければならないということである。

最高裁判所の裁判官は、殺人事件の被告人に対して死刑判決を言い渡すか無罪を言い渡すかの究極の選択を迫られた時、自信たっぷりにふんぞり返って判決を下すのではなく、人間らしくこう言えばいい。

「困りました。この人（被告人）が殺人を犯しているのかいないのか私には分かりません。結構な証拠は揃っているのですが、本人はやっていないと言っています。非常に疑わしいのですが、疑わしきは罰せずの司法の大原則がありますし、まいりました。ここで私がこの人（被告人）に死刑を言い渡したとして、本当はやっていなかったとしたら、私自身がとてつもない罪を犯したことになります。逆に無罪を言い渡したとして、本当はこの人が人殺しをしていたとしたら、最強の極悪人に無罪を言い渡したということになり、これまた私はとてつもない罪を犯したことになります。ただの人間である私が何で最終判決を下さなければならないのでしょうか。誰か代わってくれないでしょうか。何でこんな仕事に就いてしまったのでしょう。裁判官になんかならなければよかった。どうしていいのか分かりません。神様助けて下さい」

ふんぞり返って判決を出す人より、よほど人間らしくていいではないか。

ここで一つ、裁判官の判決について提言したい。現実にあったこのような事例の場合、裁判官はどのような判決を下すべきだろうか。

《具体的想定事例》

『一家四人殺しの殺人事件が裁かれ、最終的に最高裁判所が死刑判決を下した。被告人は受刑者となり、死刑のその日を待って拘置されることになった。しかし、納得のいかない受刑者の家族が弁護団の協力を得て再審請求をした。四十年もかかって、ようやく裁判官がその事件の証拠は捜査機関が捏造した疑いがあると判断して再審決定がなされた。その結果、受刑者は被告人となり四十年ぶりに釈放された。そして長い裁判がやり直されることになった』

再審請求が通った場合、裁判官はほぼ百パーセント無罪を言い渡すであろうが、裁判官にその被告人がやったかやっていないか分かるわけがない。無罪を言い渡せば被告人はヒーローになる。弁護士もヒーローになる。しかも、国から何億という賠償金が支払われ、一発で大金持ちになる。弁護士も多額の分け前をもらえる。しかし、本当はやっていたとしたら……恐ろしいことだ。逆に無実の人間に死刑を言い渡したら……これまた、とてつもなく恐ろしいことである。

再審請求が通ったとしても、四十年前の裁判官は、この者（被告人）が殺人を犯したことに疑いはないと確信して死刑判決を下したはずだ。再審を決定した裁判官は証拠を捜査機関が捏造した疑いがあると判断しているが、あなたが疑っているだけで捏造していなかったらどうするのだ。だから、再審請求が通ったとしてもその者（被告人）が殺人を犯している可能性は非常に高いと私は思う。

そこで裁判官は、被告人が殺人を犯した可能性が大であるが、証拠が若干足りなくて苦しい立場に追い込まれている時、こういう判決を下せばいい。

「この者（被告人）が四人を惨殺するという前代未聞の殺人事件を犯した可能性は大である。しかし、捜査機関が証拠を捏造した疑惑もある。本当は捏造していなかったらごめんなさい。この者（被告人）はもう四十年も拘束されている。もしやっていたとしても十分苦しんだでしょう。だから、この者を懲役十年とする。釈放して自由の身にしてあげて下さい。私が無罪と言えばこの者（被告人）に国から五億円もの賠償金が支払われることになりますが、懲役十年にしますので国は賠償金を支払わなくてもいいです。しかし、ご苦労も多かったでしょうし、これからの生活もありますから一千万円あげて下さい」

もう一度言うが、裁判官に被告人がやったかやっていないか、一〇〇パーセント分かるわけないのだから折衷案的な判決を下せばいい。

しかし、ここでも思うのだが、真実に最も近いのは取調べをしたサムライ魂を持った刑事であり、中心的に現場で捜査に携わった警察官であるにも拘わらず、その人たちの声は、一切表に出ないのは奇妙な話だ。現場で働いている刑事、警察官は優秀（？）な人たちから見れば雑魚にしかすぎないと看做されている。ひどい世界だ。

もう一つ。刑事裁判では証拠がどうのこうのと言うばかりで肝心の「やったかやっていないか」が議論されない。「私はやっているとと思います」「私はやっていないと思います」という最も重要で当たり前の意見を言う人が誰もいない。言わない人たちは証拠裁判主義が司法の大原則なのだから当然だと言うだろうが、言い訳にすぎない。どっちにしろ、自分の気持ちを明らかにすれば、自分の思いと逆の判決が出た場合に自分が窮地に追い込まれるおそれがあるから言わないのだ。どいつもこいつも卑怯千万、自己保身の塊だ。

関連して、もう一つ言いたいことが思い浮かんだ。裁判官は無罪判決を出す時に奇妙な表現を使う。キッパシとした口調で、「被告人の自供は取調べをした警察官の誘導による可能性が否定しきれないものと認められる」と。厳格そうに聞こえるが実に奇妙な表現だ。自分が判決を下しているのに他人事のようではないか。否定を二回続けたり、「認められる」といった曖昧な表現を使うことによって、何だか立派そうに聞こえるのが不思議だ。裁判官は自分が思ったとおりにはっきりと「被告人の自供は取調べをした刑事の誘導尋問によるものである」とか、「刑事の誘導によって自供したものと認める」と言ったらどうだ。裁判官の奇妙かつ巧みな表現は見事であるが、なぜ他人事のような表現を使うか。本音は『私はただの人間だから真実は分かりません。ただ、疑わしきは被告人の利益にという司法の大原則に従っているだけなのです。私は無罪にしたけれど、本当はやっていたら、それは法律が悪いんです』と責任転嫁しているだけの話だ。ここにも自己保身の意識が見え隠れしている。

◇不偏不党かつ公平中正の理念がもたらすもの

警察官になった時点で、警察官はこのような服務宣言をさせられる。
「私は、日本国憲法および法律を擁護し、命令、条例および規則を遵守し、なにものにもとらわれず、なにものをも恐れず、なにものをも憎まず、良心のみに従って不偏不党かつ公平中正に職務を遂行することを厳粛に誓います」

おそらく、検察官も弁護士も裁判官もほとんど、もしくは全く同じ理念で服務宣言したり、服務宣言しなくてもこの理念で仕事をすることが最も大切なんだと教養を受けていることだろう。

この服務宣誓文、誰が読んでも賞賛するだろう。いかにも警察官は毅然として正義を貫き、命がけで悪に立ち向かおうとする姿勢が表れていると思うだろう。しかし、私に言わせれば奇妙奇天烈、ごまかしだらけのお笑い文言である。第六章である程度詳しく触れるので、ここではその理由については説明しないが、

・良心のみに従うことと、日本国憲法及び法律を擁護すること
・良心のみに従うことと、命令、条例、規則を遵守すること

・良心のみに従うことと、なにものにもとらわれない、恐れない、憎まないこと
・良心のみに従うことと、不偏不党かつ公平中正に職務を遂行すること
というように、「(己の）良心に従うこと」と以下の部分が全く同じものと看做《みな》しているところが奇妙である。良心に従うことと以下の部分は時に真逆になることがある。良心と日本国憲法は一体ではない。良心あるがゆえに日本国憲法に従ってはならないこともある。ましてや上司の命令などクソ喰らえで行動しなければならない時もある。

この宣誓文の中で中心となるのが「不偏不党かつ公平中正」である。いかにもカッコいい文言だが、不偏不党、公平中正とは辞書で調べたら、

「いずれの党派・主義にもかたよらず、公平・中立の立場をとること」

とある。『共産党は暴力革命を目指している危険な集団だから監視しなければならないとして、スパイ活動（スパイごっこ）しているくせに、よお言うわ』と思うところであるが、確かに共産党以外の分野ではまさに何にもかたよろうとしない。それが何をもたらしているか説明しよう。

かたよってはいけないのだから巡査の段階から何にも関心がない。新聞もニュースも見ない。討論番組も国会中継も見ない。どこで何が起ころうと興味がない。原発問題、環境破壊、拉致問題、領土問題、国際紛争、テロ、安保法制、一票の格差問題、無罪判決、選挙権の引き下げ、東北の復興、殺人事件、交通死亡事故、等々いずれも自分の利害と関係ないことには何の関心も、興味もなければ意見も持たない。そんな奴らがいっぱいになっている。例えば私が、優秀と看做されている若い巡査部長に原発問題について熱く語っても、『何言ってんの。そんなこと叫んでもしゃあない

でしょ』といった感じで全く無表情。人情も正義感もなく無味乾燥な氷かロボットのような人間だらけになってしまっている。

貴族階級以上の幹部連中は、現場の雑魚階級の警察官に社会問題や政治の世界に関心を持ってもらっては困ると思っている。雑魚どもが自分なりの意見を持ったりすれば、世間から叩かれるおそれがあるから、ロボットか氷のような意識でいいのだ。正義感すら危険だから持ってもらっては困ると思っているだろう。これが不偏不党・公平中正の理念がもたらしている現実だ。それ故、あまりにも人間的レベルが低すぎる連中が多く生まれている。偽らざる現実だ。しかし、それでも約一〇パーセントの警察官は良心に従い、社会正義を実現したいと願って仕事をしているので少しは安心して頂きたい。

第六章　自己保身の法律と〝殊更人権派〟の主張に一喝

日本は法治国家である。よって、日本国憲法を中心に法律は絶対視される。ほとんどの国民は法律は正しいと思っている。公務員なら、なおのことである。しかし、私は言いたい。日本国憲法は絶対に正しいのか？　日本国憲法の理念に沿った法律や条例は絶対に正しいのか？　現場の警察官という特殊な仕事をしてきた私だからこそ、日本国憲法の文言、法律などの文言の奇妙奇天烈・摩訶不思議さに気付いたことがたくさんある。だから言いたいことがたくさんある。

しかし、司法の世界に生きる公務員と弁護士はすべて既存の法律および法律に準ずる条例などの文言に従って仕事をする。その人たちの意識は何種類かあるが、一つは、

・憲法や法律の文言は勉強しまくってきた優秀な人たちが作ったのだから絶対である。

もう一つは、

・気になるところがあっても、そうなっているんだからしょうがない。

といったところである。

なぜそう思うのか。完全な自己保身だ。日本国憲法を中心とする法律の文言に従っていれば安全だからである。刃向かえば自分が窮地に追い込まれる可能性が出てくる。

しかし、私は「見せたくない物は見せなくてもいい」「言いたくないことは言わなくてもいい」と規定されている日本国憲法の文言に抗って、見せたくない物を見て、言いたくないことを言わせて治安を守ってきた。だから、誰が考えても貴重である「治安を守る」という仕事をしてきた現場の警察官の一人だった私が、代表として声を上げなければならない。法律の矛盾や過ちについて、具体的な事例を交えて、ここに記すこととする。自己保身に生きる王族、貴族の連中は主権者の私に対して怒るだろう。「雑魚の分際で何ちゅうことをぬかすのだ」と。しかし、心ある人々は気付くだろう。この自己保身の法律の矛盾に……。

◇飲酒運転を容認している道路交通法

飲酒運転で幼い子供たちが命を亡くすという悲惨な交通事故が連続発生した。

飲酒運転は許せないと市民が声を上げたことによって、それに応えた政治家は官僚に命じて法律を改正させた。改正した中身は厳罰化である。懲役刑と罰金が大幅に引き上げられた。また、危険運転致死傷罪という犯罪を新設し、飲酒運転や過労運転で正常な運転ができない状態で交通事故を起こして人を負傷させた場合は十五年以下の懲役、死亡させた場合は一年以上の厳しい懲役刑に処せられることとなった。

しかしである。政治家や高級官僚は「飲酒運転は悪質極まりない！　私は絶対に許さない！」とキッパシとした態度を見せながら、やることといえば罰則を強化することしか頭にない。いくら罰則を強化しても現場の警察官が飲酒運転を検挙することができなければ、飲酒運転は無くならないし、処罰することもできないではないか。

私は、飲酒運転したのに警察官に自分の体内のアルコール量を計らせない者、専門用語で飲酒検知を拒否する者を計五人、飲酒検知拒否罪で現行犯逮捕したことがある。しかし、そのたびに「犯人連れて来ないでー」の初級貴族交通課長から言われた。

「継続して運転するおそれはあったのか。その兆候が見られたのか。あれほど言っていたのに大丈夫なのか」

と。決して「こんな悪い奴をよく捕まえてくれた。ご苦労さま」とは言わない。

酒を飲んで運転してきた者が飲酒量を計るための飲酒検知を拒否すると飲酒検知拒否罪で現行犯逮捕することができる。誰もが当たり前じゃないかと思うだろう。しかし、法律は人間として当たり前のことが当たり前ではないのである。道路交通法六十七条には、

「車両に乗車している者が飲酒して運転するおそれのある場合に警察官はその者の飲酒量を検査することができる」

といった内容の文言が書かれている。どういうことかと言えば、警察官が飲酒運転をしている者を発見し、アルコール検査をしようとしても、そこまで飲酒運転してきた者が、そこからも運転するおそれがある場合でなければアルコール検査はできないということである。しかし、飲酒運転をして警察官に止められた者が直後に運転しようとするはずがない。だから、警察官はアルコール検査を拒まれればできないようになっているのである。ということは私が五人を逮捕したことは道義的には正当であっても、本当はすべて違法であり、私は道路交通法に違反して飲酒検知拒否罪で五人

の市民を逮捕したことになる。

だから、警察官に止められて飲酒運転がバレた時、

「確かに酒を飲んでいますが、警察官に見つかったのだからここからは運転しません。飲酒検知は拒否します」

とキッパシ言えばいいのである。もっと運転するおそれがないことをハッキリさせるためにはキーを近くの川にでも投げ捨てたらいい。そうすれば、完全に運転するおそれはなくなる。警察官はお手上げだ。もし「飲酒運転をしてアルコール検査を拒否するとは許せん！」と怒る警察官がいて、逮捕されそうになったら、道路交通法のこの文言を出してきて抗議すれば警察官は何もできない。しかも、初級貴族の交通課長は味方をしてくれるだろう。

なぜ、法律を作る（変える）権限のある国会議員や高級官僚は私の指摘する道路交通法の文言を変えようとしないのか。理由は一つ。国家権力側に付きたくないからだ。国家権力機関である警察の権限を強めることは国民の側に付いていないことになって非難されるおそれがある。国家権力側ではなく、常に国民の側に立っていた方がカッコいいし、しかも安全だからである。だから、飲酒運転は絶対に許せない、根絶しなければならない等とほざきながら、道路交通法のその文言はそっとしているのだ。卑怯千万だ。ここにも自己保身の意識がはびこっている。

法律を作る国会議員と高級官僚に言いたい。

「雑魚に言われて悔しかったら、『運転するおそれがある場合にアルコール検査ができる』という道路交通法の文言を『飲酒して車両を運転したことが明らかな者に対してアルコール検査ができ

る』に改正しろ！」

当たり前のことを言わせてもらった。

◇無免許運転も容認している道路交通法

無免許運転の若者（被疑者）が通学中の子供たちの列に突っ込んで幼い子供たちと妊娠中のお母さんが命を亡くすといった悲惨な交通事故が発生した。しかし、裁判官は、

「確かに被疑者は無免許運転をしたが、無免許運転を繰り返していたのだから車の運転は上手である。よって、危険運転にはあたらない。また、居眠り運転だから無免許が原因ではない」

という理由で、亡くなった子供たちのご家族が求めていた危険運転致死罪の適用は見送られ、はるかに罰則の軽い業務上過失致死罪が適用された。奇妙な話である。無免許で運転する期間が短くて車の運転が下手だった場合は罰則の重い危険運転致死罪が適用されるが、無免許を繰り返していたのだから車の運転は上手になっていた。だから、危険運転致死罪には当たらないと言うのである。本当に馬鹿げている。無免許運転をしまくっていたら事故を起こした時、罪が軽くなるのである。

さて、ここからである。

無免許運転も飲酒運転と同じく、法律は容認している。道路交通法には車両の運転者は警察官に対して免許証の提示義務があると記載している。以前は提示義務はあっても罰則がなかったから、提示しなくても処罰されることはなかった。やっと、法制審議会も重い腰を上げ、審議の末、罰則規定を設けた。しかし、罰則というのは、「何らかの交通違反を犯した場合、警察官に運転免許証

を提示しなければ運転免許証提示義務違反で罰せられますよ」ということである。ということは交通違反をしていなければ警察官に止められても運転免許証を提示しなくてもいい。「免許証は持っています。でも運転免許証は見せません」と言えば警察官はお手上げである。強制的に見ることはできないし、運転免許証提示義務違反で逮捕することもできない。無免許運転を繰り返しても交通違反をしなければ大丈夫ということだ。

私は悪質な交通違反を検挙するために自動車検問をよくやった。自動車検問で飲酒運転なら約四百件、無免許運転なら約三十件検挙したことがある。ある日の深夜、部下と共にK警察署管内で自動車検問を行った。フェリー乗り場の方向から品川ナンバーの高級車が走ってきたので停止させた。その車両は坊主頭、刺青デブっちょ男が運転していた。シートベルトもしており、検問だからその時点で交通違反はしていない。しかし、めずらしい品川ナンバーであり、運転している男も怪しい。私は運転免許証を確認したいと思ったので、男に「運転免許証を見せてくれますか」と言ったところ、男はうすら笑いを浮かべ、あしらうように「見せねえよ」と言った。「免許証は持っているんでしょ。どうして見せないのですか」と質問したところ、男は「何の違反もしてないだろ。見せねえよ。東京でも大阪でもこれで通用したんだ」と言う。私は頑なに見せないと言うということは無免許か指名手配犯人の可能性があると思い、絶対に免許証を見てやると思って、粘りに粘った。見せろ見せないの押し問答が続いたが、私は怒って「てめえ、見せないということは無免許か。それとも指名手配でもうたれてるのか」と言った。粘りに粘ったところ、男はやっとのことで免許証を見せた。その結果、普通免許はあり、指名手配犯でもないことがわかった。それで職務質問を打ち切ったが、男は「覚えてろよ」と言い放って猛スピードで立ち去った。後日、男は「自分は普通免許をもっているし犯人でもないのに検問中の警察官に『無免許か。指名手配か』と言われた。人権侵害だ」としてK警察署に訴えてきた。それを知った直属の上司であった初級貴族の中隊長H警部は私に対して「免許証は見せなくていいんです」と言った。さすがだ。初級貴族の中隊長は免許証を見せろと言った部下の警察官の味方をせずに、法律に則って免許証を見せないといった刺青デブっちょ男の味方をした。彼は数年後、ちゃんと警部から中流貴族の警視に昇任した。

お分かりだろうか。この事例が示すとおり、国民は検問で警察官に止められても免許証は見せなくてもいいのである。無免許運転だったとしても、免許証は見せないと言い張られたら、取り締まりをしている警察官はお手上げだ。「分かりました。どうぞ」と言って行かせるしかない。

ひょっとして、無免許運転で子供たちを引き殺した犯人はその手で逃れてきたのではないのか。あるいは、違反しなければ警察官に免許証を見せなくてもいいと知っていたから無免許運転を繰り返していたのではないのか。そうだとすれば、幼い子供たちとお母さんが轢《ひ》き殺されたこの事件は、道路交通法の不備が引き起こしたとも言えるのではないのか。私は強い憤りを覚える。

◇自己保身から生まれた自白の信用性の論理

日本国憲法第三十八条には、

「強制、拷問若しくは脅迫による自白又は不当に長く抑留若しくは拘禁された後の自白は、これを証拠とすることができない」

加えて刑事訴訟法第百四十六条には、

「何人も、自己が刑事訴追を受け、又は有罪判決を受けるおそれのある証言を拒むことができる」

さらに、刑事訴訟法第百九十八条二項には、

「取調べに際しては、被疑者に対し、あらかじめ、自己の意思に反して供述をする必要がない旨を告げなければならない」

なおかつ、刑事訴訟法第三百十一条一項には、

「被告人は、終始沈黙し、又は個々の質問に対し、供述を拒むことができる」

とカッコよく書かれている。『ウーン！　なるほど。憲法と憲法に付随する刑事訴訟法は国家権力の暴走を食い止めようとしている。そのとおりだ。素晴らしい定めだ』と単純に思える人はテストで百点を取れるだろう。

はたして、このカッコいい文言が何をもたらしているのか主権者である私が意見を述べることとしよう。私が体験した一つの事例をあげて説明する。

A警察署でパトカー勤務をしていたある日のこと。「深夜に片側一車線の道路で、二人の若い男が急に道路に飛び出してきて、通行している車の正面から石をフロントガラスに投げつける事件が発生した」との一一〇番通報を受け、私は直ちにパトカーで現場に急行した。現場にはフロントガラスにひびが入った一台の普通車が停車しており、運転していた中年の女性が不安そうな顔をして立っていた。被害者のその女性から事情を聞くと、

「私が車を運転していると高校生くらいの二人の男の子が急に車の前に飛び出してきて、いきなり

石を投げつけてきたんです。その石がフロントガラスに当たりひびが入りました。私は急ブレーキをかけて止まりました。石を投げつけてきた男の子は走って北の方へ逃げて行きました」

とのことだった。地面を見たところ、投げ付けたとみられる直径七センチくらいの結構大きい石ころが二個転がっていた。フロントガラスにひびが入っただけで本当によかった。もし、粉々に割れていたらどうなっていたことだろうか。死亡事故に繋がっていた可能性も十分ある。

幸いにも目撃者の男性が近くにいてくれたので、被害者の女性と共に犯人の服装や特徴を詳細に事情聴取したところ、よく覚えてくれていて、相当詳細な服装や背恰好などが判明した。事情聴取が終了し、被害者の女性には被害届を作成するため、本署（A警察署）に行ってもらい、目撃者の男性には帰宅してもらった。

こういった場合、犯人は現場に帰ってくる可能性があるので、私は相勤者と共に現場で自動車検問を実施した。三十分ほどして、暴走族風の車両が走ってきたので停止灯を差し出してその車を止めた。そうしたところ、二十歳くらいの男が運転しており、後ろの座席に二人の高校生風の男の子が同乗していた。二人の男の子は、先ほど被害者、目撃者から聴取した犯人の服装や背恰好と酷似していた。警察官の私に見つかって落ち着きがない。私は彼らが犯人に間違いないと判断した。そうした場合、口裏を合わされないように三人を分けて聴取する。すると、運転していた男は、

「後輩から車で迎えに来てほしいと電話があって迎えに来ました。ここから一キロくらい北方の道路で二人を拾って家まで送っているところです」

と話したが、二人の高校生風の男子は現実に高校生であり、

「三人でT市内に遊びに行っていた帰りです」

と話し、明らかに矛盾している。

そこで、私は無線で被害者と目撃者を現場に来てもらうように本署の当直員に依頼した。しばらくして現場に来た被害者の女性と目撃者の男性は、二人の男子高校生を見て、

「車に石を投げつけたのはこの二人です。間違いありません」

と言った。これで、彼らが犯人であることは百パーセント間違いない（殊更人権派の人々ならそれでも犯人ではないかもしれないなどと言いそうだが……）。

捜査員の応援を求めて、二人の高校生を本署に同行した。本署では二人を分けて取調べをした。しかし、二人ともしたたかだった。一人を私が担当したが、素知らぬ顔をして、

「車に石を投げつけていません。そんなことは一切していません」

の一点張りだった。もう一人も頑なに否認した。こんな時、皆さんだったらどうされるだろう。男子高校生に「言いたくないことは言わなくてもいいのですよ」と丁寧に説明し、自供しなかったら「はい。そうですか」と言って帰しますか。一つ間違えば、車で通行していただけの善良な市民が殺されるところだった。私は白を切り続けるその高校生に猛烈に腹が立った。「てめえ。コノヤロウ！」と怒鳴りつけた。貴族階級や殊更人権派の人々なら現場の一雑魚警察官が高校生といえども一般市民に対して「てめえ。コノヤロウ」とは何事かと批判するだろう。しかし、私は高校生に「すいません。私がやりました」と自供させた。自供させるために私が何をしたかはご想像にお任せする。ただし、彼は擦り傷の一つもしてはいない。しかし、私の取調べは平成二十年に施行され

た取調べ監督制度には引っかかるだろう。そこには取調べ中に「被疑者の身体に接触してはならない」「不安を覚えさせ、又は困惑させるような言動をしてはならない」「人の尊厳を害するような言動をしてはならない」等と書いているのだから。

私は高校生を自供させたが、この項の最初に書いた日本国憲法を思い出してほしい。「強制、拷問若しくは脅迫による自白はこれを証拠とすることができない」と書いてある。私は高校生に対して「てめえ。コノヤロウ!」と机を叩いて怒鳴りつけた。日本国憲法の精神からすれば、それだけで脅迫による自白だから信用性はなく、従って高校生の自白は証拠にはならないことになる。私は憲法の精神に背いた人権侵害者である。

面白い話だ。笑っちゃいますねとなる。人が死ぬかもしれないような悪質な犯罪をやっていながら、ふてぶてしく白を切る高校生。そんな人間を前にして、激怒しない人がいるとしたら警察官失格どころか人間失格だ。裁判官、弁護士、貴族階級のキャリア警察官、殊更人権派の人々に聞きたい。あなたなら、そんな高校生を前にすれば、何を思い、どう行動するのですか?……なるほど、そんな人物に直接遭いたくない、追及などしたくないから今の立場を得たのですか。日本国憲法の側に立ってものが言えたらカッコいいし、何と言っても安全ですからね。流石《さすが》です。

国会や都道府県議会でたまに行われる「証人喚問」というのがある。指名された参考人が何百人もの国会議員の真ん中に立たされて、しかもテレビ・ラジオで生中継され、「真実を述べます」と宣誓させられ、国会議員の質問に対して嘘をついたら罰せられるという代物だ。強面の刑事でもビビるような拷問による取調べを国会で行っている。日本国憲法の精神に則れば、証人喚問による自白は拷問による自白だから信用性がなく、したがって証拠にはならないのではないのか。それなのに、いつも日本国憲法側に立ち、警察官や一部の検察官の取調べを「強制している、拷問している」と批判し、監視している弁護士や殊更人権派の有識者たちは、誰も証人喚問については批判しない。完全な自己保身である。悪い奴がいるという現実を無視して、国民の人権を尊重するんだとカッコよく言いたいがために大矛盾を抱えている。

証人喚問を認めているということは、否認したり黙秘する最も悪辣な輩は強制や拷問や脅迫をしなければ自白しないし、自白させることは重要なことだということをちゃんと知っているという証だ。しかし、大矛盾を抱えている事実から誰もが目を逸らせている。人間とはいったい何なんだ。優秀だと言われている人ほど気付かないのか、気が付けないのか、それとも気付いているけど知らんぷりを決め込んでいるのか。まさに自己保身の塊だ。

もう一つ言いたいのは、法律は強制・拷問による自白は信用できないから証拠とならないとしているが、卑怯なのは強制と拷問という違う意味の単語を並べて、いっしょにしているということだ。被疑者を逆さ吊りにして頭から水に漬けるといった拷問をして自白を求めるのは私も反対だが、白々しく白を切る被疑者に対して「てめえ。コノヤロウ！　正直に言わんかい」と怒鳴りつけ、睨《にら》みつけて自供させるといった強制は時に必要ではないのか。しかし、法律は強制と拷問をいっしょにして強制を拷問と同じだと印象付けている。勉強しまくってきた優秀と言われる人々の誰もこの文言に疑問を持つことなく、まるで催眠術にかかっているように見えるが、どうだろうか？

◇「拷問及び残虐な刑罰の禁止」という自己保身

憲法第三十六条に「公務員による拷問及び残虐な刑罰は、絶対にこれを禁ずる」とある。いかにもカッコいい毅然とした文言だ。正義の味方だ。しかし、私はこの法律の文言にも自己保身の意識が見てとれ、苦笑した後、猛烈な怒りに変わる。この法律の文言、誰が見ても百パーセントどころか千パーセント正しいと思うだろう。「公務員による」と書いているので、それでは公務員以外の一般人による拷問と残虐な刑罰は禁じていないのかという疑問も生じるところであるが……。それでも間違いないと誰もが思うだろう。

しかし、私は言いたいことがある。この憲法の文言が罪なき人を見殺しにした事件があったことを。それはこのような事件だった。この事件は若干複雑なところがあるので、分かりやすくするために私が作った創作の物語とする。しかし、意味合いにおいては事実と何ら変わりはない。

ある日、一人の女子高校生が行方不明になった。さわやかな青春を謳歌していた女子高校生だった。家出したり自殺する理由など全くなかった。家族は警察に必死の思いで捜索願いを出した。警察、家族、親戚の人たち、学校の先生、友達も必死で捜索した。彼女の携帯に電話しても電源は切られていた。見つからない。手がかりは全くなかった。

数日過ぎて、行方不明の女子高校生の携帯電話から彼女の友達の携帯に電話がかかってきた。しかし、無言だ。何度、呼びかけても何も言わない。相手は電話を切った。翌日もまたかかってきた。しかし、無言。それを数回繰り返した後、ついに相手は声を発した。大人の男の声だ。友達の女の子は必死の思いで言った。「○○ちゃん（行方不明の彼女）はどこにいるんですか」男は言った。

「〇〇ちゃんに会いたければ会わせてあげよう。〇〇日の〇〇時に〇〇に来なさい」そして、電話を切った。友達の女の子は警察にこのことを通報した。警察は待ち合わせの日時・場所に何十人もの私服警察官を配置し、張り込んだ。友達の女の子は指定された日時に待ち合わせ場所に赴き、必死の思いで彼女が来るのを待った。

そこに電話の主の男が現れた。中年の薄汚い身なりの男だ。友達の女の子に近付いてきた。張り込んでいた警察官は一斉に駆け寄り、男を取り囲んで職務質問を開始した。所持品を見たところ、行方不明の女子高校生の携帯電話を持っていた。持っていた運転免許証で名前が明らかになった。男は強姦致傷の罪で七年服役し、出所して数カ月だった。警察は男が女子高生の携帯電話を持っていたこと、女子高生の友達に「〇〇ちゃんに会いたければ会わせてあげよう」と言ったこと、前科があることなどから誘拐の疑いが強いと判断して、証拠書類を揃え裁判所に逮捕状を請求したところ、裁判官も逮捕状を出したので誘拐の被疑者として通常逮捕した。

そして、刑事が男を取り調べた。被疑者には供述拒否権（黙秘権）がある。刑事訴訟法で定められていることから、取調べをする刑事は供述拒否権を被疑者に告げてから取調べをしなければならない。刑事は被疑者に対して、原則どおりに「言いたくないことは言わなくてもいいですよ」と告げてから取調べを開始した。

男は言いたくないことは言わなかった。携帯電話は落ちていたので道で拾ったんだとしか言わなかった。毎日刑事が必死で取り調べても進展はなかった。法的に拘束できる拘留期限の二十三日目が近付いてきた。警察は逮捕してから四十八時間以内に検察に送致しているが、検察官が起訴しなければ釈放しなければならない。検察官は誘拐で起訴するには証拠が足りないからという理由で不起訴にした。よって、男は逮捕されてから二十三日目に釈放された。男は今も一般市民として、のうのうと生活し、女子高校生は行方不明のままだ。

この事件、マスコミでほんの少しだけ報道されたが、誰も問題視していない。大問題だと叫ぶ人はいない。シラーッとしたまま時は流れ、誰もかも皆忘れてしまっている。誰もそんなことがあったことなど気付いていない。覚えていない。知らない。

この事件について、皆さん、どう思われますか。公務員による拷問は絶対に禁ずると言うのですか。言いたくないことは言わなくてもいいのですか。当たり前の人間として、当たり前に思わなければならないのは、行方不明の女の子を見つけ出し、救出しなければならないということではないのですか。そのためにはどうしますか。どうしなければならないのですか。犯人に思いやりを持って優しく語りかけたら真実を語ってくれるのですか。言わないなら拷問してでも言わさねばならないケースもあるのではないですか。裁判官に絶対的な権限があって、裁判官が人間として当たり前の感覚を持った普通の人間ならば、演技ではなく必死の形相になり、「早く自供させろ。どんなことをしてでも早く自供させろ。自供しないのなら自白剤を打てー！　早くしろー！　一刻も早く女の子を救出しろー！」と叫ぶべきだろう。

それを、裁判官も検察官も貴族階級警察官も弁護士もシラーッとして、

「法律で拷問は禁じられているし、黙秘権も認められているから、まあしゃあないなあ。ひょっとしたら本当に携帯電話は拾ったのかもしれないしー。まあいいか。ここまで時間が経過してるんだ

から、やっているとしたら殺してるだろうしー。それなら自供させても救出はできないしー。もし女子高生が生きて監禁されていても、僕たちは日本国憲法の規定どおりにやってるんだから責任ないもーん」

と思ったのだろう。てめえら、それでも血の通った人間か！

これでも、公務員による拷問は絶対にいけないのですか。黙秘権は認められるのですか。私は怒りを通り越して悲しくなる。もし、それでも「公務員による拷問は絶対に禁ずる。黙秘権は当然だ」と主張する殊更人権派の人々がいたら、その人たちはこう言えばいい。

「私たちは日本国憲法を擁護している。だから、国家権力から一億人の国民の命を守っているんだ。こんな事件があっても例外中の例外だ。一人や二人、殺されても救出できなくても、横田めぐみさんが北朝鮮に拉致されても、そんなの小っちぇえ小っちぇえ。なにせ、私たちは一億人の命を守っているんだから」

ハッキリそう言ってみろ。そうすれば褒めてやる。

こんなことを主張するのは私だけかもしれないね。それでも皆さんに気付いてほしい。カッコいい法律の文言を作った人間には明らかに自己保身の意識があることに。

◇地下鉄サリン事件が発生した原因は？

地下鉄サリン事件は誰もが知っている日本の犯罪史上、最狂最悪の凶悪事件である。警察の捜査で窮地に追い込まれたオウム真理教の教祖と幹部が画策して実行した。説明するまでもないが、一九九五年三月二十日午前八時、東京都の中心部の地下鉄でオウム真理教の幹部連中が極わずかでも吸い込めば死に至る猛毒のサリンをばらまき、死者十三人、負傷者六千三百人の被害者が出た。今もなお身体に障害を負ったまま生活を送っている方もたくさんおられる。さらに地下鉄サリン事件の九カ月前には八人の方が殺された松本サリン事件が発生している。

この最狂最悪の犯罪に多くの人が様々な感情を抱き、憤りを覚えたことと思うが、日本国憲法の文言に抗いながら治安を守ってきた一人の警察官として、誰も気付けない、気付けないから誰も主張できなかったことをここで語らせていただきたい。

日本国憲法はこう規定している。

《第三十五条　住居の不可侵》

①何人《なにびと》も、その住居、書類及び所持品について、侵入、捜索及び押収を受けることのない権利は、第三十三条（現行犯逮捕）の場合を除いては、正当な理由に基づいて発せられ、且つ捜索する場所及び押収する物を明示する令状がなければ、侵されない。

②捜索又は押収は、権限を有する司法官憲（裁判官）が発する格別の令状により、これを行う。

カッコいい。いかにも善良な国民が強大でまがまがしい国家権力機関の横暴に人権を侵害されないようにと規定されているように見える。しかし、よく考えてほしい。「何人《なにびと》も」とはどういうことか。「何人も」の「何人」は善良な人々のことを指しているのだろうか。いや違う。「何人も」なのだから殺人者も、殺人を計画している者も、サリンを作っていたオウム真理教の信者も「何人」に入る。

オウム真理教がサリンを製造していた第七サティアンと呼ばれていた建物には煙突があり、配管設備も見えていた。何かを製造しているような音も聞こえていた。そして、付近の草木は枯れていた。異臭もした。しかし、警察は薄々何か危険な薬品を製造していることを知りながらも何もできなかった。殊更人権派の人々なら、それは警察の怠慢だなどと言うかもしれないが、私に言わせれば警察はこの憲法の文言に従わざるを得なかったのだ。おかしいと感じながら、よほどの証拠がなければ裁判官の令状は出ない。

オウム真理教が任意の捜索に応じるわけがない。警察官がオウム真理教に対して、第七サティアンの中を見せろと迫れば、彼らには弁護士も付いていた。「警察が令状もないのに私有地の建物に入ろうと迫った。これは人権侵害だ。憲法違反だ」と訴えられるであろう。気の弱い人々の集まりである警察にそんなことを言える人はいない。しかし、今考えれば、証拠不十分なままでも裁判官に対して、捜索・差押令状を請求すればよかったのにと思う。裁判官がこの程度の証拠では令状は出さないとカッコよく判断すれば、責任を裁判官に持って行くことができたのにね。裁判官の皆さんは助かりましたね。

警察は日本国憲法の文言に縛られ、手をこまねいているしかなかった。かくして、第七サティアンでサリンは製造され続けた。私が何を言いたいか、もうお分かりだろう。地下鉄サリン事件はカッコいい日本国憲法の文言にも責任の一端があるということだ。一端どころではない。十端くらいはある。この憲法の文言があるから彼らオウム真理教はサリンを製造することができたのだ。

さらに、オウム真理教に拉致され殺害された仮谷さんの事件で、オウム真理教の幹部であった平田信の裁判が行われたが、ある弁護士がこんなことを言った。

「警察は仮谷さんを拉致したのがオウム真理教だと分かっていたのにオウム真理教の捜索をしなかった。だから、仮谷さんが殺され、地下鉄サリン事件につながったのだ」

地方弁で「よお言うわ」である。そのとおりだが、警察は憲法に定められている住居の不可侵の理論に縛られて仮谷さんを救出に行けなかったのだ。いつも住居の不可侵を声高に叫んでいるのは弁護士ではないか。弁護士である彼は警察を批判しても憲法は批判しない。卑怯じゃないか。自己保身ゆえだろ。

何事もケースバイケース。侵入、捜索、押収を受けることのない権利を絶対だと誰が決めたのだ。責任者出てこい。てめえが十三人もの善良な人々を殺し、六千三百人もの人々を負傷させる大きな要因を作ったんだ。

この日本国憲法の文言を作った御仁よ。あなた方には、こう言ってほしい。

「私は国家権力の横暴から一億人の人々の命を守っているのだ。十三人殺され、六千三百人負傷しても、そんなの小ちぇえ小ちぇえ」

そう言えば褒めてやる。でも言わないだろうなあ。

この侵入、捜索、押収を受けることのない権利によって、どれほど理不尽な事件が発生しているか。いくつもあるが紙面の関係で、後二つだけ紹介させて戴きたい。皆さんに感じてほしい。

◇神隠しバラバラ殺人事件に見る自己保身

皆さん、覚えておいでだろうか。二〇〇八年、東京江東区のマンションで世にも奇怪な凶悪事件が発生したことを。会社員の星島という当時三十三歳の男が若い女性を性奴隷にしようという妄想に取り憑かれ、一軒隣に居住している姉妹のうちの一人を性奴隷にしようと画策した。男は深夜に帰宅した女性（妹さん）が自宅の玄関ドアを開けて入った際、鍵を掛けられる前に強引にドアを開けて侵入して襲い、顔面を殴って恐怖を覚えさせ、抱きかかえて自室に連れ込んだ。自室内で女性を縛りつけて強姦しようとしたが緊張のあまり勃起しなかったので、女性に猿ぐつわを噛ませ、縛り付けてベッドの上に放置し、エロ画像を見てその気になるのを待った。

女性の姉が帰宅したところ、ドアが開けっぱなしで妹が部屋にいず、血痕が壁についているなど様子がおかしいので、すぐに警察に通報した。複数の捜査員と制服の地域課員が現場に赴いたところ、事件性が高く、マンションの防犯ビデオを確認したところ、妹さんが帰宅したところは映像に映っていたが、その後外に出た映像は映っていなかった。したがって、マンションの中にいる可能性が大であった。女性を拉致して三時間後、聞き込み捜査のため警察官が星島の部屋を訪ねた。インターホンを鳴らし、ドアを叩いて「出てきて下さい。いませんか」と呼びかけた。星島はドアスコープから外を見たところ、警察官がいた。星島は留守を装い、警察官が去るのを待った。

星島はその時、『これはやばい。女の子を拉致したことがバレたら一巻の終わりだ。警察に捕まれば自分の人生は終わりだ』と思い、ではどうするかを考えた。

『殺すしかない。殺して証拠を隠滅するんだ。そのためには殺してバラバラにして死体を見つからないように処分するんだ』
かくして星島は実行した。恐怖のあまり暴れる女性の喉に包丁を思い切り突き刺して殺した。すぐ外の通路では警察官が行き来していた。星島は早朝までバスルームで殺した女性の身体を包丁などでバラバラにする作業をした。深夜の午前二時頃、再度警察が訪ねてきた。部屋の灯りを点けていたので出ないと怪しまれると思い、作業を中断して玄関を開けた。警察官から「一軒隣の女性が行方不明になっているが何か知りませんか」と尋ねられたが、平然と「知らない。何か分かれば協力します」と答えたところ、警察官は協力を求めた後、立ち去った。星島は作業を続けた。翌日、大量の警察官が動員され、女性がマンションから出ていない可能性が高いことから、警察官は幹部の指示により、住民の同意を得て一軒一軒部屋の中を確認した。当然、星島方にも警察官が訪れ、「部屋の中を確認させて下さい」と星島に言った。星島は断ると怪しまれるから協力的に部屋の中を見せた。バラバラにした女性の遺体は箱に入れて隠していた。警察官は丹念には見ようとせず、女性がいないと判断し、星島に協力してくれたことに感謝の言葉を告げて外に出た。
星島は警察なんてチョロイチョロイと思ったことだろう。その後、バラバラにした女性の遺体をトイレで流し、骨など流せない部位はゴミ袋に入れてマンションのごみ置場やコンビニのごみ箱に捨てた。警察は一カ月以上かかって、女性の部屋に残されていた犯人の指紋と星島の指紋が一致したということで、ようやく星島を逮捕し、取り調べたところ、素直に自供したことから、驚愕の事実が判明した。裁判では、星島は前科がなく、殺したのが一人であり、情状酌量する余地があるなどの理由で死刑ではなく無期懲役の判決が下され、刑が確定した。

概ね、このような事件であったが、私は言いたいことが山ほどある。その一つは、地下鉄サリン事件の項でも述べたとおり、日本国憲法に住居の不可侵が定められていることから、女性がマンションから出ていないことが確定的で部屋に血痕があったにも拘わらず、証拠がないためマンションの住人の部屋を強制的に確認することができなかった。インターホンを鳴らしてもドアを叩いても出てこない住民がいたなら合鍵を使ってでも中を確認するべきなのにそれができないのだ。部屋を訪ねて住民が玄関から出てきても、警察官は怖くて「部屋の中を確認させて下さい」とは今の現状ではとても言えないだろう。それができる警察官がいたら最も尊敬できるサムライだが、その警察官は人権侵害だと訴えられるなど危険な目にあう確率は非常に高い。

お綺麗な立場の弁護士や裁判官なら、もし警察官が部屋の中を見せろと言って無理やり入って、拉致されている女性を見つけたとしても日本国憲法の令状主義に反するなどと言いそうだ。この一件ではおそらく、貴族階級の幹部警察官が一日かけて状況を精査し、女性がマンションから出ていないことから、ようやく多量の捜査員を動員し、状況を住民に説明し、了解を得てから部屋の中を確認している。その時はすでに女性は殺され、バラバラにされている。

裁判記録では、初期段階で女性が生きていた時に警察官が星島の部屋を訪れ、インターホンを鳴らし、ドアを叩いて呼びかけているが、居留守を使われていて警察官は留守だと思い込んだことになっている。しかし、前述のとおり、警察の隠ぺい体質から考察すると、その時点で星島は玄関から出てきたのではないか。しかし、警察官は星島に「一軒隣の女性を知りませんか」と質問したが、星島は首をひねって「知りません」と答えたので協力を依頼してから立ち去った可能性が十分あると私は思う。女性が部屋の中で生きている状態で星島と警察官が玄関先で会話を交わしていたということになれば、特に家族の方から非難されるだろうし、世間からも非難されるおそれがある。だから居留守を使われたことにして隠ぺいした可能性が十分あると見た。現場に赴いて事実を知っている警察官がいるなら教えてほしいくらいだ。

しかし、殺された女性はどう思っただろうか。インターホンであったとしても、ともかく、警察官が訪ねて来てくれたのだから『これで助かる』と思ったに違いない。しかし、警察官はそそくさと立ち去り、女性は助かると思った直後に惨殺されたのだ。想像してほしい。何と惨《むご》いことだろうか。

なぜ女性が殺されなければならなかったのか。星島は頭脳明晰な会社員だった。それゆえに日本の司法制度の原則を知っていた。司法の大原則とは刑事訴訟法第三百十七条に規定されている「事実の認定は証拠による」という証拠裁判主義である。検察官、裁判官、弁護士などは「証を得て人を求む」とカッコよく言っている。どういう意味か。証拠を得て、初めて犯人を逮捕し、有罪に持ち込めるということである。逆に考えれば証拠がなければ逮捕されることも有罪にされることもない。もっと簡単に表現するならば、証拠がなければやってないことになるということだ。だから、証拠をなくすために女性は殺され、バラバラにされ、捨てられたのだ。考えるとメラメラと怒りが湧きあがってくる。

国家権力が暴走しないようにとカッコよく定めた日本国憲法の「住居の不可侵」と、刑事訴訟法が定めた司法の大原則「証を得て人を求む」が、現場の警察官の切実感を削ぎ落し、星島の味方になり、女性を見殺しにしたのだ。殺された女性と同居のお姉さん、ご家族のことを思うと悔しくて仕方がない。その場に、女性の危機を察知し、星島が居留守を使っているのはおかしいと気付き、星島の言動から即座に犯人であることを見破る眼力を持ち、日本国憲法に違反してでも直ちに女性を救出しようとする警察官がいなかったことも悔やまれる。私をその場に居させてほしかった。絶対に生きて救出していたのに……。悔しくてならない。

この事件で警察官が女性を救出できなかったことを批判する論調は皆無だ。批判する人は日本国憲法を敵に回すからだ。誰もが国家権力側に立つのではなく、日本国憲法の側に立ちたいのだ。しかし、私は違う。日本国憲法でもおかしいものはおかしいと言おう。能天気な警察官、裁判官、検察官、弁護士、政治家、評論家、一般国民も、自己保身ゆえ、誰も私と同じように感じる人はいないだろう。皆、目を覚ませ！

◇大阪幼児餓死事件に見る自己保身

まだ覚えている人もおられるだろう。二〇一〇年、大阪西区のマンションで三歳の桜子ちゃんと一歳の弟・楓《かえで》君が母親に放置されて餓死したことを。二人の姉弟の可愛らしい写真がマスコミなどで流されたが、その写真を見て、やりきれないほどの深い悲しみを覚えた人は多いだろう。母親の下村早苗は当時二十三歳、ファッションヘルスで勤める風俗嬢。離婚し、シングルマザー。風俗店の寮であるマンションの一室で二人の子供と三人暮らしだった。彼女は育児が嫌になってきた。支えてくれる人もいない。相談にのってくれる人もいない。嫌なことからは逃げたい、忘れたい。彼女は二人の子供を部屋に残したまま、しかも部屋の鍵を掛け、中の音が聞こえないようにするためにドアにガムテープを貼って出勤し、そのまま帰宅せず、育児など嫌なことをすべて忘れて、風俗の仕事と男遊びに明け暮れた。そして、事件が発覚したその日まで五十日もの間、マンションの一室に幼い二人を放置した。桜子ちゃんと楓君の苦しみは想像を絶する。

この事件、今考えると多くの善良な意識を持った国民は心を痛めたが、それでも足りないのではないか。他人事のように見ている人も多かったのではないか。そして、すぐに風化してしまった。本当は総理大臣からして、国民に対して「痛恨の極みだ。絶対にこんなことがあってはならない。何とかしなければならない」と切実感を持って訴えなければならないほどの事件だ。

この事件についても様々な人からコメントが寄せられているが、私が思うところと同じ視点で論じている人は一人もいない。私は現場で日本国憲法に抗いながら治安を守ってきた警察官として、誰も気付けない観点からこの事件の問題を論じたいと思う。

この事件、マンションの部屋の中で「ママー、ママー」と泣き叫ぶ子供の声が何日にもわたって聞こえたという。住民がその声を聞いて、放置できず児童相談所の機関である大阪市子供相談センターに通報し、職員が三度もマンションを訪問している。しかし、職員はインターホンを鳴らしてもドアを叩いて呼びかけても返事がないということで、そのたびに引き上げている。そして、最終的には異臭が漂っているということで住民が警察に通報し、ようやくのことマンションの管理人から合鍵を借りて室内に入ったところ、二人の幼い姉弟が寄り添って倒れている腐乱した遺体を発見したのだ。

マスコミの報道では住民が通報したのは子供相談センターということだが、警察に通報していないはずがないだろう。通報があったのに子供を助けることができなかったとなると非難されるおそれがあるから、貴族階級以上の警察官が責任逃れのために得意の隠ぺい工作を行っている可能性がある。

この事件の問題点は何か。先にも述べたが、日本国憲法には住居の不可侵がカッコよく定められている。だから、マンションの一室で子供の泣き叫ぶ声を聞いても、ほとんどの住民は『関わったら保護者に文句を言われて面倒なことになるかもしれない。だから、無理して関わらない方がいいなあ。まあ大丈夫だろう』と知らんぷりを決め込む。強い問題意識を持って、『これは大変なことになってるかもしれない。このまま放置することはできない』と思ってアクションを起こす住民は極わずかだろう。アクションを起こすといっても警察や児童相談所に通報すれば後はお任せといったところだが、それでもいい。お任せされた警察や児童相談所はそんな相談を受けるのは嫌で嫌でしょうがない。

『日本国憲法には住居の不可侵が定められているし、国民の皆様は皆いい人で、悪いのは国家権力だと勝手に決め込んでいる日本国憲法が親には絶大なる親権を認めている。だから、あまり無理して部屋の中を確認しようとすれば親から訴えられて面倒なことになるかもしれない。まあ大丈夫だろう』

と、ほとんどの国民の皆さんと同じように判断して手を打とうとはしないだろう。これが現状である。児童相談所は親が虐待していると認められる場合には親を呼び出して事情聴取することができるが、二度出頭を要請して応じなかった場合のみ、強制的に自宅に入ることができるといった規定があるそうだ。しかし、この幼児餓死事件では、

「親に連絡が付かなかったから出頭要請ができなかった。だから強制的に自宅に入ることはできなかった」

と説明している。公務員は自分の立場を守るために常にビクビクしている。絶対に勝負はしない。嫌なこと危ないことは責任者に任せようとする。このケース、本当は自分の首をかけても勝負しなければならなかった。公務員としてではなく、人間としてするべきは、マンションの管理人に対して「すべて私が責任を持つから」とキッパシ言って合鍵を借りて中に入るべきであった。管理人が嫌だと拒否すれば、合鍵屋さんに来てもらってドアを開け、中を確認するべきであった。しかし、この法律の下では、それができるサムライ魂を持つ公務員は全国で十人くらいしかいないだろう。どいつもこいつも自己保身の塊だからだ。

この事件で何の手も打たなかった子供相談センターの職員は何の処分も受けてはいない。彼らは住居の不可侵を定めている日本国憲法に従っているのだから。マスコミも彼らに対する批判は非常に軽いもので終わっている。かくして、何の罪もない二人の姉弟は地獄の苦しみの中で餓死した。許せない気がする。この自己保身の法律と国民の皆様と公務員の自己保身の意識。目を逸らさず、その現状をしっかり見てほしい。国家権力から国民の皆様を守るために「住居の不可侵」を定めた憲法によって、この事件が起こったのだ。

閉じられた部屋の中で子供の助けを求める声や泣き声が聞こえるなどの、普通でない状態が認め

られるとか、子供がいるはずなのに親が何日も帰って来ていないといった状況があるならば、国家権力機関の一定の人たちには、即座に判断して強制的に部屋の中に入り、子供の安全を確かめることができる権限を与え、実行できるシステムがあってしかるべきだ。もし、権限を与えられた公務員が一般国民の部屋に強制的に入って子供の安全が確認でき、何の問題もなかったとしても世帯主や親は訴えることができないようにするべきだ。兆候があった場合、子供の安全を確認するため、あるいは救出するために強制的に部屋に入ることのどこが人権侵害なのか。非常に憤りを覚える。しかし、殊更人権派の人々なら私の主張に対して「国家権力機関にそんな権限を与えれば、暴走して国民の皆さんの人権を蹂躙することに繋がっていく」などとたわけたことをぬかすのだろうな。お気軽なものだ。

◇人の命より鼻クソ

二〇〇九年十月二十六日、島根県で十九歳の女子大生が行方不明となり、ご家族から警察に捜索願が出された。そして、必死の捜索にも拘わらず、十一日後の十一月六日に広島県の山中でバラバラにされた女子大生の死体が見つかったという何とも腹立たしい事件が発生した。

ある有名な討論番組で、きれいな言葉で言えば防犯カメラ、実質的な言葉で言えば監視カメラが必要かどうかということで議論が交わされた。そこに登場した弁護士は言った。

「国家権力機関が街の至る所に監視カメラを設置するといったことは許されない。国民が常に国家権力に監視されるということは恐ろしいことだ。国家権力に鼻クソほじっているところも撮られることになるんですよ。でも、絶対的に反対しているわけではありません。ある一定の地域で犯罪が連続発生している場合は監視カメラをその場所だけに設置することはやむを得ません」

その弁護士は島根県の女子大生バラバラ殺人事件を見てどう思うのだろう。『そこに監視カメラがあったら助けることができたかもしれないのに』とは思わないのだろうか。私は思う。もし、監視カメラに女子大生が拉致されている現場の映像があれば、そして、犯人が使った車両と逃走方向が映っていれば、いくら自己保身だらけの警察であっても、必死で女子大生と犯人を探し、救出しようとするだろう。あの弁護士は事件というのは自転車泥棒や、せいぜいひったくり程度の窃盗事件くらいしか思い浮かばないのだろう。この世界、いつどこで何が起こるか分からない。通り魔殺人事件、死亡ひき逃げ事件、拉致監禁事件、強盗事件、強姦事件、傷害事件、ありとあらゆる残虐な犯罪はそこかしこで発生している。そんな事件が発生した時に早期に状況を把握し、被害者を救出するとともに犯人を逮捕するためには街の至る所に監視カメラを設置するべきだと私は思う。

警察などの国家権力機関が監視カメラを利用して善良な国民を監視するなどということはあり得ない。そんな想像を描く人々はどこかで誰かから国家権力は恐ろしいものだと刷り込まれているだけなのだ。そのように刷り込まれたあの弁護士は人の命よりも鼻クソの方が大事になってしまっている。

先日、アメリカのマラソン大会でテロ事件が発生した。道路で観戦していた三人の尊い命が犠牲になり、百八十人もの方が負傷した。しかし、この事件は監視カメラに犯人が映っていたことから警察は早期に犯人を見つけ出し、犯人（兄弟）を追い詰めた警察官と犯人の間で銃撃戦となり、兄は死亡、弟は重傷を負ったが逮捕された。しかし、銃撃戦で一人の警察官が亡くなられた。

このケースでは多くの方が犠牲になったのは悲しみに耐えないが、監視カメラによって二次災害、三次災害を防ぐことができたと言えるだろう。アメリカは制約が緩やかなために誰でも割と簡単に銃を所持することができる。また、日本どころでない格差社会であり、人種の坩堝《るつぼ》である。そんな犯罪が発生するおそれが非常に高い状況にありながら、治安は保たれていると言ってもいいだろう。この程度で済んでいるのはすべてではないにせよ監視カメラの影響によるところは大である。凶悪事件を敢行しようとしても街の至る所に監視カメラがあるから怖くてできないといった意識が絶対にはたらいている。監視カメラは防犯上の効果も絶大なのである。

国民の大半は犯罪を行う意思のない善良な人々である。その方たちは現状を知れば、たとえ鼻クソをほじっていたところを撮られたとしても、自分の安全、家族や友人の安全のために街の至る所に防犯カメラ（監視カメラ）を設置してほしいと願うだろう。防犯カメラが目障りなのは悪いことをしようとする奴らだけだ。鼻クソをほじっているところを撮影されたとしても、国家権力機関がその映像や写真を公開して笑い物にするといったことは絶対にない。

◇悪魔の理論「疑わしきは罰せず」

憲法学者に言わせると「疑わしきは罰せず」が刑事司法の大原則だそうだ。その言葉には「弱き人々を強大でまがまがしい国家権力から守るんだ」という強い決意が表れている。実にカッコいい言葉だ。裁判官、弁護士、検察官、王族・貴族階級警察官、大学教授、評論家などの知識人、政治家、官僚も誰もが「疑わしきは罰せず」という理論を絶対だと思っている。しかし、主権者である私が反論を試みよう。

「疑わしきは罰せず」とはどういうことか。疑わしいだけなら、やっていないことになるということである。司法の世界では犯罪は百パーセント証拠により証明できなければやっていないことになる。

簡単かつ的確に言うと「バレなければ何をやってもいい」ということだ。現代というこの時代、この悪魔の理論が悪党どもにも浸透してきている。彼らはこう考える。

『証拠を残さなければやってないことになるんだ。捕まったとしても、証拠を隠して黙秘したり否認すれば無罪になるぞ。しかも弁護士は味方してくれる。裁判で無罪になったらこっちのもんだ。損害賠償を求めて国から金さえもらえるぞ。証拠を残さなければ何をしても大丈夫だ。殺人、強盗、強姦、何でもやれる。じゃあ、しっかり計画してやってやるか』

そして、彼らは実行する。

麻原彰晃の地下鉄サリン事件でも林真須美の毒入カレー事件でも、まさに彼らはこう考えて実行したはずだ。「疑わしきは罰せず」だから「バレなきゃ大丈夫だ」と判断して人殺しをしたのだ。間違いない。麻原、林の事件だけではない。この理論によって、どれほどの犯罪が発生し、弱き善良な人々が殺され、虐待され、誘拐され、傷付けられ、盗まれ、騙され、強姦され、わいせつされ、ひき逃げされていることか。なぜ、誰も気が付かないのか。なぜ、誰も言わないのか。私は不思議でしょうがない。

私がこう言っても殊更人権派の人々なら「犯罪を犯した人々が疑わしきは罰せず理論を利用して

犯罪を犯したという証拠はどこにあるんだ」などと言うだろうな。勉強しまくったくせに人間の闇の意識を読み解くことすらできない。どうしようもない連中だ。彼らは「疑わしきは罰せず」という大原則をもって弱き人々を守るんだと言いながら、弱き人々を見殺しにしている。それに全く気が付いていない。あるいは気が付いていていても自己保身ゆえに真実を言わずにいる。本当に卑怯千万だ。

なぜ、彼らがこの理論を絶対だと思っているのか。そう書けば正解であり、百点がもらえ、そう言えば褒められるからだ。逆に「疑わしきは罰せず」に疑問を持てば、零点になり、あるいは悪逆非道な人権侵害者の烙印を押され、猛烈なバッシングを受けることになる。だから、皆さんは「疑わしきは罰せず」は絶対正しい、司法の大原則だとのたまう。完全に思い込んでいる者もいれば、気が付いていていても有利だから自分にそう思い込ませている者もいる。自分を守るための自己保身と自分を輝かせるための利己主義と自己顕示欲がここにも蔓延している。

「疑わしきは罰せず」を司法の大原則だとのたまう人たちは、全員いっしょで「十人の真犯人を逃したとしても一人の無辜の民を罰してはならない。冤罪は絶対に防がなくてはならない」と声高に叫ぶが、複数の幼女が惨殺されて河川敷に捨てられようと、女子高校生が惨殺されて公園に放置されれ犯人が捕まらなくても、女子中学生が行方不明になろうと、自分の主義・主張とは関係ないから無関心。殺されたり、拉致された人やその家族の痛みや悲しみに思いを馳せることもなく、「絶対に犯人を捕まえなければならない。女子中学生を救出しなければならない」とも叫ばない。実に不思議な人たちだ。

「疑わしきは罰せず」理論によって、やっているのに無罪になったり、不起訴になった連中は山ほどいる。そればかりか、殺人を犯しながらバレずにのうのうと生きている奴も山ほどいる。冤罪ばかりが大問題になっているが、犯罪をやっているのに無罪になるということは全く問題視されていない。むしろ、本当は犯罪をやっているのに無罪を勝ち得たなら、弁護士、知識人、ジャーナリストなどの殊更人権派の人々は大喜びで、とたんに無罪を勝ち得た者を「さん」付けで呼び、真実がどうであれ、「冤罪だ。無実の人を国家権力機関は強大な権力を使って、でっちあげて有罪にしようとした」と言って、検察、警察を袋叩きにする。

私は冤罪も大問題だが、殺人を犯しながら無罪になるといった偽りの冤罪があれば本物の冤罪と同じだけ大問題だと思うが、多くの人々は麻痺しているから全く気が付けないし、そんなの冤罪と比べたら些細な問題だと思い込んでいる。しかし、本当は些細な問題ではない。殺人を犯しても無罪や不起訴になればどうなるか。ますます警察、検察は弱体化し、凶悪犯罪や巨悪犯罪が多発し、犯人は捕まらないようになることは間違いない。実は、もうそうなってきている。

二〇一三年十二月、餃子の王将の社長と漁協の組合長が二日連続で射殺されるという三億円事件どころではない凶悪事件が連続発生した。しかし、まだ犯人は逮捕されていない。私は予言する。この二つの大事件は迷宮入りとなるだろう。それほど警察、検察は弱体化している。冤罪を防ぐための最大の方策は犯人を逮捕しないことである。犯人を逮捕しなければ冤罪は無くなる。犯人を逮捕しなくても捜査しているふりをすればちゃんと給料はもらえる。実際にその傾向はどんどん強くなってきている。しかし、私の予言は外れてほしいものだ。

ここで、冤罪について私の意見を言わせていただこう。弁護士、知識人、学者、ジャーナリストなどの殊更人権派の人々は「冤罪はいくらでもある。警察は無理やりにでも、やっていない人を犯罪者に仕立て上げる」などとよく言う。全くのでたらめである。本当の冤罪（無実なのに有罪になったケース）など滅多にあるものではない。交通違反者の身代わりになって出頭し、罪をかぶったというような冤罪はひょっとしたらあるかもしれないが、事件とは全く無関係の人が有罪となって刑罰を受け、そのままになっているケースなんて、限りなくゼロに近いと言ってもいいだろう。現代の警察が何もやっていない人を犯人に仕立て上げて逮捕し、拷問による取調べで自供させ、有罪に持ち込むなどということはあり得ないと言ってもいい。間違って逮捕してしまったということは稀にある。しかし、取調べを含む捜査の段階で無実の人であることが分かり、釈放されている。確かにそのケースは捜査ミスであり、警察は謝罪しなければならないが、その場合、逮捕状を出したのは裁判官なのに裁判官は一切責められないのはおかしいと思うが、どうだろうか。

こんなことを書けば、「最高裁判所の裁判官が無罪を言い渡したのだから間違いなく冤罪だ。雑魚に文句を言う資格はない」と言われそうだが、裁判官は神様ではなく、人間である。相当な証拠があっても、十分とは言えず、被告人が否認したり黙秘している場合、考えあぐねたあげく無罪を言い渡さざるを得なかったケースはいくらでもあるだろう。そういった場合、裁判官は気の毒だと思うが、人間である裁判官に真実を見抜き、正当な判決など出せるはずがない。

そうか、「疑わしきは罰せず」は超難関の司法試験に合格した裁判官様を慰めるためにあるのかもしれない。殺人犯の被告が「やっていない」と否認する。証拠がちょっとだけ足りない。悩んだ末無罪を言い渡した。裁判官に良心があれば、無罪判決を出した後、『本当はやっていたらどうしよう。本当は殺しているのに無罪を言い渡してしまったのではないだろうか。そうであれば被害者のご家族に申し訳ない』と悶々とした日々を過ごすことになってしまうが、「疑わしきは罰せず」この大原則が慰めてくれる。『いいんだよ。疑わしきは罰せずだよ。あなたは司法の大原則に従って無罪を言い渡したのだから、あなたには何の責任もないんだよ。悪いのは証拠を完璧にそろえることができなかった警察だよ。悩むことはないよ』と。よかったね。

判決とは裁判をいつまでも長引かせるわけにはいかず、最終的には誰かが結論を出さざるを得ないから出しているだけの話であって、決して全てが正しいものではない。それなのに最高裁判所の判決、特に無罪判決を絶対視する世の中の風潮には疑問を感じる。裁判官の判決に対して「おかしい」と言えば批判にさらされ、裁判官の判決の側に立てば自分は守られる。だから、皆さん最高裁判所の判決の側に立ちたがる。これも自己保身の意識の表れの一つだ。

本当はどうだったのか、やっていたのかやっていなかったのか、その真実にいちばん近いのは犯人を取り調べた刑事であり、証拠を収集して鑑定した鑑識係であり、必死の聞き込み捜査の上、有力な情報を得た警察官である。彼らの証言は万が一、間違いであったとしても重要な証言であるはずなのに彼らの証言は軽視される。彼らの証言は国家権力の走狗《そうく》（手先）、雑魚どもの戯言としか看做されていない。悲しい世界だ。

誰が「疑わしきは罰せず」を司法の大原則にしたのかは知らないが、疑わしきは罰せず理論が正しいのは「疑わしいけど本当はやっていなかった。だから罰しなかった」時のみである。よって、主権者である私が司法の大原則をあるべき姿に変えなければならない。「疑わしきは罰せず」は

「疑わしきは徹底追及して真実を究明する」に変え、「十人の真犯人を逃したとしても一人の無辜の民を罰するなかれ」は「十人の真犯人がいたら、連続犯行を防ぐために早急に捕まえて罰しなければならない。しかし、無辜の民を罰するようなことがあってはならない」に変えたらどうだ。それが当たり前の普通の感覚の大原則じゃないのか。

疑わしきは罰せずを司法の大原則だと声高に叫ぶ有能な人々は「疑わしきは」と「罰せず」の間に「人を殺していても」を入れて「疑わしきは人を殺していても罰せず」と声高に叫び、「十人の真犯人を逃したとしても一人の無辜の民を罰するなかれ」を「十人の真犯人を逃したことによって、四人の民が殺害され、三人の民が強姦され、三人の民が強奪されても、十億円の資産を持っている無辜の民に三万円の罰金を支払わせることなかれ」と胸を張って堂々と主張したらどうだ。できるかな？

ここで、ちょっと面白い話をしよう。全国的に警察官の犯罪が増加している。「警察官が万引きした」「盗撮した」「わいせつ行為をした」次から次と警察官の犯罪が報道され、警察内部の貴族階級は右往左往しているが、一般市民の間ではもう慣れっこになって「ふーん。またね」てな程度である。警察官がなぜ犯罪を犯すのか、その一つの大きな要因がこの「疑わしきは罰せず」理論である。警察官は当然多くの犯罪者を見ることになる。その中で悪賢い犯罪者（交通違反者を含む）が「知らぬ存ぜぬ、やってない」と言い張り、証拠を隠滅（隠す）すれば警察は事件化できず、検察は不起訴にし、裁判所は無罪にすることを知ってしまうからだ。だから、「俺も犯罪をやっても大丈夫だ」と踏んでしまうのである。誰も言わない真実である。

ここまで「疑わしきは罰せず」が悪魔の理論であることをコンコンと述べてきたが、時には神の理論とまではいかないが天使の理論として使うこともできる。悪と戦っている自分を守り、窮地に陥っている仲間を助け、時には人の命を守ることもできる。劇薬は天使の理論として使わなければならないということを最後にお伝えしたい。

第七章　私の提言・主張

私はここまで、自己保身ゆえに善良な人々の命が守られない現実を訴えてきて、例えば「街の至る所に防犯カメラを設置せよ」とか「人の命を守るために必要な時には必要な人に侵入・捜索権を与えよ」といった主張をしてきたが、まだ言い足りないことがいくつもあり、それを読者の皆さんに知っていただきたく、いくつかここに紹介したい。

◇みんな自分で運転しなよ

第三章で自己保身ゆえにパトカーの運転をしたがる人々の話と、一人の巡査長の「運転だけしとったらいい仕事ないだろうか」とのつぶやきを紹介したが、同じく税金で飯食っている公務員のくせに運転など一切しなくてもいい立場の者がいる。言わずと知れた中流貴族（警視）以上の階級にある者だ。彼らは専用の高級車が与えられ、運転は常に部下（運転要員）がしてくれる。大した身分だ。まさに貴族、王族である。超上流貴族の警察本部長ともなれば出勤、帰宅も専属の運転手が高級車で送り迎えしてくれる。全員とは言わないが、彼ら中流貴族以上の位《くらい》にある者の中には自己保身と出世のために私生活でも一切運転しない者もいる。もし私生活で自分が交通事故を起こしたり交通違反に引っかかったりすると立場が危うくなるからだ。

面白いことに、そんな運転しない連中は、運転しなければならない立場の現場で働く雑魚どもが交通事故を起こすと、

「あれだけ、事故防止だと指示していたのにまたやったのかー！」

と激怒する。私生活で事故を起こしても激怒するが、公務中に事故をするとなおさら激怒する。そして、事故の原因を追及し、処分を喰らわす。犯人を追跡中、やむを得ず事故を起こしたとしても一切かばおうとはしない。大した身分である。

しかし、これは警察だけの話ではないだろう。市役所、県庁、教育の世界、医療の世界、官僚の世界、政治家の世界でも皆同じはずだ。そこで、主権者である私が提言しよう。税金で飯食っている者どもに運転しなくてもいい身分を与える必要などない。たかが警察署長、警察本部長、高級（？）官僚、国会議員だろ。みんな自分で運転しろよ。原付バイクで通勤したらどうだ。

運転手つきの専用車を持ってもいいのは皇室の方々と総理大臣だけでいいのではないか。大臣クラスは微妙なところである。「私が運転します」はパトカー乗務員の後輩巡査、巡査部長は言うべきではないが、警視以上の貴族・王族は「私が運転します」と言うべきだ。私がそう主張すれば、彼らには「出世できなかったお前が悪いんだ。悔しかったら出世したらどうだ」と言われそうだな。

繰り返すが、パトカー乗務員で後輩の中堅巡査長、巡査部長はずっと運転するべきではない。半分は助手席に乗るべきだ（第三章の一「パトカーの運転をしたがる人々の話」参照）。

◇交通違反の反則金を十分の一にしたらどうだ

第三章でも紹介したように、地域警察官の中で、表彰欲しさに目標件数を達成しようとして交通反則切符を切りまくる奴がいた。また、地域課長に「一日仕事をして交通違反の検挙もないのか」と言われないように『まあ、切符でも切っておこうか』といった意識で、なるべく怖くない人の違反を見つけて切符を切るといった者も結構多かった。彼らは逃走する車両は追跡しないし、飲酒運転や無免許運転などの悪質な交通違反者こそ懲らしめなければといった正義感・使命感はほとんど持ち合わせていない。しかし、交通事故をなくしたいという正当な意識で切符を切り、悪質な違反こそ捕まえなければならないと頑張っている少数の警察官もいることは伝えておかなければならないだろう。

交通違反の検挙、特に青切符は実に矛盾に満ちており、切符を切るという作業は実に心苦しいものがある。なぜか。一つの大きな理由は、あまりに反則金が高すぎるという点にある。右折禁止の標識を見落として右折してしまったという普通車の通行禁止違反なら七千円、スピード違反なら九千円から三万五千円である。不況の中であくせくと生活している人々からそんな額を取り立ててもいいのか。

一生懸命パート勤務をしながら、子育てをしているご婦人、アルバイトをしながら学費を稼いでいる大学生、貧しい中で年金生活をしているご老人、親のお小遣いでつつましく生活している高校生、家族を支えるために炎天下の現場で働いている建設作業員や交通整理員。そんな善良な人々から、事故につながるおそれもないような違反なのに、法律で決まっているからという理由で七千円、九千円、一万二千円もの金を取り上げてもいいのか。私は非常に疑問に感じてきた。第三章で紹介した青切巡査部長などは表彰欲しさに交差点で待ち伏せして切符を切り、容赦なく反則金を支払わせる。情の一かけらもない。警察官募集の広告には「とびきり大きな使命感がなくてもいい。この街のため、誰かのため、弱き人々のため、小さな思いがあればそれで充分」と書かれていた。実にカッコいい表現だ。しかし、現実は弱くて貧しくて正直な人々から二日分の給料を奪っているのだ。笑わせる。

ある親しい友人はこんなことを言っていた。

「ある日、所用でオートバイで他県に行った帰り、H県の市道を走行していたところ、突然、ピュ～ッという音が聞こえたのでバックミラーで見たところ、すぐ後方に白バイがいた。何だろうと思ったら、その白バイの警察官がマイクで『左に寄せて止まって下さい』と言うので従った。自分は制限速度の標識には気付いていなかったけど、そこは三車線で幅が十メートル位ある広い道路だったので制限速度は六十キロか五十キロかなと思っていた。ところが白バイの警察官は『ちょっとスピードが出すぎていますね。ここは制限速度が四十キロです。六十二キロ出てましたよ』と言って、容赦なく切符を切られた。前にも横にも後ろにも車やオートバイは走ってなくて何の危険性もない状況だった。しかも、オートバイは高速道路も走れる二五〇CCの自動二輪車だ。六十二キロ位誰でも出している普通のスピードではないか。それなのに二十二キロオーバーしたということで一万二千円も取られ、ゴールド免許はは く奪された。二人の子供がいて家のローンもあり生活が苦しい中、一万二千円は痛かった。後でゆっくり考えると許せない気持ちになった。もうH県は通過はしても観光に行ったり、金を落としたりは絶対にしないぞ」

彼の気持ちはよく分かる。

善良な市民を守りたいという願いを持って警察官になった者なら、貧しい人々からそんな多額な金など取りたくはないであろう。もし、若い警察官の中で「私は貧しい人々から金を取り上げるようなことはしたくありません。だから、特に悪質な違反でなければ切符は切らずに指導警告します。私は交通違反よりは窃盗犯人や薬物違反の犯人を捕まえます」と言う者がいれば大した奴だと思う。あるいは「善良な人から金を取り上げるのは心苦しいけれども、交通事故をなくすためにはやむを得ない」と涙を流しながら切符を切る。そして違反を認めない違反者には敢然と立ち向かい、場合によっては逮捕し、苦労してでも検察に送致する。そして、認めなかったり、黙秘する違反者を検察が不起訴にしようものなら検察に怒鳴り込みに行くといった警察官がいれば、それは買える。しかし、そんな奴はどこにもいない。

こういった実情からして、今説明したように善良で貧しい人から数千円から一万数千円も取り上げるということは、やはりやり過ぎではないかと思う。そこで、もし反則金を十分の一にすれば、例えば通行禁止違反なら七百円で済む。それくらいなら貧しい人でもさほど大きな痛手にはならないだろう。ちょうどいい警告になるのではないだろうか。

別の視点から述べよう。警察官は原付に二人乗りで走る高校生や無職少年を検挙するのが好きだ。なぜなら、彼らは怖くないからだ。暴力団組員や反権力思想を持った大人なら文句を言われたり、はめられたり、否認されたり、抵抗されたり、訴えられたりするおそれがあるが、二人乗りの少年なら逃げるかもしれないが、面と向かって対話するには怖くない存在だ。だから、二人乗りばかりでなく少年の違反を見つけて切符を切りたがる。切符を切られた少年は当然金は持っていない。するとどうなるか。犯罪を誘発することになる。彼らは金欲しさにひったくりや恐喝、場合によっては強盗をするかもしれないではないか。実際に「反則金が払えなかったから盗みをしてしまいました」と言った少年もいた。

もう一つの理由がある。それは検察の姿勢である。少数の正義感の強い警察官が例えば信号無視したのに「今のは青信号だった。信号無視はしていない」と言い張る中年男性の違反者を『こんな奴は許せない』と思って、被疑者供述調書、目撃者の供述調書、実況見分調書、捜査報告書を作成し、膨大な時間と労力を要して検察に送致しても、先に検察の体質の項でお伝えしたように検察官は「たかが交通違反でしょ」と九九・九パーセント、無罪放免の不起訴にする。「たかが交通違反でしょ」と言った検察官は実際にいた。こんな、反省もせず、否認する悪質な交通違反の大半を不起訴にするのだから、「すみません」と言って非を認める善良な違反者から七千円も取るべきではない（ここで九九・九パーセントの不起訴率というのは、殊更人権派の人々が司法裁判では九九・九パーセントが有罪となると大まかな数字を上げているので、同じように大まかな数字を上げさせてもらった）。

この三つの観点から、私は改めて今の交通違反の反則金を十分の一にしてはどうかと主張したい。運転する人たちには「反則金が高いから違反をしません」なんていう意識は希薄だ。九千円の反則金を九百円にしたら交通違反が多くなって交通事故が多発するなんていうことは絶対にないと言い切れる。皆が交通ルールを守り、事故を減らせるためには反則金ではなく、点数の方が大きい。免許停止を六点から五点、取消しを十五点から十二点にすればよい。

交通違反の反則金はどこに納められるかご存じだろうか。国の予算に計上される。本県なら、一日に約一〇〇件の青切符が切られる。飲酒運転の罰金も含めて一年間に約三億五千万円の反則金が国の予算に計上されることとなる。全国だと約七百七十億円の反則金が国庫に入っている。そして、各県ごとに振り分けられ、その予算で交通標識や交通表示の修理や設置のための費用となる。よって、反則金の徴収が多ければ多いほど政治家と高級官僚は喜ぶだろうし、その予算は各県ごとに振り分けられるのだから、県知事にとっては多ければ多いほどうれしいだろう。

予算を獲得するために交通違反の取締まり件数について、年間のノルマが各県警、警察署ごとに課せられている。ノルマを達成できれば、本部長や署長はさぞかしホッとするだろうが、達成できなければ心苦くなるだろう。

ノルマを達成させるために一人の警察本部長が決めた表彰制度があった。それは一月《ひとつき》に青切符を二十件、途中から二十三件に上がったが、それだけの件数を切った（書き込んだ）地域警察官に交通部長賞、一年間、一月も落とさずに交通部長賞をもらい続ければ、本部長賞誉という強盗を逮捕したに等しい表彰を出すというものだ。その結果、欲深くて青切符を切るのが得意な地域警察官は表彰をもらうチャンスだと青切符を切り続けることとなった。目標を達成した地域警察官は「悪質交通違反多数検挙の功により」と交通部長に言ってもらって表彰を受けるが、お笑いである。交通部長は「県の予算に貢献した功により」あるいは「良質交通違反多数検挙の功により」と言うべきだ。貴族・王族階級にある者たちは私のこの主張に対して「そんな目論見は一切ありません」と言うだろうが、それなら私の言うとおり、反則金を十分の一にしたらどうだ。

私は決して交通違反の取り締まりがいけないと言っているのではない。隠れて取り締まりするのもよしだ。しかし、現状の反則金では後々及ぼす影響がどうかと言えば、国の予算が増える、交通事故を減らすという好影響も確かにあるが、恨みを買う、イラつく、家庭に不和が生じる、反則金が払えないので犯罪に手を染めてしまう、否認（違反を認めない）する違反者が後を絶たない、否認する違反者は検察がおこらえする（不問に付す）、人の痛みや悲しみが分からない警察官が増えるといった悪影響が生じており、好影響と悪影響が五分と五分だ。しかし、反則金を十分の一にして点数を厳しくすれば好影響と悪影響の比率が八対二あるいは九対一になる。間違いない。

◇交通死亡事故を激減させるための方策

交通事故で何人の方が亡くなっているかご存じだろうか。二〇一二年のデータであるが、事故発生後二十四時間以内に亡くなった方が四四一一人、一年以内に亡くなった方が六二七七人である。最も多かった一九七〇年は二十四時間以内が一万六七六五人、一年以内が約二万二〇〇〇人であるから、四分の一近くにまで減少してきている。その要因はいくつもあるが、警察の頑張りもあったことは間違いない。そこには敬意を表する。

敬意を表せない点があるとすれば、警察は事故発生後、二十四時間以内に死亡した場合のみを交通死亡事故として計上することから、初級貴族の交通課長や中流貴族の署長などは『なんとか二十四時間はもってくれ』と祈っている点である。そして、二十四時間以内に亡くなればガックリ。二十四時間一分で亡くなればホッとしている。

しかし、交通死亡事故が減ったといっても、今でも年間七千人近くの尊い命が交通事故で奪われているのだ。多くの国民は交通死亡事故は当たり前に起こっているから、その本当の痛みを切実に感じることができなくなっているのではないだろうか。最近は殺人事件でもすぐ忘れ去られてしまう世の中になってきて、めずらしいストーカー殺人事件なら大騒ぎされるが、よほど悪質な交通死亡事故以外は全く無関心といった感じである。だが、罪のない人たちが犯罪（死亡事故も業務上過失致死という犯罪）によって尊い命を亡くされている点では全く同じ。ストーカー殺人事件もその辺の交通死亡事故もその痛みや悲しみは同じであることを皆さんには感じ取っていただきたい。

では、この項の本題に入ることにしよう。各県警や市町村では交通死亡事故マップといって、どこで交通死亡事故が発生しているかを表すマップを作製して、住民に見てもらっているが、そんなものは極わずかの住民にしか見てもらえないし、見てもらっても実感が湧かないから、交通死亡事故を無くすという意味で全くとは言わないが効果は薄い。

そこで、一つの事例から導き出された私の提言を聞いてほしい。八年ほど前、本県ではこんな交通死亡事故が発生した。市立高校の校門から出てすぐの所に長さ約一〇〇メートル、幅約二十メートル、片側一車線の道路となっている橋がある。一人の女子高校生が授業を終えて、帰宅するために自転車で校門から道路に出て、その橋上の南側の歩道を西に向け走行中、対向車線を猛スピードで走行してきた暴走車が前の車を追い越そうとした。橋は弓なりになっているから上りの車線で車が舞い上がり横転。そのまま女子高校生の自転車に激突。女子高生は跳ね飛ばされ、川に転落し死亡した。私もパトカーでその現場に駆け付けた。救急隊が女子高校生を引き上げて搬送したがすでに息絶えていた。その場に暴走車の若者は呆然と立ちすくんでいた。想像してほしい。何と痛ましい事故だろうか。思い出すと激しい憤りと悲しみが腹の底から湧きあがってくる。

この事故から何年もの間、ずっと高校の生徒と先生は彼女が死亡した橋のたもとにお花を供えている。私はそこを通るたびに献花された花を見て、あの時の事故を思い出しながら彼女の冥福を祈る。そして、痛ましい交通死亡事故は絶対に無くさなければと思う。同時に、自分自身も絶対に交通事故は起こさないように安全運転に心がけようという気持ちになる。

私が提言したいことは何か、お分かりだろうか。そこで女子高校生が死亡したことを知っている住民がその場所に献花されたお花を見たら、誰もが痛みを感じると共に安全運転を心がけようとするだろう。交通死亡事故マップを見ても切実感は生じないが、自動車や自転車を運転している人がその場所で交通死亡事故が発生したことを認識できれば『交通事故は決して起こすまい。安全運転に心がけよう』と思うはずである。そういった人間の意識が交通死亡事故を無くすことにつながるのだ。

だから、何を言いたいか。交通死亡事故マップではなく、現実にそこで交通死亡事故が発生したことが認識できるように、現場の道路か縁石にマークを付ければいい。そのマークは亡くなった方を供養するという意味で直径一五センチの蓮の花にすればいい。そして、小学生以下の女の子ならピンク色、男の子なら水色、壮実年の男性なら青色、女性なら赤色、老人男性なら黄土色、老人女性なら紫色にする等色を変えればよい。自動車を運転している人は『ここで子供さんが亡くなったのか。ここでもお年寄りが亡くなったのか。何と悲しいことだろうか。気を付けよう』と心の片隅で思うだろう。その意識が交通死亡事故を激減させることにつながるはずだ。誰も考えたことないだろうが、感性豊かな（？）私には見えるものがある。しかし、自己保身を優先する優秀（？）な人々なら、あーだこーだと言って反対するだろうな。

ここで一つ、こんなことを想像した。もし、心ない一般住民から「橋のたもとといっても歩道上ではないか。そこで女子高生が死んだといっても、歩道上に御供え物を置くとはけしからん。すぐに除けさせろ」と言ってきたら、警察の貴族どもなら何と言うだろうか。彼らは「ハハ〜。ごもっともです。廃棄物の処理及び清掃に関する法律違反又は道路交通法違反に該当します。すぐに捜査して事実を明らかにした上、供え物を除けさせます」なんて答えるのじゃないかな。貴族は人間の情など無視して法律、規則に従うだろう。自分の立場を守るために。

◇柔道の神髄は受け身にあり

なぜ、「柔道の神髄は受け身にあり」などという変な小見出しを付けたのか説明しよう。二〇〇八年、神戸市内で小学校五年生の男の子が自転車で坂道を下っていたところ、散歩中の六十二歳のご婦人と衝突し、ご婦人が転倒した際、頭部を強打して意識不明となった。現在も意識不明のまま植物人間と化した状態で入院し、ずっとご主人が看病されている。ご婦人のご家族は、母子家庭である男の子の母親に約一億円の損害賠償を求め、二〇一三年、神戸地裁の裁判官は児童の母親に監督責任があったとして、九千五百万円の支払いを命ずる判決を下した。裁判官も苦渋の決断だっただろう。裁判官は好きにはなれないが同情する。

しかし、この一件、誰に責任があるのだろうか。小学校五年生の男の子が自転車の運転が未熟なのは当たり前である。母親がずっと付きっきりで自転車の運転を教えたり、付き添ったりできるはずがない。児童に自転車の運転を教える義務があるのは母親だけではなく、市町村や学校や警察にもあるのではないだろうか。しかし、ご婦人が植物人間になってしまった以上、誰かがご家族に賠償しなければならないのは当然であり、それが男の子の母親にならざるを得なかったのは理解できる。しかし、この判決、やむを得ない事情は分かるが、よほどの大金持ちでない限り、母子家庭の親子が九千五百万円も支払えるはずがない。母親が自殺するおそれもあり、大きな重荷を背負った男の子も自殺したり、あるいは世捨て人になって悪の道に突き進んでしまうおそれも十分ある。誰にも責任がないのに皆不幸を背負いこんでしまった。本当に痛ましい現実だ。

このような現実をなくすためには何が必要なのか。どうするべきなのか。私が提唱したいのは柔道の受け身を幼稚園児あるいはもっと幼い時から身につけさせることである。私は柔道三段であり、本県警の柔道の選手候補として訓練したこともある。柔道を体験してきた私が思うところは、柔道の受け身は実によくできているということである。生活していれば、何かに躓《つまず》いて倒れる時もあるだろうし、階段から落ちることもあるかもしれない。年老いてくればなおさらだ。また、交通事故に遭う時もある。そんな時、柔道の受け身が身についているかいないかでは大違いなのだ。受け身が身についていれば、死ぬところが大怪我、大怪我のところが軽傷、軽傷のところが無傷になる。

あるいは死ぬところが軽傷、どころか無傷になるケースもあるだろう。

恥ずかしい話だが、私は猛スピードで逃走する三人乗りの原付を止めようとして跳ねられ、五メートルほど飛ばされたことがあった。腰を軽く打撲した程度だったので、私はおもむろに立ちあがり、地面に倒れ込んで唸っていた三人の少年に歩み寄った。そして、運転していた少年に「お前、免許持ってんのか？」と質問したところ、無免許だと分かったので無免許運転で現行犯逮捕した。その時、私が軽傷で済んだのはまさに柔道の受け身を身につけていたからである。

神戸のあの痛ましい事故も、六十二歳のご婦人が柔道の受け身を身につけていたら、転倒した後、私と同じように立ちあがり、「僕、気い付けや」で終わっていたかもしれない。当然、ご婦人には何の落ち度もないのであるが、本当に残念でしょうがない。また、私の知人で幼稚園の時にキャーキャーと皆で遊んでいて、走ってきた男の子とぶつかり転倒し、左目を何か固い物の角にぶつけてしまった。何とか失明は取り止めたものの眼球が内側に寄ってしまい、その目のために暗い人生を送らざるを得なかった女性がいる。

このような痛ましい事故が起こらないように、あるいは交通事故に遭っても軽傷で済むように、国民全員に幼児の頃から柔道の受け身を反復練習させ、身につけることを義務付けるべきだと提言したい。また、柔道の受け身を知らない人のために、国は幼稚園児から老人まで誰でも無料で参加できる柔道受け身教室を開設したらいい。柔道の投げ技や寝技が必要なのは柔道選手と警察官と自衛官だけである。生活の中で絶対に必要なのは受け身だ。だから「柔道の神髄は受け身にあり」である。

左目が内側に寄ってしまった彼女は、医療技術が進んだことで、大人になってから手術を受け、元どおりの目に戻り、その後は幸せな人生を送ることができている。本当によかった。おめでとう。

◇**非行に走る原因は学力によるところが大きい—だから…**

私は警察官としてずっと現場で仕事をしてきた。暴走族、窃盗を繰り返す少年、傷害事件を犯した少年、強盗をはたらいた少年、強姦をした少年、家出少年、援助交際を繰り返す少女、風俗店で働く少女、薬物依存症になった少年、深夜に歓楽街で煙草を吸いながらたむろする少年。現場で働いてきた警察官だから当たり前のことだが、今まで多くの非行少年を見、彼らと接してきた。

そこで、私が感じたことを述べさせていただきたい。彼らはほとんど全員と言ってもいいほど勉強ができない。勉強について行けずに落ちこぼれている。中学二年で小学校五年程度、高校三年で中学校一年程度の学力である。彼らはどう思っているのか。

『僕は勉強について行けない。今から勉強しても無理だ。取り返すことはできない。もう手遅れだ。僕は落ちこぼれてしまった。お先真っ暗だ。もういい。今が楽しければいい。遊んでやれ。好きなことをしてやる』

といったところである。

今の教育は一時的に勉強が嫌になり、夜遊びしたり、家出したり、非行に走ったりして、遅れてしまうと、もう分からなくなってついて行けなくなり、ますます放り投げてしまうようになる。そして、学校の先生からも親からも見捨てられてしまう。大人にダメ人間のレッテルを貼られ、自分でもそう思い込んでしまう。その結果、勉強を捨て、非行に走るようになる。ほとんどがこのケースだ。私も中学二年の時、担任の先生に「○○君は高校受験にすべって、押入れにこもって泣いていたそうだ」などと言われ、高校受験に失敗すれば人生が終わりなのかと思い込み、不安でいっぱいになった経験がある。もしも失敗していたら、非行に走っていた可能性も十分にある。

しかし、よく考えてほしい。彼らは中学生、高校生、あるいは同年代の若者だ。なぜ、そんな若い世代でダメ人間のレッテルを貼られなければならないのだ。そして、なぜダメ人間だと思い込んでしまうのだ。実にもったいない。一時的に勉強について行けなくなってもダメ人間でも何でもない。彼らは将来有望な若者だ。

パトロール中、改造バイクのそばに立っていた二人の茶髪の暴走族少年を発見したので職務質問した。彼らは不信感でいっぱいのしかめっ面をしている。私は笑顔で彼らに話しかける。「君たち何年生？」すると、二人とも高校を退学させられたと言った。私は「勉強はできなかったの？」と聞くと、「ついて行けんかった」「全然できんかった」と言う。彼らはやはり、自分は手遅れのダメ人間だと思い込んでいる様子だ。そこで、私は彼らに言った。

「勉強、もう一回やり直してみなよ。三十歳で大学に入って、医者になったり、弁護士になった人もいるぞ。勉強なんてどこからでも始めることはできる。二年や三年遅れたってどってことない。大学なんて二浪や三浪したってどってことないやろ。そんな人、当たり前にいるやないか。それどころか五浪、十浪したってどってことない。勉強ができないなら中学校一年の勉強から始めたっていいじゃないか。二年、三年遅れて高校受験してもいいじゃないか。そんなの人生の汚点でも何でもない。当たり前のことだ。でも、もし、勉強がどうしても自分には向いていないと思えば、手に職を付ければいい。農業でも料理人でも大工さんでも、みな素晴らしい仕事だ。後継者を待ちわびて手取り足取り教えてくれる先輩や親方はどこかにいるぞ」

そうしたところ、しかめっ面していた彼らはポッと表情が明るくなり、私に、

「おっちゃん。ええこと言うてくれるなあ。僕、もう一回やり直してみようかなあ」

と言ってくれた。彼らとは笑顔で別れた。私は自分が落ちこぼれのダメ人間だと思い込んでいる青少年にはいつもこのように言って励ました。励ましたいのだ。

本当に考えてみてほしい。高校を卒業して五浪して二十三歳で東大に入学した若者がいれば、間違いなく誰でも彼を超エリートだと思うだろう。中学校卒業後、五浪して二十歳で高校に入学し、二十三歳で東大に入ったって同じことではないか。大学浪人は誰もが認めるが、高校浪人は誰も認めない。そんなアホな！である。まったく、全員が誤った考え方を刷り込まれているとしか言いようがない。だから、非行に走っている彼らには、「やろうと思えばどこからでも勉強はできる。そして、それを生かすこともできる」と、大人は大らかに伝えるべきだと思うがどうだろうか。

人間には非行に走った一時期があってもいい。そんなの人生の汚点でも何でもない。その体験を生かすことさえできる。その体験があったからこそ、強い人、優しい人になれることもあるのだ。

この項の最後に言わせて頂きたい。悪しき体育会系の思想に染まった未熟な意識の高校生、大学生に言いたい。学年が上だからといってふんぞり返ってはいけない。例えば十七歳の高校三年生は二十歳の高校一年生に対しては「先輩」、あるいは「佐藤さん」「山田さん」と「さん」付けで呼び、

学年も年齢も下の人には「加藤君」「鈴木君」と「君」を付けて呼ぶべきだ。女性ならば「さん」付けだ。呼び捨てにしてもいいのは同年齢の親しい友人だけだ。

◇国民に協力してもらうための当たり前の方策―しかし…

警察は国民から信頼され、協力してもらわなければ成り立たない。例えば、聞き込み捜査というのがあるが、国民の皆さんに嫌われていては犯人につながる有力な情報を知っていても言ってくれないといったことがある。逆に感謝され、信頼されていれば有力情報を教えてくれる。聞き込み捜査だけではなく、治安を守るためには善良な国民、県民の協力は不可欠だ。

では、何をすれば国民や県民から感謝され、信頼され、協力していただけるようになるか。当たり前のことで簡単にできることがある。盗まれた自転車を見つけてあげて、被害者に返してあげればよい。窃盗事件のうち、自転車泥棒の被害は圧倒的に多い。実に窃盗事件の約三〇～四〇パーセントを占めている。読者の皆さんの中にも自転車を盗まれた経験をしている方は結構おられるだろう。被害者の方は自転車泥棒を捕まえてほしいという気持ちも当然あるだろうが、それよりも自転車を返してもらいたくて被害届を出すのだ。

私は長い警察人生の中で多数の盗まれた自転車を探し出し、持主に返してあげた。おそらく数百台になるだろう。ご自宅が遠い場合には輸送車に載せて自宅まで運んであげた。自転車を返してあげるたびに被害者の方や、小中高生の場合は親御さんにも感謝していただいた。皆さんの「ありがとうございました」の声にどれほど励まされたことだろうか。

盗まれた自転車を探しだす方法は先にも書いたが、コンピューターに入力されている盗難自転車の防犯登録番号、車体番号を順番に打ち出し、盗品番号表と称した小冊子を作って、それを手にし、駐輪場や歩道に多数駐輪している自転車の防犯登録番号、車体番号を見て盗品番号表に印字された番号と照合していくという作業をする。それが最も合理的だ。私はその作業を実践的に鍛錬することによって、ものすごいスピードで盗難自転車を探すことができるようになった。一台につき五秒で盗まれたものかどうかを見分けることができる。私の右に出る者はいないだろう。

番号が合致すれば盗難自転車一台発見である。その盗難自転車がそこに置かれて間がない状況であれば、張り込み捜査をして犯人を捕まえ、長期間その場所に置いている状況であれば即座に被害者に電話連絡し、取りに来てもらうか、搬送して自転車を返してあげた。どれほど多くの善行を積ませていただいたことか。この部分では実に有り難い職場であった。

しかし、前述のとおり、盗まれた自転車を最も合理的に探し出せるこの方法をさせない幹部が現れ出した。「警察情報である盗品番号表を外に持ち出すことはあいならん！」と言う。貴族からそう言われたら反発するのが私の常だった。定年間際になった私は、休みの日に健康のためウォーキングをしたが、その際、自分で作った盗品番号表を持って街中を歩きながら、放置されている自転車の登録番号、車体番号を照合し、被害届の出ている自転車を見つけ出した。休みの日に張り込みをして自転車泥棒を捕まえたこともたびたびある。まさに一石二鳥だ。しかし、私のこの行為は貴族どもにすれば服務規律違反である。「警察情報を上司の許可を得ずに勝手に持ち出した」と言って処分しようとする者もいるだろう。貴族どもは盗まれた自転車を見つけ出して被害者に返してあげる行為なんてどうでもいいことだ。それよりも、警察情報（盗まれた自転車の防犯登録番号、車体番号）を印刷した自転車の盗品番号表を持ち出して、落としたり盗まれたりすることを心配しているのである。自分のことしか考えていない。そんなもの落としたところで悪用などできようがない。拾ったおばちゃんがゴミ箱に捨ててくれるだけだ。

前述の青切巡査部長のように、交通違反の青切符を月に二十件切れば交通部長賞がもらえるが、盗まれた自転車を二十台見つけて、被害者に返してあげても何の表彰ももらえない。しかし、どちらが国民に感謝され、信頼され、協力していただける行為なのか。一目瞭然だろう。

貴族を目指す、あるいは内勤（警備、刑事、生活安全、交通、警務課）を目指す若手地域警察官は点数稼ぎのために青切符は切るが、点数にはならないし、自転車の盗品番号表を持ち出したことが幹部にバレたら評価が下がるので、盗まれた自転車を見つけて被害者に返してあげるという作業は一切やらない。大したものだ。実際に交番の真向かいの歩道上に、埃の付き具合から一カ月間くらい放置されたままの自転車があった。休みの日に私は得意の盗品番号表を使って調べたところ、案の定、盗難被害自転車だった。交番の警察官は九人もいるのに一カ月も置きっぱなし状態になっている自転車の番号を調べることもなく、放置していたのだ。その自転車は私が被害者に返してあげた。

また、地域課長（警部）の中には、「被害者に連絡がつかなかったらどうするんだ」とか「北海道に引っ越ししていたら返せないではないか」などと言って盗難自転車を見つける作業など、してもらっては困るという者も出てきた。世も末だ。

私の提案はもうお分かりだろう。自転車の盗品番号表を持って外に出て歩きまわり、盗まれた自転車を探し出し、被害者に返してあげるという警察官として当たり前の行為をもっとやれということだ。暇な奴はいっぱいいるし、何もすることがない交番相談員のおじさん方にもやってもらったらいい。マンションの駐輪場などには長期間放置されたままの盗難自転車はいくらでもある。見つけ出して被害者の方全員に返してあげればいい。それがどれほど、国民、県民に喜んでいただけ、感謝され信頼を得、ひいては協力していただけることになるのか。よく考えろ！

◇無差別殺傷事件について思うこと

無差別殺傷事件で印象深いのは、二〇〇一年六月八日に発生した付属池田小学校無差別殺人事件と二〇〇八年六月八日に発生した秋葉原通り魔事件である。

付属池田小学校無差別殺人事件は、宅間守（当時三十七歳）が包丁を持って池田小学校に乱入し、一年生と二年生の児童八人を包丁で刺して殺害、十五人に重軽傷を負わせた。先生の中に逮捕術でも空手でも柔術でも本物の格闘家がそこにいれば、ここまでならなかったのにと悔やまれる。

秋葉原通り魔事件は、加藤智大（当時二十五歳）が運転していたトラックで故意に通行人を次々と跳ね、さらに降車してから手にしていたサバイバルナイフで次々と刺し、七人の方を殺害、十人の方に重軽傷を負わせている。それにしても、この残虐極まりない二つの事件の発生日が同じ六月八日とは一体どういうことなのだろうか。もちろん、無差別殺傷事件はその他にもいくつも発生している。

何とも痛ましい事件だ。誰でも犯人を許せないと思うだろう。私もこんな奴らは死刑にしろと言いたい。しかし、殊更人権派の弁護士や大学の教授ならば「彼らは精神に障害を負っているのだから罪には問えない」などと淡々と述べる者がいそうだ。刑法第三十九条には、

・心神喪失者の行為は、罰しない。

・心神耗弱者の行為は、その刑を減軽する。

と書いている。心神というのは分かりやすく言えば精神ということである。ならば、彼らの残虐の極みの犯罪は心神（精神）を喪失しているからできるのであって、刑法に従えば罪には問えないのではないか。残虐であればあるほど心神の喪失状態が高いということではないか。刑法の論理からすれば、残虐な犯罪者ほど罰することはできないということになる。

悪党連中の間では「殺しをやるならシャブ（覚せい剤）をやってからやれ」といった風評が広まっている。なぜなら薬物で精神を狂わせてから人を殺せば、裁判官は刑法に従って、「その者は薬物で心神を喪失した状態で人を殺したのだから無罪」と言ってくれるかもしれないし、無罪にならなくても明らかに心神耗弱状態なのだから刑を軽くしてくれると思うからである。覚せい剤をやってから殺人をすれば、殺人罪に覚せい剤取締法違反をプラスして刑を重くするべきではないのか。こんな当たり前の矛盾を誰も指摘しない。不思議な世界だ。指摘しないのは刑法に従っていれば自分が安全だからだ。これも自己保身の現れの一つである。

しかし、この二つの事件は、両方とも被告人に死刑判決が下され、宅間は自らの希望でかつてないほど早期に死刑が執行されたが、加藤の方は弁護士が精神に障害を負っていたのだから罪を減刑

せよと主張して最高裁に控訴している。しかし、裁判官も弁護士も「二人は心神喪失者であったから こんな残虐非道な犯罪を行うことができたのだ。だから無罪だ」とは言わない。厳格に刑法に従えば、この二人には無罪を言い渡さなければならないと思うのだが、二人が無罪だなんて言えば世間から大批判を喰らうから言わないのではないか。裁判官も弁護士も「だって、精神科医の先生が『心神喪失状態とまではいえない』と言ったんだもーん」と責任を転嫁しそうだ。これも自己保身である。

話を戻そう。この二つの事件で私がいちばん言いたいことは、宅間被告にも加藤被告にも同情できるということである。なぜなら、彼らは生い立ち、あるいは人生の歩みの中でそこまで精神を狂わせられ、自暴自棄になるほど追い詰められたのだ。彼らを追い詰めた奴らがいるはずだ。その主なものはいじめだろう。もう一つ、これもいじめとも言えるが、「お前はお先真っ暗だ」とか「お前には生きる価値がない」とか見下げてバカにして言い渡した奴らがいるはずだ。私は無差別殺人を犯した彼らに責任がないとは言わない。しかし、彼らをそこまで追い込んだ奴らがいることは間違いない。

それは、それぞれの事件によって異なるが、親、上司・先輩、同僚、学校の先生、親戚、夫・妻、恋人、子供であったりする。追い詰めた者たちに自覚がある場合とない場合があるが、彼らにも大いなる責任があると私は思う。彼らは無差別殺人事件を発生させた遠因を作っている。人間の法が支配するこの世界では、殺人の直接の原因を作った者は罰せられるが、遠因を作った者は罰せられることはない。致し方ない部分はあるが、私はいかがなものかなと感じるところである。

また、話は飛ぶが、死刑はやむを得ないと主張する人と死刑反対を声高に叫ぶ人に分かれる。私は死刑賛成派である。なぜなら、死刑という刑罰があるから殺人をある程度は抑止しているからだ。そんなことはないという人がいることは知っているが、ある程度ではあっても抑止していることは間違いない。しかし、私の主張は単純な賛成、反対とは異なる。死刑を認可する法務大臣の苦悩も分かる。死刑を執行する刑務官の苦悩も分かる。八人殺害しても、もし本気で反省しているならば死刑にすべきではないことも分かる。だから、国は「〇〇受刑者を死刑にしました」と世間に公表しながら、現実には生かして終身刑にすればいい。しかし、終身刑の期間中に暴れるとか人権を盾に刑務官の方に無理難題を言い付けるようなことをすれば、その時点で死刑を執行すればいいではないか。誰も気付けない主権者である私の主張である。

ここでもう一つ言いたいことが思い浮かんだ。警察庁が作成した警察改革の映像の中に、先に紹介した秋葉原通り魔事件に対応した警察の職務執行に対して、一般の方が、

「さすがは警察です。いち早く、現場に駆け付けた警察官が犯人を取り押さえてくれました。頼もしく感じました」

などとコメントしているシーンが映像に映っている。七人もの罪なき人々が車でひき殺され、サバイバルナイフで刺し殺されているというのに、よくもまあ警察を称えるコメントができるものだと感心したが、たぶんやらせなのだろうと想像した。

凄惨な殺人事件の犯人をその場で現行犯逮捕した警察官はおそらく、賞誉を超えた賞詞という表彰を受けたことだろう。しかし、もし、職務質問のプロフェッショナル警察官が、加藤が殺人を敢

行する前に、どこかで加藤が乗車している車を見付けて職務質問をしていたら、この凄惨な殺人事件は防ぐことができただろう。実際、犯行前に加藤に出くわさなかったのは残念極まりない。職務質問のプロフェッショナル警察官は、その場で令状なしの所持品検査をし、車に積んでいるサバイバルナイフを発見するや、加藤を銃砲刀剣類所持等取締法違反で現行犯逮捕していたことだろう。そうなっていれば、この事件は起きなかった。

ただし、その場合、加藤を逮捕した職務質問のプロフェッショナル警察官は七人の命を救っているにも拘わらず、自転車泥棒を捕まえたのに毛が生えた程度の評価しか受けないことになる。さらに言うならば、人権派弁護士から裁判官の令状もなしに所持品検査をしていいのかと訴えられる羽目になっていたかもしれない。誰も、この理不尽な世界を感じることはできないだろうが、職務質問のプロだった私には感じることができる。皆さん、よく考えていただきたい。

◇憲法に対するものの見方っておかしくない？

日本には日本国憲法を絶対視する人々が大勢いる。日本国憲法だけではなく、日本国憲法の理念というものから派生した各種法律、条例、判例、内部規定、規律、高級官僚の見解、それらを絶対視し、従う人々が圧倒的に多い。なぜ従うのか。従っていたら自分が安全だからだ。従わなければ、あるいは文句を言えば、自分が危険な立場に追い込まれるおそれがあるからだ。自己保身の意識が蔓延していることが見てとれる。

すべての法律を論じてはややこしくなるので、日本国憲法に的を絞って私の考えを述べよう。よく考えてほしい。「日本国憲法は人類の普遍的な理念で創られている」あるいは「日本国憲法は国の根幹をなす法律だ」などと言う人は普通ならこう思うべきではないのか。

「日本国憲法を書いた人はいったい誰なんだろう。こんな素晴らしい内容の文章を作った人なのだから、その人は生涯を世のため人のため、身を粉にして働いた立派な人にちがいない。なぜ、世間に出て来てくれないんだろう。そうか、名前を売る気もない奥ゆかしい人なんだ。ガンジーより、シュバイツァーより、マザーテレサより、ひょっとしたらキリスト様やお釈迦様よりも立派な人かもしれない。いや、そうに違いない。その方の話を聞いてみたかった。その方にお会いしたかった。その人の人生を知りたかった。それが叶わないのはもどかしい」

しかし、作者に憧れを持つ人なんか一人もいない。誰が作ったか知りたいと思う人もいない。真に奇妙な話だ。

さらに、日本国憲法を作った人物は自分が作った文言に一切責任を持たなくてもいい。何という立場のお方なのだ。その人物は神様なのか。有名な格闘家で「私は神の子キッドだ」と言った人物がいる。なかなかの好人物だが、彼も自分が神だと言えば神様に失礼にあたるから「神の子」と表現したのだろう。ちゃんと礼節はわきまえている。しかし、日本国憲法を作った人はまさに神の領域にいる人物だ。本当はただの人間なのにね。

だから、日本国憲法に対する正しいものの見方はこうだ。

「日本は法治国家だから一応は守ろう。しかし、日本国憲法を作った人は人間だろう。自分も同じ人間だ。だから、同じ目線で見てみよう。そして、よくできているところは『なかなかいいこと書いているなあ。ここは賛成だ。素晴らしい』と賞賛し、ちょっと問題だと思えば『ここはおかしいなあ。こう修正すべきじゃないだろうか』と首をひねり、絶対に間違っていると思えば『何ちゅうことを書いてるんや。ここは従えない。わしが直してやる』と怒る」

こうあるべきではないだろうか。

日本国憲法を絶対視する人々は、少年時代、義務教育で日本国憲法は崇高な理念だ、人類の普遍的原理だ、最高法規だ、と教えられ、そのまま素直に覚えたらテストで百点を取れるから何の疑問もなく必死で勉強して日本国憲法を覚えた。だから、何の疑いもなく、日本国憲法が自分になってしまったのだ。素直でない私は、日本国憲法を自分と同じ目線で見ることができる。

ここまで、結構触れてはきたが、どんなごまかし文言が日本国憲法にあるのか紹介しよう。

▽「陸海空軍その他の戦力は、これを保持しない」と恰好よく書いているが、自衛隊という強力な軍事力を持った実質、陸海空軍を持っている。（自衛隊がいけないと言っているのではない）

▽国民主権だと言いながら国民が主権を発揮するのは選挙の時しかないと言う大臣がいた。ただの一票の権限しか持っていない人間に対して主権者だとのたまっている。

▽さらに、日本国憲法前文第一行には「日本国民は正当に選挙された国会における代表者を通じて行動し……」と書かれている。主権者たる国民は国会における代表者を通じなければ行動できないとはどういうことか。どっちが主権者なのだ。

▽言論の自由を謳っているが現実には言論の自由はないに等しい。（私が現役だった頃、実名で地元新聞の読者の手紙欄に司法制度の改めるべき点について投稿したところ、上司から公務員

は公平中正でなければならないから自分の意見を公に出してはいけないと言われた。立場のある人間が自分の意見を言うと不適切だと貶《おとし》められるのが現実だ)

▽「公務員による拷問及び残虐な刑罰は絶対にこれを禁ずる」と言いながら死刑という究極の残虐な刑罰がある。(「公務員による」と言っているので一般人による拷問及び残虐な刑罰は禁じていないところが不思議議である。一般人による拷問、残虐な刑罰こそ禁じなければならないのではないか。しかし、私は決して死刑がいけないと言っているのではない)

▽「強制、拷問による供述は信用できない。よって、証拠とすることができない」と言いながら国会や都道府県議会では証人喚問という衆人環視《しゅうじんかんし》の中で嘘をついたら処罰されるという強面の刑事さんでもビビり返るような拷問による取調べを行っている。(国会議員も大学の教授も、有識者と言われる人たちも、ちゃんと拷問しなければ本当のことは言わないし、本当のことを言わせることがどれほど重要なことか、ちゃんと知っているではないか。それでもカッコいい立場でいたいんだね)

▽「国民は人種、信条、性別、社会的身分又は門地により、経済的関係において差別されない」と恰好よくのたまいながら、介護という崇高な仕事をしている人が月収二十万円、株や不動産の合法的な博打をしている者が月収二億円である。これで、経済的に差別されないとのたまっている。(いかにも経済的に差別されないように見せかけて、人種、信条、性別、社会的身分又は門地により差別されないのだから他の条件である能力の違いや運不運によってはどれだけ差別されてもいいということである。しかし、人は皆平等なんだと恰好よくのたまいたいの

だ)

▽恰好よく住居の不可侵を謳ったがゆえに自分の土地の自分の建物の中でサリンが製造され、松本サリン事件、地下鉄サリン事件が発生し、何十人もの善良な人々が命を亡くし、何千人もの人々が負傷した。しかし、日本国憲法を作った人々は何の責任もとらなくてもいい。全部人のせいにできる。

▽集会結社の自由を謳いながら暴力団が幅を利かせている。(アッ失礼。集会結社の自由があるから暴力団が存在しているのだ。これは憲法の理念そのものでした)

▽政教分離を謳いながら政治と宗教はベッタリだ。

▽人間天皇宣言をしながら天皇陛下を神様扱いしている。(国会議員の山本太郎が秋の園遊会で天皇陛下に手紙を渡したことで国会で袋叩きにあったことがある。味方してくれる人たちはいない。天皇陛下は山本太郎から受け取った手紙を付き添いの侍従長に取り上げられた。人間宣言されたはずなのに人間扱いされてないじゃないか。人間だったら、受け取った手紙は天皇陛下の物。なぜ取り上げられなければならないのか。天皇陛下が気の毒に思えた。天皇陛下を神様扱いしている奴らが大勢いる。彼らは自分の地位名誉を高めるために天皇陛下を神様扱いしている。「私は天皇陛下をお守りしているのだ。下々の者ども控えおろう」と助さん角さん気分に浸れるから神様扱いしているのだ。言っておくが、私は彼らよりも天皇陛下を尊敬している。天皇陛下を尊敬していると言えば彼らはこう言い返すだろう。「陛下に対して尊敬とは何事だ。敬愛していると表現しなさい!」)

▽国民の中には悪い奴もいっぱいいるのに国民の皆さんは皆いい人だという立場に立っている。（公務員は国民のために働くのだと書いているが、麻原彰晃も林真須美も国民だ。公務員は麻原彰晃や林真須美のために働けと言っている）

▽もう一度取り上げるが、言論の自由を謳いながら、大切なことでも本当のことを言った人は人権侵害者の烙印を押されて抹殺されることがある。

▽人格の高い人は自分のことを「最高だ」なんて言わないが、日本国憲法は自分のことを「最高だ」と言っている。（第九十八条参照）

▽戦争放棄を謳った憲法九条には「戦争と武力による威嚇又は武力の行使は、国際紛争を解決する手段としては、永久にこれを放棄する」と書いている。一番やってはならない侵略戦争を放棄していないところがすごい。

▽最後に極めつけは、戦争、紛争、ミサイル実験、核実験、核武装、兵器の開発、領土領空侵犯、侵略戦争をしている諸国（他国）がいっぱいなのに「日本国民は平和を愛する諸国民の公正と信義に信頼してわれらの安全と生存を保持しようと決意した」と書いている。（勝手に決意するなよ！　現実無視もはなはだしい。まるで世界中の人たちが平和を愛しているかのごとく書いている。自分たちの命を、平和を愛する？他国の皆さんにお委ねしているのだ。凄まじい）

まだまだあるがこの辺で置いておこう。このように、きれいごとを恰好よく書いているが、ごまかしとすり替えだらけなのだ。本音と建前がこれほど乖離しているのに誰もおかしいとは言わない。すべて自己保身ゆえだ。

このように主張すれば、安全な日本国憲法側にいる平和主義の殊更人権派の人々は「雑魚の身分で日本国憲法に盾を突くとは不届き千万。控えおろう」となるだろうな。主権者の私に対して。

◇共産主義者の主張を超える私の主張

警察には公安という部署がある。主な仕事は、いつかその時が来れば、暴力で革命を起こそうとしているに違いないという理由で共産党の動きを把握することだ。しかし、私はそんなことをする必要はないと考えている。なぜなら、今の共産党の皆さんは暴力革命など考えたこともないし、する気もない人ばかりだからだ。よって、共産党の動きを把握するなんてことに時間を費やさずに事件や事故に関わる仕事をしたらどうだと言いたい。

しかし、私は殊更人権派そのものとも言える共産主義者の考え方には八五パーセント程度賛同できない。単純化して言うならば、共産主義は人々の収入を平等にしたら平和なユートピア世界が実現するという思想だ。しかし、現実の共産主義は全く違う。旧ソ連にしても中国にしても北朝鮮にしても、共産主義を標榜している国々の現状はどうだ。一党独裁の共産党の中枢にいる権力者たちはべらぼうな金持ちではないか。共産主義国のお偉いさん方はこう思っている。

『下々はみんな平等、でも、僕ちゃんは別格』『下々の給料はみんな平等、でも、僕ちゃんは別格』言っていることと現実が正反対だ。日本国憲法もよく似ているが……。「みんな平等なら、てめえらも平等の中に入らんかい！」と言ってやりたい。

そして、マルクスやレーニン、毛沢東やスターリン、あるいは金日成を尊敬どころか崇拝している。彼らはただの人間ではないか。なぜ、同じ目線で見ることができないのだ。これも自己保身ゆえだろう。同じ崇拝するなら、あの東日本大震災で自分の命もかえりみず、人を助けようとして命を落とされた多くの人々を崇拝しろ！

そこで、私は共産党でもしない主張をしてみよう。共産主義でも資本主義でもべらぼうな金持ちがいる。何億、何十億、何千億、何兆の金を持っている奴がいる。しかし、世の中には一生懸命に生きていても不幸を背負ってしまった人々が山ほどいる。地震で家が潰れたり、洪水で家が流されたり、台風や竜巻で家が倒壊したり、病気で家族が亡くなったり、お父さんがひき逃げされて亡くなったり、入院していたお父さんが暴力団組員に間違えられて、対立している暴力団の組員に拳銃で撃ち殺されたり……。こんなニュースもあった。

「小学校三年生の女の子が肝臓移植しなければ余命いくばくもない。しかし肝臓移植するには一億円が必要なのでご家族が必死で募金を募っている」

何とも悲惨な現実に苦しんでおられる人々が数え切れないほどおられる。そこで主権者たる私の提言だが、

「べらぼうな金持ちは大型リュックサックに一万円札を詰め込んで自ら背負い、罪もないのに不幸を背負ってしまった人々の所に自ら赴いて、配ってこい！」

ということだ。例えば洪水で家が流され、お父さんが亡くなり、途方に暮れている家族がいれば、リュックサックを背負って、その家族の元に赴き、「すいません。家が流されてお父さんが亡くなられたそうですね」と言って二千万円を取り出し、

「私は病気を治すことはできません。ご老人を介護することもできません。子供たちを教育することもできません。家を建てることもできません。おいしい料理を作ることもできません。音楽で人を癒すこともできません。犯人を捕まえることもできません。でも、これならできます。たいへん失礼ですが、ほんの少しですけど受け取って下さい。これを立ち直りのきっかけにしてください」と言って、頭を下げて手渡したらどうだ。このように人間として当たり前の行為をしてみたらどうだ。リュックサックは一つの例えであって、リュックサックが物足りなければ、車のトランクに詰め込むとか別の方法をとってもよろしい。

しかし、現実は金持ちになればなるほど、感謝の心など持ち合わせず、自分が金持ちになったのは自分の実力だと思い込み、ますます、強欲に金を稼ごうとしている。不幸な人がいても知ったこっちゃない。知らんぷりだ。日本国憲法は幸福追求権と称して、いくら金儲けをしてもいいですよと言っている。もっともっと金を稼ごうとしている連中は日本国憲法の理念に即しているのだ。これで日本国憲法は崇高な理念だ、人類普遍の原理だとぬかしている。お笑いだ。

二千年も昔に生きた賢者イエス・キリスト（本名インマネール）は言った。

「大金持ちが天国に入るのはラクダが針の穴を通るより難しい」

すごい表現だ。私も本当にそうだと思う。よくもまあ、二千年も前の人がこんなことを言ったものだと感心する。イエスのこの言葉は言い換えれば、大金持ちの大半は地獄に落ちるということである。この世界は地獄に落ちる人々を尊敬し、崇拝しているのだ。

大金持ちが不幸を背負った人を自分の金で救おうとしないのなら、もう一つの方法がある。国民一人当たりが持ってもいい最高限度額を決めればいい。最高限度を十億円と言いたいところだが、ちょっとかわいそうな気もするので二十億にすればいい。二十億以上の資産を持っている者から国が一斉に資産を没収するのだ。百億持っている者からは八十億、一千億持っている者からは九百八十億、一兆持っている者からは九千九百八十億円を強制的に没収すればいい。それでも、没収された者たちには二十億という一生遊んで暮らせる金はちゃんと持たせてやっているではないか。そうすれば、国の借金もゼロになり、安定した政治が可能になるだろう。国が一生懸命に生きながら不幸を背負ってしまった国民を救えるようになるだろう。また、これで大金持ちも天国に行ける可能性が出てくるではないか。一石二鳥だ。

共産党員でもできない提言をさせていただいた。多くの人はお笑いになるかお怒りになるだろうが、実は人間として当たり前のことなのだ。人間の本質は神の子だからだ。共産党の主張はお金さえ平等にすればユートピアが建設されるという論理だ。しかし、現実は「下々は平等だが僕ちゃんは別格」になっている。私は言いたい。収入を平等にすればユートピアになるのではない。地位、名誉、財産という表現があるが、よく言ったもので、財産より地位と名誉が先に来ている。財産よりも地位と名誉の方が重い、あるいは厄介な代物だということである。しかし、地位と名誉を手にすれば財産もついてくるのだから財産の方がやっかいな代物だという理論も成り立つ。微妙なところだ。

世の中、世界中と言ってもいいが、「お前より俺の方が上だ」とか「あの人は御偉い人だ」とか「あんたは私より下」とか情けない意識が蔓延している。その情けない意識を持っている人物が権力者になっているケースが山ほどある。ため息が出る。財産すなわち金よりも地位と名誉を平等にする、平等と感じられる世界を創らなければならない。それが私の使命の一つだと思っている。

政治家の皆さんに一言、言いたい。皆さんは国民に対して、「大金持ちの皆さん、そのお金で人助けをしなさい」と当たり前のことを言ってください。しかし、こんなことを言う政治家は一人もいない。共産党や社民党の政治家も言わない。なぜなら、そう言ったら自分が実行しなければならないことになるし、批判にさらされ、当選できなくなるからだ。どう批判されるかといえば、憲法で保障する幸福追求権を侵害する暴言だということになる。追求すべき本当の幸福とは何か。人助けをすることだ。当たり前のことを言わせてもらった。

ここで一つお詫びしておきたい。警察官の中にわずかに治安を守るために頑張っている人がいるように、大金持ちの中にもわずかに困った人を助けようとしておられる人もいるだろう。その方達には当然感謝しなければならないし、尊敬しなければならない。

◇裁判員裁判について一言

二〇〇九年から一般国民に裁判官と同じ権限が与えられ、裁判員として司法裁判に参加する制度が導入された。最初から分かっていたが、大きな問題点がいくつもあるので主権者たる私が指摘させていただこう。

二〇一三年に強盗殺人事件の裁判員裁判で六十三歳の女性が裁判員を務めたが、殺された人の無残な死体の写真を見せられ、急性ストレス障害（ＡＳＤ）となり、通院治療で休業が長引いたため、会社を解雇されるなど、生活を狂わされたとして国に損害賠償を求める訴訟を起こされた。非常によく分かる。当然である。しかし、国（官僚）は「国民の司法参加を求めるための合理的な制度で、辞退もできる」などと言って争う姿勢を示した。国（官僚）のこの言い方、らしい表現である。さも、正当に主張しているように見せかけているが意味不明だ。国民に司法に参加してもらったらどのような利点があるのか、何のために国民に司法参加してもらうのかという根本の問題について触れていない。実は利点なんてないことが分かっている。あるいは、利点を言えば攻撃されるから言わない。国民に司法に参加してもらうことが目的だと主張して「なぜ、どうして」という最も重要な視点が抜け落ちている。

国（官僚）の言い分に自己保身を見てしまったので話がずれてしまった。本題に戻そう。この六十三歳の女性がされた主張は真にごもっともである。裁判員裁判の裁判は凶悪重要事件に限られている。ということは、この女性が務めた事件は強盗殺人事件という死刑も検討されるような事件だ。当然、死体の状態は凄惨を極めるものだったはずだ。殺された人の死体を見たい人などいないだろう。私は警察官だったことから死体を何度も見ている。交通死亡事故の現場で焼け焦げ、ちぎれた胴体を運んだこともある。腐って膨らんだ死体。ウジ虫が湧いている死体。極めつけは精神を病んだ父親が斧で二人の子供と母親を滅多打ちにして殺害した事件の死体。小さな子供が斧で何度も殴られズタズタになっている。顔も裂けている。ホラー映画どころではない。そんな写真を一般の善良な高齢女性に見せるのか。見ろというのか。ふざけている。そんな死体の写真を見た国民が急性ストレス障害になるのは当然である。国は責任をとるべきである。

しかし、国側は「裁判員は辞退できるではないか」と反論している。女性に届けられた裁判員の通知には「裁判員を断ることは原則できない。理由なく断れば科料という制裁が科せられる」といった内容を書いている。六十三歳のご婦人は断ることができないようなお人好しな方だったことが容易に推察できる。断れば制裁されるから裁判員を断ることができなかったのだろう。すなわち無理やりに裁判員にならされて、凄惨な死体の写真を見せられて急性ストレス障害になってしまったのである。国側は女性に同情する素振りも見せず戦おうとしている。ひどい話だ。

さらに、国側（官僚）はこう言っている。

「あまりに残忍な現場の写真や凄惨な死体の写真を素人の裁判員に見せてはショックが大きいから、その場合は絵で表現するようにする」

バカか！　絵でその事件の真相が分かるとでもいうのか。その事件の事実をつぶさに見ずして、何で正しい判決を下せるのだ。裁判員も正しい判断をするためにはどんなに凄惨な写真でも当然見なければならない。しかし、裁判員には普通の主婦の方もいらっしゃる。ご老人もいらっしゃる。気の弱い方もいらっしゃる。裁判員にそんな凄惨な死体の写真は見せるべきではない。見せてはいけない。当たり前の話である。お綺麗な立場で「一般市民のみなさんに裁判に参加してもらうべきだ」などと言った連中は、事件の真実に迫るためには凄惨な死体の写真も見なければならないなどということとは全く想像すらしていなかっただろう。

これは裁判員制度を止めるべき一つの理由であるが、他にも止めるべき理由がある。それをいくつか紹介しよう。裁判員制度がなぜ導入されたのか。それは素人こそが正しい判断ができるという

身勝手な思い込みによるところが大きい。そんな主張をしているのは平和主義の殊更人権派の大学教授や弁護士である。彼らは、

「今まで司法裁判に携わってきたプロ（主に裁判官、検察官、警察官）は玄人《くろうと》ゆえに被告人を真犯人に違いないと判断したがる。そこに大きな間違いがある。冤罪を生む温床になっている。それに比べて素人は右にも左にも偏っていない。偏りのない素人、すなわち一般国民こそが正しい判断ができるのだ」

と言う。バカらしい話だ。真実は、

「プロだから正しい判断ができる。ただ、極稀にではあるが、プロであるがゆえに間違ってしまうことがある。素人は印象操作で右にも左にも簡単に偏ってしまい、思い込みによって間違った判断をしてしまうおそれが非常に高い。しかし、極稀にではあるが素人であるがゆえに正しいものの見方ができる場合もある」

である。殊更人権派の人々は稀に起きることとの方を絶対的だと主張している。自分を際立たせるために真実を見ることができない。あるいは、分かっていても自分がカッコよくありたいのでそう主張しているだけの話だ。これも、裁判員裁判は止めるべきだという理由の一つだ。

もう一つ、止めるべき理由を述べよう。裁判員は指名されても、ちょっとした理由を付ければ辞退できるのだ。法律上は原則、指名されれば裁判員にならなければいけないように書いているが、現実は裁判員を断ったため処罰された事例は聞いたことがない。辞退できる理由として、
・本人が病気や怪我をしている場合

・親族・同居人の介護・養育をしている場合
・事業上の重要な用務を自分で処理しないと著しい損害が生じるおそれがある場合
・重い病気や怪我を負って治療している人の通院や入院に付き添う必要がある場合
・自宅が裁判所の管轄外の遠隔地であって裁判所に行くことが困難な場合

などである。そして、現実は裁判員の指定を受けても、これらの理由のある国民は裁判員を辞退しており、裁判官も認めている。現実、裁判員の指定を受けた国民の約六五パーセントが辞退し、辞退率は毎年上昇している。辞退する理由を言われた場合、裁判官はすべて受け入れている。裁判官も辞退したからということで一般国民に罰則を与えたら非難囂々《ごうごう》になるから絶対にしないであろう。

ここで大問題となるのは、司法の裁判という人の人生、あるいは生死にかかわる重大な判断を下さなければならない裁判員には一生懸命社会を支え、会社を支え、家族を支えて真面目に生きている人がなるべきだという点である。その人なら裁判に参加すれば真面目な性格ゆえに、一生懸命裁判員としてのはたらきを担うだろう。しかし、その人たちはそれぞれの持ち場（会社や家庭）で必要な人だから裁判員を断れるし、断らなければ皆が困るのだ。ハッキリ言って、その人たちは裁判員などしている暇はない。

だから、この制度の下では、どんな人間が裁判員になる傾向が強いのかと言えば、仕事がなく暇を持て余している者、収入がないから裁判員報酬が欲しくてしょうがない者、場合によってはパチンコ三昧の遊び人などである。もちろんすべてではなく、浮浪者の中にも裁判員にふさわしい人間性と人格を兼ね備えた方もいるだろう。しかし、真面目に一生懸命仕事をしている人や家庭を支えている人は裁判員にならないのだから、人格という意味において国民の平均レベルからすれば明らかに低くなる。人格レベルの低い者たちが裁判員となる、あるいは、なりたがるのである。ここにも大きな欠陥があり、これも裁判員制度を止めるべき理由の一つである。

さらに付け加えて、もう一つの理由を述べさせていただこう。裁判は控訴できる仕組みになっている。控訴とは地方裁判所の一審判決で不服があれば高等裁判所に二審を求める権利である。日本は三審制をとっているので二審判決で不服があれば最高裁判所に三審を求めることができるようになっている。基本的には三審の最高裁判所の判決が最終判決であり絶対となる。ところが裁判員は一審しか参加できないこととなっている。一般市民が司法の裁判に参加することの重要性を耳にタコができるほど声高に叫んでいるのに、一審のみである。現実に裁判員裁判の一審の判決が二審で覆されることも起こっている。裁判員が無罪にしたのに二審では有罪になったり、裁判員が死刑の判決を下したのに二審では無期懲役になったりと裁判員の判決が無視されることがしばしば見られる。

これは何を意味しているか。裁判員裁判を決めた国会議員や官僚たちはちゃんと知っているのだ。素人の裁判員の判決よりも高等裁判所、最高裁判所のプロの裁判官の判決の方がレベルが高いものだと。裁判員がそんなに重要なら最高裁に裁判員を入れて最終判決を下してもらうようにしたらどうだ。それができないのなら裁判員制度など即刻止めるべきだ。

◇**犯罪が激減した理由**

私は「そこまで言って委員会」という番組のファンである。毎週欠かさず見ているが、ある時、「日本に生まれてきてよかった」というテーマで議論されていた。その中で当時レギュラー出演していた評論家・宮崎哲弥氏が、

「日本はこの十数年の間に犯罪が激減した。十数年前でも世界一犯罪の少なかった日本なのに、さらにそこから激減した。これは世界に誇れるものだ。しかし、新聞にはささやかにしか報道されていない。いかがなものか」

と言われた。私は感心した。有り難いと思った。本当にそのとおりだ。全国的に街頭犯罪、侵入犯罪、凶悪犯罪がこの十五〜十六年ほどの間に激減している。

本県警察で広域自動車警ら隊が発足する直前の二〇〇一〜二〇〇三年頃に全国的にも本県においても犯罪の発生件数がピークになっていた。二〇〇一〜二〇〇三年と幅を持たせたのは都道府県によってピークの年度が異なっていることと、犯罪の種別によってもピークの年度が若干異なっているからである。ともあれ、ピークの時期から犯罪の発生件数がどんどん減少してきた。本県のデータを紹介すると、

・街頭犯罪（自動車盗、オートバイ盗、自転車盗、ひったくり、車上荒らし、部品狙い、自動販売機荒らし、路上強姦、強制わいせつ、誘拐等）の一年間の発生件数

六六〇二件→一一四五件　〈指数〉一〇〇→一七

・侵入窃盗（空き巣、忍び込み、金庫破り、事務所荒らし、出店荒らし等）の一年間の発生件数

一〇〇四件↓一九二件　〈指数〉一〇〇↓一九
・凶悪事件（殺人、強盗、強姦、放火、誘拐）の一年間の発生件数
六四件↓一四件　〈指数〉一〇〇↓二二
である。このように本県ではここ十数年の間に犯罪の発生件数が激減した。全国でも激減しているが、本県が激減率ナンバーワンである。

しかし、なぜ犯罪が激減したか、誰も分かってはいない。殊更人権派の人々を含む多くの人々はその理由について、「監視カメラが増加したからだ」「セコムなどのセキュリティの会社に登録している人が増えたからだ」「民間が防犯対策に力を入れ出したからだ」「警察の特番で犯人が捕まるシーンを多くの国民が見たからだ」「不景気になったからだ」などと言う。

不思議なことに、このテーマについて執筆中、地元の新聞に本県の犯罪が大幅に減少したとの記事が掲載されていた。しかし、減少した理由については、「防犯カメラが普及されてきたから」と「県民の防犯意識が高まったから」という二つの理由しか書いていなかった。全く分かっていない。当然、それらの要因もあるだろうが、最大の要因については誰も気付いていない。一般の人ばかりではなく、マスコミも警察の幹部連中も気付いていない。よって、主権者である私が言ってあげなければならない。その最大の要因は職務質問だ。分かりやすくするために、その物語を大まかにまとめてみたのでお読みいただきたい。

《何十年もはるか昔から大阪や東京などの大都府県では、職務質問からの所持品検査で覚せい剤

や凶器類を見つけては検挙するプロフェッショナル警察官がほんのわずか（全国で約三十人）いた。彼らの技はひそやかに、極少数の警察官にしか伝承されていなかった。なぜ、そんな少数しかいなかったのか。その理由は日本国憲法から派生している警察官職務執行法第二条（職務質問）にあった。そこにはこう書かれている。

〈警察官職務執行法第二条〉

「警察官は異常な挙動その他周囲の事情から合理的に判断して何らかの犯罪を犯し、若しくは犯そうとしていると疑うに足りる相当な理由のある者又は既に行われた犯罪について、若しくは犯罪が行われようとしていることについて知っていると認められる者を停止させて質問することができる」

犯罪を犯していると疑うに足りる相当な理由がある者にしか職務質問ができないと書いているのだから、ほとんどの警察官は職務質問ができなかった。怪しいと思っただけで職務質問したが、その者が犯人でなければ自分の立場が脅かされることになるからだ。だから犯人に間違いないと確信できる時以外は職務質問はしなかった。ましてや所持品検査などはもってのほかだった。しかし、ささやかな伝承を受けていた約三十人の警察官はちょっと変だと感じただけで、通行人や車の運転手を呼び止め、度胸と対話力で勝負し、所持品検査をして薬物や凶器、あるいは窃盗の被害品を見つけては犯人を捕まえていた。

しかし、極少数の彼らの頑張りだけでは足りず、全国的に犯罪は増加の一途をたどり、全国的に凶悪犯罪、侵入犯罪、街頭犯罪の発生件数は二〇〇一年から二〇〇三年頃ピークになった。犯罪が増えすぎて警察は十分な捜査もできないような状態になってきた。そこで、めずらしく褒めるが、智慧ある警察庁のキャリア警察官が『増加し続ける犯罪に歯止めをかけるためには、彼らプロフェッショナルの職務質問技能を日本全土に広めるべきだ』と考え、「プロフェッショナルの職務質問技能を全国に普及させろ」と命じた。

そして、最初に実行されたのは、東京や大阪の職務質問の先駆者（プロフェッショナル）を各県に派遣させ、何百人もの地域警察官に対して職務質問の講演をして回らせるということだった。ほとんどの県警が職務質問の先駆者を招き入れ、講演してもらった。全国ほとんどの地域警察官は名のある職務質問先駆者の講演を聞いている。先駆者の講演を聞いて自ら実践しようと試みた者は少数ではあったが確かにいた。

次に実行されたのは職務質問の県外派遣研修制度である。各県警で推薦された中堅の地域警察官が大阪や東京、名古屋等に派遣され、職務質問プロフェッショナルの先駆者といっしょにパトロールして職務質問の実践指導を受けるようになった。派遣された中堅地域警察官は期待に応えるべく、職務質問の技術を懸命に習得しようと努力した。そして、彼らは地元の県に帰り、期待に応えるべく習得した職務質問によって犯人を検挙しながら、後輩に伝承していった。その結果、大都府県に三十人しかいなかった職務質問のプロフェッショナルが三〇〇人になって全国に散らばり、小規模県であっても一人以上いるようになった。彼らは犯罪のピーク時から十数年の間に職務質問で数え切れないほどの犯罪を検挙してきたし、検挙すべく懸命の努力と後輩への伝承を重ねてきた。その結果、この十数年の間、全国的に犯罪がどんどん減り続け、最も身近な街頭犯

罪、侵入犯罪、凶悪犯罪が激減した。》

これが誰にも知らされていない真実の物語である。彼らは数え切れないほど多くの犯罪を検挙しているが、人権侵害だと訴えられたり、仲間に売られるという辛い思いもしてきている（私も暴力団に訴えられたり、前述のとおり仲間に売られたこともあった）。しかし、彼らこそが犯罪を激減させた中心人物なのだ。私もその一人だ。私を職務質問の指導者に導いて下さった先駆者と上司の方には心から感謝している。「職務質問が犯罪を激減させたという明確なデータはあるのか？」などと言う人もいるだろうが、データより感性の方が上の場合がある。現場で生きてきた私が言うのだから間違いない。

評論家の宮崎哲弥氏が「日本が誇れるものの一つは、犯罪の発生が元々少ないのに、さらに激減させたことにある」と言ってくれたのは有り難かったが、なぜという視点が欠けていたので私が述べさせていただいた。職務質問のプロフェッショナル警察官のことは、ほとんど知られていないし、感謝もされていない。その現実は悲しいものだ。理解していただいた皆さんはその方達に手を合わせていただきたい。

ここで、もう一つ言いたいことがある。警察の本部長クラスの幹部連中は、県民向けに話す時、ハンでついたようにこう言う。

「この十数年の間に犯罪は大幅に減りました。しかし、全国的に凶悪事件は後を絶たず、体感治安は全く改善されていません」

なぜ犯罪が大幅に減少したのかには触れない。体感治安が改善されていないという言い草には、若干の憤りを覚える。激減したといっても全国を見渡せば、残念ながらどこかで凶悪事件が発生しており、ニュース報道で誰もが凶悪事件の発生を認識し、多少なりとも恐怖感を抱いている。だから体感治安などという感覚的なものが改善されるはずがないではないか。彼ら貴族、王族どもの大半はむしろ国民が「日本の治安は悪い」と思ってくれる方が有り難いのだ。なぜかと言えば、その方が警察の存在意義、存在価値が高まり、ひいては自分たちの立場が高まるからだ。

本当は警察の王族、超上流貴族どもは国民、県民に対してこう言うべきだ。

「危険な目に遭いながら、事件や事故の現場で懸命に働いてくれている警察官の努力によって、ここまで犯罪を激減させることができました。しかしながら、事件や事故がゼロになったわけではありません。事件や事故で善良な国民、県民の皆様が苦しみや悲しみを背負ってしまうといったことはあってはなりません。また、子供たちの夢が事件や事故で阻まれるようなことがあってはなりません。だから、警察は国民、県民の皆様の命と生活を守るために、事件、事故を限りなくゼロに近付けるべく、これからも懸命の努力を重ねて参ります」

警察庁長官に代わって言わせていただいた。

県の街頭犯罪発生件数の推移

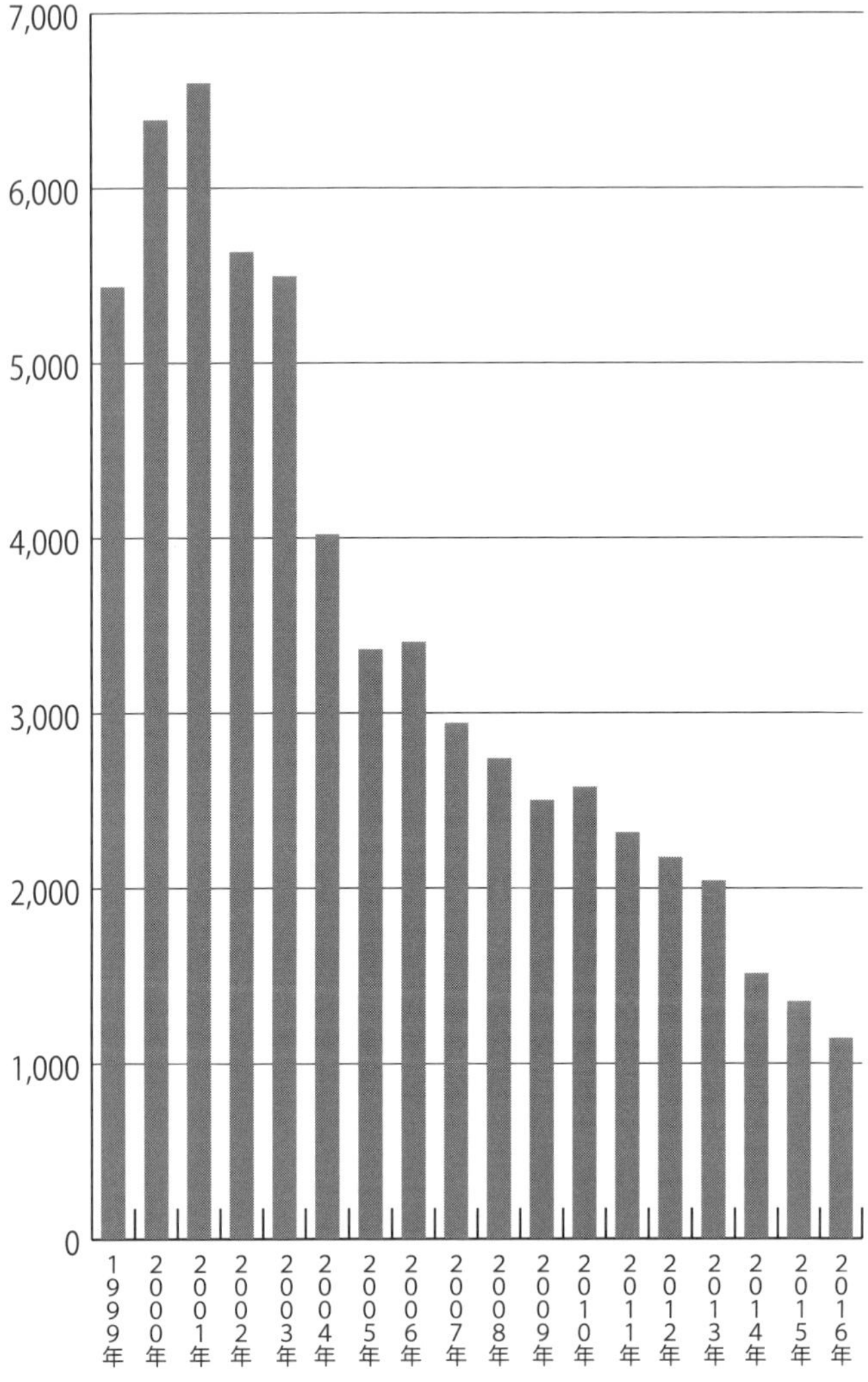

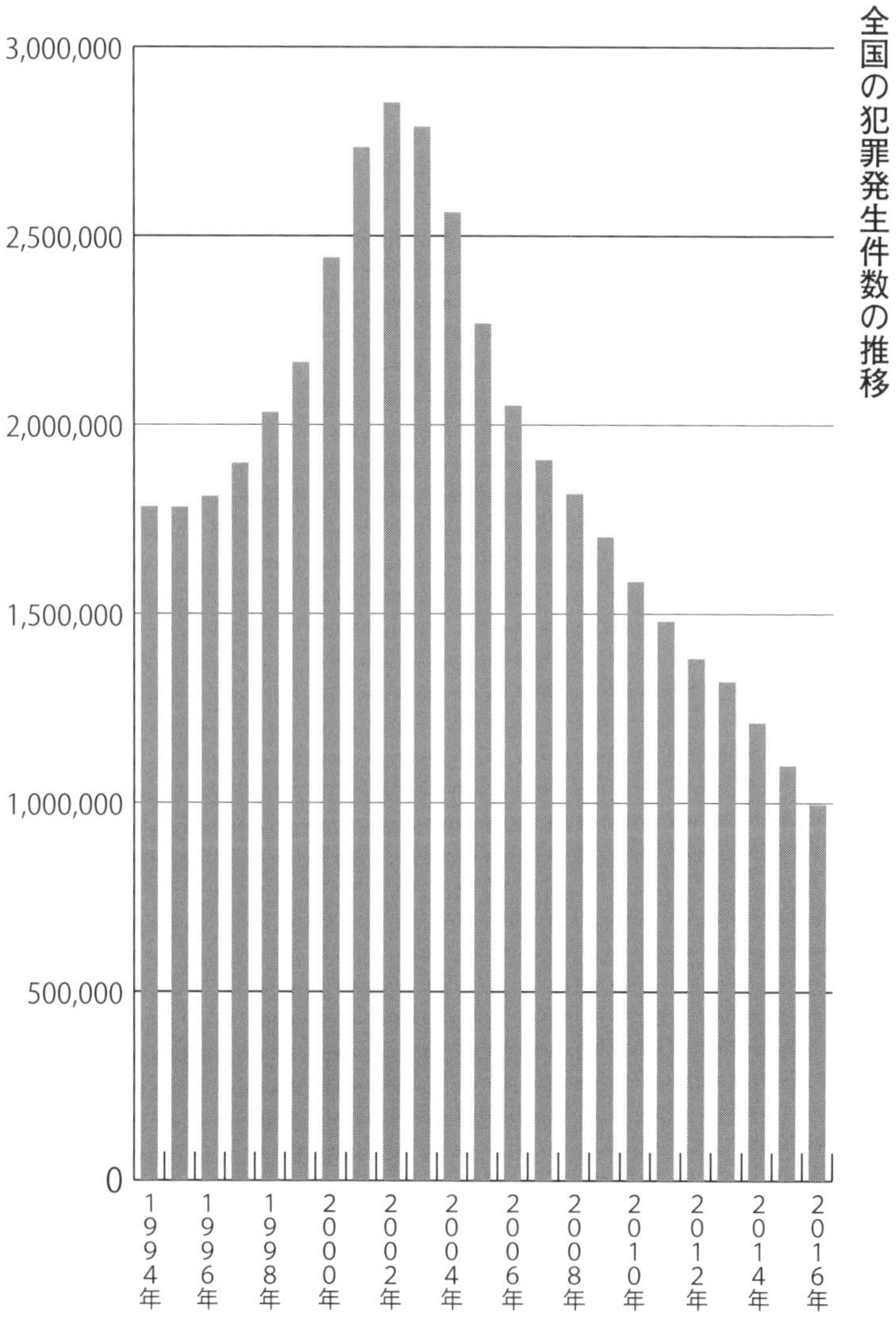

全国の犯罪発生件数の推移
3,000,000
2,500,000
2,000,000
1,500,000
1,000,000
500,000
0
1994年
1996年
1998年
2000年
2002年
2004年
2006年
2008年
2010年
2012年
2014年
2016年

◇私の格言

以前、東京にある警察大学の警部任用科を卒業して本県に帰ってきた五十代のB警部（初級貴族）が、警察学校の教室で若手警察官に訓話をした。

「警察大学入校中に大相撲の双子山部屋の見学に行った。若手が稽古しているところへ二十三歳の横綱貴乃花が颯爽と登場してきた。鋭い眼光、鍛え抜いた身体、風格が漂っている。貴乃花関は入念に四股を踏んでから若手に胸をかし、一汗かいてから颯爽と引き上げた。貴乃花関は風格が違う。すごい人物だ」

と目を輝かせながら語り始めた。そして、

「貴乃花関がこんな格言を言った。『不惜身命《ふしゃくしんみょう》』だ。どういう意味か分かるか。『命を惜しまず、その道に精進すること』という意味だ。皆もそう生きるのだ。横綱貴乃花関を見習え」

と諭した。

それを聴いていた私はせせら笑った。五十代の男が二十三歳の若造に憧れて、尊敬してひれ伏している。私はその時こう思った。

『貴乃花なんぞ、ただの二十三歳の若造ではないか。何で五十代のおっさんがへりくだるのだ。貴乃花の格言を引用などせず、自分の体験から導き出した格言を語れよ』

世の中、横綱になった、金メダルを取った、ノーベル賞をもらった、一番になった者たちを褒め称え、尊敬どころか崇拝する風潮が当たり前のようにある。しかし、一番になった者が人格者かと言えば全く違う。柔道界でも金メダリストが強姦事件を起こして逮捕されているではないか。金メダルを取った者たちの体験談は参考にしてもいいが崇拝すべきではない。だから、ここで言いたいのは、金メダリストたちの格言にひれ伏すのではなく、格言は自分で創るものだということだ。そこで、私が創った格言を紹介したいが、まずは格言を創るに至った経緯から語らせてもらいたい。

警察ワールドだけでなく、会社、学校、クラブ活動をはじめ、暴力団の世界などでも、上司と部下、先輩と後輩、親分と子分の関係の中で、上の者がふんぞり返り、下の者がへりくだって上の者に礼儀を尽くし、お世話するのが当然だと思っている者が非常に多い。前述した「君が代警視正」が持ちこんだ大学の体育会系の思想であり格言―『四年は神様、三年は天皇、二年は人間、一年は奴隷』これにやられている輩がいかに多いことか。そいつらは相手が上だと思えば敬い、下だと思えば奴隷扱いする。こんなアホな格言をまことしやかに信じてしまったがゆえに一年坊主の後輩にリンチを加え、お縄になり、懲戒処分を喰らった警察官が結構いる。

他にも『安物買いの銭失い』という格言を信じて高級品を買いあさって自己破産した主婦。「野球の練習中に水を飲んではいけない」との伝統を守ったがゆえに脱水症状を起こして死亡した野球部員。「酒は男の甲斐性だ」を信じ込み、泥酔状態になって猥褻行為をはたらいて懲戒免職になった公務員。このようなアホな思想なり格言を信じて、とんでもない不幸を背負ってしまった人たちは山ほどいる。ちなみに酒は避けるべきだから「避け」であり、タバコを吸う者はタバコ→タハコ→タハケ→タワケだ（私の意見）。「わしの酒が飲めんのか」なんて言う奴にはこう言ってやればいい。「あんた、誰のものまねしてんのや。もっと立派な人のものまねをしたらどうだ」

話が発展しすぎたので戻そう。四年は神様、一年は奴隷だって？　私に言わせれば、そんな格言など糞くらえだ！　先輩・後輩、上司・部下、親分・子分など関係ない。また、健常者・身障者、男・女、金持ち・貧乏人なども関係ない。さらに、年齢・体力・職業・国籍・人種・学歴・前科・容姿・生い立ち・派閥なども関係ない。敬うべきは老若男女、地位・名誉・財産・年齢等を問わず、人格の高い人だ。そして、蔑《さげす》んではいけないが憐《あわ》れむべきは人格の低い人だ。それは当たり前の話ではないのか。そこで、四年は神様……などの思想に染まっている者どもに鉄槌を喰らわすために、主権者である私は四つの格言を創った。

1　人間は弱い者には強い。強い者には弱い。それは恥ずかしいことだと自らにおいて自覚せよ！

2　私は誰の子分にもならず、誰の親分にもならない！

3　人を罰する資格のある者はいない。いや、ほんのわずかにいる。しかし、その人たちは決して人を罰することはしない。（ここで言う「人を罰する資格のある者」とは、それほどの人格者、意識レベルの高い人のことを言う。また、「罰する」を「責める」に替えてもいい）

4　人生の目的は勝つことではない。奉仕することだ。

一つ付け加えさせて頂きたい。1の人間は……の「人間」を「国」に替えて、

5　各国は弱い国には強い。強い国には弱い。それは恥ずかしいことだと自国において自覚せよ！

なかなかいい格言でしょ。深く味わっていただきたい。

私が創った格言の他にどなたが創ったのか分からないが、私が吟味の上、素晴らしいと思った格

言を三つほど紹介したい。

1　七転八起

2　抜苦与楽（この楽は楽チンの楽ではなく歓びという意味）

3　過ちは改むるに憚《はばか》ることなかれ

これらの格言は私の人生を導き励ましてくれた。作者の方に感謝したい。

貴乃花関を貶《おとし》めるような表現をしたが、今の貴乃花を見るとき、彼は多くの試練を乗り越えて、人間として大きく成長されていることを感じます。

◇読者の皆さんへのお願い

今、警察の世界だけでなく司法の世界から政治の世界、世界情勢に至るまで混迷極まる状況になってきている。警察の世界なら警察官の自殺、精神疾患、出勤拒否、殺人・猥褻・窃盗等の犯罪、その他諸々の不祥事が続発している。これらの不祥事が発生するたびに、組織を管理するのが仕事の幹部警察官は現場の警察官の管理を徹底するために新たな規則、規律、原則、マニュアルを作成してまでそれに従わそうとする。例えば、酒を飲みに行くにも届出しなければならないという飲酒届出制度を作り、幹部の許可を得ずに酒を飲みに行くことはあいならんといった制度を作ったことがある。不祥事をなくすために管理を徹底するんだと彼らは思い込んでいるようだが、私に言わせれば逆効果。管理を徹底される側は精神を病み、最後は自暴自棄になって不祥事を起こすことになる。そして、透明性の確保だと言って些細なことまで新聞に載せ、懲戒処分を喰らわせる。しかし、不祥事は絶えることがない。自殺も絶えることがない。ますます国民の信頼をなくす。組織はますます弱体化する。その結果、何が起こるか。多くの善良な国民が殺害され、強姦され、強奪され、事件は解決しなくなる。悪循環の繰り返しだ。「空即是色」。人間の自己保身の意識がこのような現実を生んでいると私は見る。

自己保身から生まれた規律・規則・原則・マニュアルより大切なものがある。それは人情であり良心だ。「人情を取り戻せ」と私は叫びたい。話はちょっとぶっ飛ぶが、戦後七十年、ふり返ると日本が戦争に突き進んだのも立場を獲得した人たちの自己保身と自己顕示の意識。原爆が投下されたのも大統領と側近の自己保身と自己顕示の意識と私は見た。自己保身と自己顕示の意識は警察を含む司法の世界のみならず、教育・医療・経営・政治、あらゆる分野にはびこっている。

最後に読者の皆さんにお願いがあります。この本の内容は警察の惨憺たる現実を暴露している部分が多くありますが、私は単なる暴露本を書きたくて書いたのではありません。本当の現実が見えなければ本当の改革にはつながりません。ですから、多くの善良な国民の皆さんに真実の姿を知っていただき、そこから、徐々にでもいいから、より良い方向に改革してゆきたいのです。現場の警察官が正義感と使命感を持ち、やりがいと生きがいを感じながら、一生懸命働ける職場を実現したい。その結果、国民・県民の皆さんが安心して生活できる社会を実現したいと願って書きました。

それ故、私のこの本の内容を使って警察を攻撃するようなことはしてほしくないのです。そうしたことは、厳しい現場で一生懸命、治安を守るために働いている一部の警察官に迷惑がかかってしまい、警察の弱体化にも繋がってしまいます。そうなれば最終的には治安の悪化という現実を生んでしまうことになってしまいます。それは私の望むところではありません。ご理解いただきたくよろしくお願いします。

最後の最後に貴族どもが自己保身のために使ったうまい表現をもう一度使わせてもらおう。この物語は総じて実例を参考にしたフィクションである。

エピローグ

二〇一〇年にＮＨＫで放送された〈クローズアップ現代「ある少女の選択」〉。この番組の中で取材を受けたのはＨ子さんとそのご両親だった。Ｈ子さんは生まれた時から心臓病を患っており、八歳の時にドイツで心臓移植の手術を受け、十五歳で人工呼吸器を付けて言葉が話せなくなり、背骨が大きく曲がり、背も伸びず、不自由な身体になられた。しかし、それでも懸命に生きられた。彼女は素晴らしい才能を持っており、心が洗われるような詩や文章を数多く綴られている。彼女はずっと入院していたが、重い病気の子供たちも自宅で療養できる訪問医療というシステムを切り開いた前田医師の助力で、ご自宅でご両親と生活できるようになった。しかし、長くは生きられない。彼女は入院の必要な延命治療を自ら断り、最後まで自宅でご両親と過ごし、十八歳の若さでご両親に看取られながら天国に旅立った。その彼女が残した言葉が、

「人間、長く生きたことが問題じゃない。どう生きたかが問題だ」

グサッと胸に突き刺さるような言葉だ。本当にそのとおりだ。

恥ずかしながら、Ｈ子さんの残された言葉に私の言葉を一つ付け加えさせていただきたい。

「人間、何になったかが問題じゃない。何をなしたかが問題だ」

H子さんのことを思い出すと主権者の私も恥ずかしい思いになるが、私の見てきた世界から導き出した言葉である。H子さんの言葉と私の言葉のレベルは違いすぎるかもしれないが、一人ひとり、自分の生き様を振り返りつつ、心に刻んでほしい。私もずっとH子さんの言葉を胸に刻んで歩んで行きたい。天国に帰ったH子さんは、おそらくスーパーモデル並みの超美人に生まれ変わっていることだろう。訪問医療を切り開かれた前田医師は私の尊敬する人物の一人である。彼も素晴らしい人物だ。

もう一つ、私の心を打った言葉がある。NHKの大河ドラマ「龍馬伝」の中で福山雅治さん演じる坂本龍馬が言った言葉だ。彼は草原を一人歩きながらこう叫んだ。

「みんなが笑ろうて暮らせる国を創るんじゃー!」

その時、私は打ち震えるような感動を覚え、本物の坂本龍馬もそう叫んだと直感した。龍馬のこの言葉。私もこれからの人生、みんなが笑って暮らせる希望の国を創るために生きて行きたいと願っている。

最後に、この本に登場していただいた多くの皆様、本当にいろんな題材を与えて下さってありがとうございました。人間は自己保身と自己顕示に生きざるを得ない悲しい宿命を背負って生きているのかもしれない。しかし、人間は変わることができる。登場していただいた自己保身に生きざるを得なかった皆さんも、今は正義感と使命感と責任感に溢れ、人情豊かな人に生まれ変わっているかもしれない。そうであってほしいと切に願っている。

もう一言。私がこの本を世に出すことを心配し、「危険だから止めた方がいい」と忠告してくれた先輩がいた。逆に「宇野班長でなければできない仕事であり、社会に問題提起することは大切なことです」と言って推奨してくれた後輩もいた。私は長期間、出すべきか止めるべきか思い悩んだ。しかし、出すことを決意させてくれた出来事が二つあった。一つは、二十年前に二人の幼い命を奪った当時十四歳、今三十四歳の少年A。野に放たれた彼が出した本『絶歌』だ。成人になった少年Aが本を出したのに、ある意味、正反対の立場であった私がなぜ出してはいけないのか、出すべきではないのかと思った。

そして、もう一つ、私を勇気付けてくれた本に出会った。「お父さん、この本おもしろいよ」と娘が奨めてくれた本だった。それは、日本在住のエジプト人女性フィフィさんが書かれた『おかしいことを「おかしい」と言えない日本という社会へ』という本だった。素晴らしい内容だった。その本を読んだ日本人の私は「おかしいことをおかしい」と言わなければならないと思った。おかしいことをおかしいと言える日本人が出てきました。フィフィさん、安心して下さい。そして、ありがとう。

こうして、公務員という束縛された世界から野に放たれた私は、この本を世に出すことを決意した。ただ、危険だと忠告してくれた先輩の心遣いにも配慮して、修正したり、カットした箇所も相当あるので初期のものより、ずいぶん穏やかなものになった。それも仕方のないことだろう。私の意を汲んで頂けたら幸いです。

この度、本書を出版して下さった風詠社さんには心から感謝します。しかし、一冊の本にするに際して、文章が多すぎるためカットした部分がかなりあります。そのため、「本部長への手紙Ⅰ」があるのにⅡがない等辻褄の合わないところが出てきています。カットせざるを得なかった部分も読者の皆さんに読んでもらいたいというのが私の本音です。また、時代の変化に応じて、警察の世界だけではなく、新たに書かなければならないと感じたテーマも生じてきています。ですから、拙著が好評を博するならば第二弾を出したいと願っています。よろしくお願いします。

宇野　博幸（うの　ひろゆき）

1956年生まれ。1975年、警察官拝命。警察人生41年の大半を地域警察官として、交番、駐在所、パトカー乗務員として勤務。最後の13年間は職務質問の指導者として、他県の研修生を含め、後輩警察官を実践指導。さらに、講演活動等によって広く自らが編み出した職務質問技能を伝承した。

また、警察武道の逮捕術の指導員として逮捕術の指導にもあたった。

街頭犯罪を激減させた中心人物の一人。警察24時に2回出演。

2016年3月退官。

自己保身の警察ワールド
～巡査から警察庁長官を超えて　司法制度から日本国憲法まで～

2017年9月19日　第1刷発行

著　者　宇野博幸
発行人　大杉　剛
発行所　株式会社 風詠社
〒553-0001　大阪市福島区海老江5-2-7
ニュー野田阪神ビル4階
Tel 06（6136）8657　http://fueisha.com/
発売元　株式会社 星雲社
〒112-0005 東京都文京区水道1-3-30
Tel 03（3868）3275
印刷・製本　シナノ印刷株式会社

ISBN978-4-434-23752-2 C0095